Die elektronische Vergabe öffentlicher Aufträge

# Europäische Hochschulschriften

Publications Universitaires Européennes
European University Studies

**Reihe II**
**Rechtswissenschaft**

Série II Series II
Droit
Law

**Bd./Vol. 4312**

PETER LANG
Frankfurt am Main · Berlin · Bern · Bruxelles · New York · Oxford · Wien

Florian Heinze

# Die elektronische Vergabe öffentlicher Aufträge

PETER LANG
Europäischer Verlag der Wissenschaften

**Bibliografische Information Der Deutschen Bibliothek**
Die Deutsche Bibliothek verzeichnet diese Publikation in der Deutschen Nationalbibliografie; detaillierte bibliografische Daten sind im Internet über <http://dnb.ddb.de> abrufbar.

Zugl.: Osnabrück, Univ., Diss., 2005

D 700
ISSN 0531-7312
ISBN 3-631-54786-2



www.peterlang.de

## VORWORT

Die vorliegende Arbeit ist vom Fachbereich Rechtswissenschaften der Universität Osnabrück im Jahr 2005 als Dissertation angenommen worden.

Nach ihrer Fertigstellung gilt es, zahlreichen Menschen Dank zu sagen, die maßgeblich zum Gelingen dieser Arbeit beigetragen haben.

Mein besonderer Dank gebührt zunächst meinem Doktorvater, Herrn Prof. Dr. Joachim Erdmann, der mit großem Einsatz und einer Vielzahl hilfreicher Anregungen und Gespräche die Erstellung dieser Arbeit begleitet hat. Sein Engagement bei der Betreuung war beispiellos und überaus wertvoll.

Darüber hinaus bin ich Herrn Prof. Dr. Jens-Peter Schneider für die Erstellung des Zweitgutachtens zu Dank verpflichtet.

Ich danke des weiteren Herrn Rechtsanwalt Hans-Christian Schwenker, der mir mit seiner besonderen praktischen Erfahrung im Vergaberecht sowie hilfreichen Literatur- und Rechtsprechungshinweisen bei der Erstellung des Manuskripts zur Seite stand.

Dank gebührt ebenfalls Herrn Prof. Dr. Götz von Craushaar, der meine Promotion aus Mitteln des ihm von der Deutschen Gesellschaft für Baurecht verliehenen deutschen Baurechtspreises gefördert hat.

Abschließend gilt mein Dank meinen Eltern, Jürgen und Marianne Heinze, für ihre persönliche Unterstützung. Sie haben mich stets auf meinem Weg begleitet und ermutigt.

Hannover / Osnabrück, im September 2005 *Florian Heinze*

## INHALT

## ABKÜRZUNGSVERZEICHNIS

| | |
|---|---|
| a.A. | anderer Ansicht |
| a.E. | am Ende |
| a.F. | alter Fassung |
| ABlEG | Amtsblatt der EG |
| Abs. | Absatz |
| AcP | Archiv für die civilistische Praxis |
| AG | Aktiengesellschaft |
| AGBG | Gesetz zur Regelung des Rechts der Allgemeinen Geschäftsbedingungen |
| Anm. | Anmerkung |
| AöR | Archiv des öffentlichen Rechts |
| Art. | Artikel |
| BauR | Zeitschrift für das gesamte öffentliche und zivile Baurecht |
| BayObLG | Bayerisches Oberstes Landesgericht |
| BayVBl. | Bayerische Verwaltungsblätter |
| BayVGH | Bayerischer Verwaltungsgerichtshof |
| BB | Der Betriebsberater |
| BGB | Bürgerliches Gesetzbuch |
| BGBl. | Bundesgesetzblatt |
| BGH | Bundesgerichtshof |
| BGHZ | Entscheidungen des Bundesgerichtshofes in Zivilsachen |
| BKR | Baukoordinierungsrichtlinie |
| BMWi | Bundesministerium für Wirtschaft und Technologie |
| BT-Drs. | Bundestagsdrucksache |
| BVerfGE | Entscheidungen des Bundesverfassungsgerichts |
| BVerwGE | Entscheidungen des Bundesverwaltungsgerichts |
| CR | Computer und Recht |
| DB | Der Betrieb |
| DIN | Deutsche Industrie Norm |
| DKR | Dienstleistungskoordinierungsrichtlinie |
| DÖV | Die öffentliche Verwaltung |
| DVA | Deutscher Verdingungsausschuss |
| DVAL | Deutscher Verdingungsausschuss für Leistungen – ausgenommen Bauleistungen |
| DVBl. | Deutsches Verwaltungsblatt |
| EC-Richtlinie | E-Commerce-Richtlinie |
| EG | Europäische Gemeinschaft |
| EGBGB | Einführungsgesetz zum Bürgerlichen Gesetzbuch |
| EGV / EG | EG-Vertrag |
| Einf. | Einführung |

| | |
|---|---|
| Einl. | Einleitung |
| engl. | englisch |
| ErlZ | Erläuterungsziffer |
| EU | Europäische Union |
| EuGH | Europäischer Gerichtshof |
| EUR | Euro |
| EuR | Europarecht |
| EuZW | Europäische Zeitschrift für Wirtschaftsrecht |
| EWG | Europäische Wirtschaftsgemeinschaft |
| ff. | fortfolgende |
| FIFA | Federation Internationale de Football Association |
| GA | Generalanwalt am EuGH |
| GATS | General Agreement on Trade and Services |
| GATT | General Agreement on Tariffs and Trade |
| gem. | gemäß |
| GewArch | Gewerbearchiv |
| GewO | Gewerbeordnung |
| GG | Grundgesetz |
| GmbH | Gesellschaft mit beschränkter Haftung |
| GPC | Government Procurement Code |
| GWB | Gesetz gegen Wettbewerbsbeschränkungen |
| h.M. | herrschende Meinung |
| HGrG | Haushaltsgrundsätzegesetz |
| HS | Halbsatz |
| i.d.R. | in der Regel |
| i.S.d. | im Sinne des / der |
| JA | Juristische Ausbildung |
| JZ | Juristenzeitung |
| K&R | Kommunikation & Recht |
| Kap. | Kapitel |
| KOM | Vorschlag der Kommission |
| lit. | Buchstabe |
| LKR | Lieferkoordinierungsrichtlinie |
| m.a.W. | mit anderen Worten |
| m.w.N. | mit weiteren Nachweisen |
| MMR | Multimedia und Recht |
| Mrd. | Milliarden |
| MüKo | Münchner Kommentar zum Bürgerlichen Gesetzbuch |
| NJW | Neue Juristische Wochenschrift |
| Nr. | Nummer |
| NVwZ | Neue Zeitschrift für Verwaltungsrecht |
| NZBau | Neue Zeitschrift für Baurecht und Vergaberecht |

| | |
|---|---|
| OLG | Oberlandesgericht |
| OVG | Oberverwaltungsgericht |
| PC | Personal-Computer |
| RdA | Recht der Arbeit |
| RegE | Regierungsentwurf |
| RGRK | Kommentar zum Bürgerlichen Gesetzbuch mit besonderer Berücksichtigung der Rechtsprechung des Reichsgerichts und des Bundesgerichtshofs |
| RiLi | Richtlinie |
| RML | Rechtsmittelrichtlinie |
| RMLS | Rechtsmittelrichtlinie betreffend die Sektoren |
| Rn | Randnummer |
| Rs. | Rechtssache |
| S. | Seite |
| SigG | Signaturgesetz |
| SKR | Sektorenkoordinierungsrichtlinie |
| Slg. | Sammlung |
| st. Rpr. | ständige Rechtsprechung |
| Syst | Systematische Darstellung |
| SZR | Sonderziehungsrechte |
| UN | United Nations |
| UNO | United Nations Organisation |
| VA | Verwaltungsakt |
| verb. Rs. | verbundene Rechtssachen |
| VergabeR | Vergaberecht |
| VergRÄndG | Vergaberechtsänderungsgesetz |
| VGH | Verwaltungsgerichtshof |
| vgl. | vergleiche |
| VgV | Vergabeverordnung |
| VK | Vergabekammer |
| VOB | Verdingungsordnung für Bauleistungen |
| VOB/A | Verdingungsordnung für Bauleistungen – Teil A |
| VOF | Verdingungsordnung für freiberufliche Leistungen |
| VOL | Verdingungsordnung für Leistungen ausgenommen Bauleistungen |
| VOL/A | Verdingungsordnung für Leistungen ausgenommen Bauleistungen – Teil A |
| Vor | Vorbemerkungen |
| VR | Verwaltungsrecht |
| VwGO | Verwaltungsgerichtsordnung |
| VwVfG | Verwaltungsverfahrensgesetz |
| WiSt | Wirtschaftswissenschaftliches Studium |
| WTO | World Trade Organisation |

| | |
|---|---|
| WuW | Wirtschaft und Wettbewerbs |
| z.B. | zum Beispiel |
| ZfBR | Zeitschrift für deutsches und internationales Baurecht |
| ZHR | Zeitschrift für das gesamte Handels- und Wirtschaftsrecht |
| Ziff. | Ziffer |
| ZIP | Zeitschrift für Wirtschaftsrecht |
| ZRP | Zeitschrift für Rechtspolitik |
| ZUM | Zeitschrift für Urheber- und Medienrecht |

# Kapitel I
# Einführung in das Thema

## 1. Einleitung

Der Begriff „E-Government" ist zur Zeit Gegenstand zahlreicher Fachvorträge, Aufsätze, Symposien oder auch Pilotversuche[1].
Diese etwas unscharfe Bezeichnung wird in der Regel gebraucht als ein Oberbegriff für die Abwicklung von Verwaltungsvorgängen im weitesten Sinne unter Einsatz moderner Kommunikationsmittel, wie etwa E-Mail und des Internets. So wird unter anderem zum E-Government neben so genannten virtuellen Rathäusern, in welchen über das Internet nicht nur Formulare heruntergeladen oder Anträge gestellt werden können auch die Abwicklung behördeninterner Vorgänge gezählt. Des weiteren umfasst dieser Begriff die elektronische Vergabe öffentlicher Aufträge. Nur der letztgenannte Teilbereich des E-Governments soll nachfolgend untersucht und unter verschiedenen rechtlichen Aspekten betrachtet werden.

Die Tatsache, dass elektronische Beschaffung bisher lediglich ansatzweise in Pilotversuchen verwirklicht und im übrigen allein Gegenstand theoretischer Betrachtungen geblieben ist, führt zu einer überraschenden und seltenen Situation: Der bestehende rechtliche Rahmen ist der Realität um einige Jahre voraus; es gilt nicht – wie so häufig – die relevanten Normkomplexe veränderten tatsächlichen Bedingungen anzupassen, sondern nach und nach die umfassenden rechtlichen Möglichkeiten elektronischer Auftragsvergabe praktisch umzusetzen, um so in der Realität das zu nutzen, was das Recht schon jetzt erlaubt. Sichere Prognosen, wann die Realität die rechtlichen Vorgaben eingeholt haben wird, lassen sich nicht aufstellen; die Annahme, dass in zwei bis drei Jahren ca. 10% der Aufträge elektronisch abgewickelt würden[2], erscheint in diesem Zusammenhang etwas zu optimistisch.
Es bleibt insoweit abzuwarten, ob und wann Auftraggeber und Auftragnehmer die prophezeiten Vorteile der elektronischen Auftragsvergabe erkennen und die erforderlichen Beiträge zur flächendeckenden Verwirklichung leisten.

## 2. Der Gang der Darstellung

Bei der nachfolgenden Untersuchung der elektronischen Auftragsvergabe sollen zunächst die vergaberechtlichen Grundlagen der öffentlichen Auftragsvergabe insgesamt dargestellt werden (Kapitel II). Ausgehend von den rechtlichen Rah-

---

1 Der aktuell wohl bedeutsamste Pilotversuch wird durchgeführt vom Beschaffungsamt des Bundesministeriums des Innern im Rahmen der so genannten E-Government-Initiative 2005 der Bundesregierung; im Internet zu finden unter www.bescha.bund.de (Öffentlicher Eink@uf Online)

2 Grünbuch der EU-Kommission „Das öffentliche Auftragswesen in der Europäischen Union", KOM (96) 583, S. 35

menbedingungen des Verdingungswesens in Deutschland im 19. Jahrhundert wird ihre Weiterentwicklung bis zum heutigen Tage unter Berücksichtigung der umfassenden europarechtlichen Einflüsse nachgezeichnet. Rechtsvergleichend wird dabei insbesondere auch auf die systematische Einordnung des Vergaberechts in ausgewählten anderen Mitgliedstaaten der Europäischen Union Bezug genommen.

Daran schließt sich ein Überblick über weitere Anwendungsbereiche moderner Kommunikationsmittel – wie Internet und E-Mail – im Rahmen der Verwaltung an (Kapitel III). Dargestellt werden die grundsätzlichen Neuerungen des Verwaltungsverfahrensgesetzes, die inzwischen neben der elektronischen Vergabe öffentlicher Aufträge auch die medienbruchfreie Durchführung anderer Verwaltungsverfahren ermöglichen. Das Kapitel schließt mit einem Ausblick auf weitere Einsatzformen moderner Medien im Rahmen der Verwaltung und zeigt auf, auf welche Weise Bund, Länder und Gemeinden ihre Bemühungen zur Schaffung einer „modernen Verwaltung" unter Berücksichtigung neuer Technologien bündeln wollen.

Im Anschluss daran werden die aktuell am intensivsten diskutierten Rechtsfragen elektronischer Auftragsvergabe einer eingehenden Betrachtung unterzogen.
Zunächst soll geklärt werden, ob die Vorschriften über die elektronische Angebotsabgabe europarechtskonform sind (Kapitel IV). Immer wieder wird ein Verstoß gegen die Richtlinie über den elektronischen Geschäftsverkehr (E-Commerce-Richtlinie) behauptet, ohne zu prüfen, ob diese Richtlinie im Bereich des öffentlichen Auftragswesens überhaupt anwendbar ist. Es stellt sich die Frage, ob nicht diejenigen Richtlinien, die Regelungen über die elektronische Angebotsabgabe im Vergabeverfahren enthalten, als leges speciales auf dem Gebiet des öffentlichen Beschaffungswesens anzusehen sein könnten, mit der Folge, dass die E-Commerce-Richtlinie als Prüfungsmaßstab ausscheidet.

Gegenstand der sich daran anschließenden Untersuchung ist die Entscheidung des öffentlichen Auftraggebers über die Zulassung elektronischer Angebote (Kapitel V). Die einschlägigen Vorschriften sehen jeweils vor, dass der Auftraggeber andere Formen akzeptieren kann. Vereinzelt findet sich die These, dass es sich hierbei um Verwaltungsermessen des öffentlichen Auftraggebers handele, so dass seine Entscheidung mit der im verwaltungsrechtlichen Bereich entwickelten Ermessensfehlerlehre überprüft werden könne. Bei der Prüfung dieser These gilt es zunächst, das Handeln öffentlicher Auftraggeber auf dem Weg zur Auftragsvergabe rechtlich zu qualifizieren; soweit sich herausstellt, dass es sich dabei nicht um klassisches Verwaltungshandeln, sondern um ein rein fiskalisches Tätigwerden handelt, stellt sich die Frage, ob die Ermessensfehlerlehre auch außerhalb des Verwaltungsverfahrens im Sinne des VwVfG Anwendung finden kann.

Im Anschluss daran soll erörtert werden, ob Auftraggeber auch allein die elektronische Form von Angeboten akzeptieren können, oder ob diese zur Berücksichtigung schriftlicher Angebote stets verpflichtet sind (Kapitel VI). Hier ist hinsichtlich der unterschiedlichen Vergabeverfahren (VOB/A, VOL/A und VOF) zu differenzieren.

Schon bisher warfen formfehlerhafte Angebote umstrittene Rechtsfragen auf; es ist jedenfalls nicht auszuschließen, dass Formfehler auch bei der Nutzung elektronisch signierter Dokumente auftreten.
Die Frage, welche Rechtsfolgen daraus resultieren, dass der öffentliche Auftraggeber beabsichtigt, den Zuschlag etwa auf ein nicht signiertes elektronisches Angebot zu erteilen, wird in gleichem Maße Bedeutung erlangen (Kapitel VII). Dabei sollen zum einen die Rechtsschutzmöglichkeiten unterlegener Bieter dargestellt werden; zum anderen soll geprüft werden, welche Folgen sich für den zwischen Auftraggeber und Auftragnehmer geschlossenen Vertrag ergeben, wenn das Angebot der vorgeschriebenen Form nicht entspricht.

Ein vieldiskutiertes vergaberechtliches Problem stellen die so genannten „vergabefremden Kriterien" dar. Aus gemeinschaftsrechtlicher Sicht soll untersucht werden, ob das öffentliche Beschaffungswesen zur Verfolgung politischer Zwecke instrumentalisiert werden darf (Kapitel VIII). Im Rahmen dieses Abschnitts soll eruiert werden, ob solche Angebote, die auf elektronischem Wege eingereicht worden sind, bei der Zuschlagsentscheidung bevorzugt berücksichtigt werden dürfen, um die Verbreitung der elektronischen Abwicklung von Vergabeverfahren zu fördern.

Die sich anschließende Darstellung befasst sich mit der Abwicklung eines elektronischen Vergabevorgangs in den verschiedenen Verfahrensstadien von der Veröffentlichung der Vorinformation bis zur Zuschlagserteilung (Kapitel IX). Es soll der Frage nachgegangen werden, ob bei einer Ausschreibung im Offenen Verfahren in einzelnen Verfahrensschritten noch auf die herkömmliche Schriftform zurückgegriffen werden muss, oder ob ein elektronischer Vergabevorgang bereits medienbruchfrei durchgeführt werden kann.

Abschließend sollen die offenen Rechtsfragen so genannter inverser Auktionen beantwortet werden (Kapitel X). Derartige Auktionen stellen bereits heute ein vielfach eingesetztes Mittel der Beschaffung in der Privatwirtschaft dar; ihr Einsatz wird auch für öffentliche Auftraggeber zunehmend diskutiert. Die vergaberechtliche Zulässigkeit eines solchen Beschaffungsinstruments soll den Schwerpunkt dieses letzten Abschnittes bilden.

**Kapitel II**
**Grundlagen und Rechtsrahmen des Vergaberechts**

# 1. Die Bedeutung des Vergaberechts

## 1.1 Der Begriff des öffentlichen Auftrags

„Das Vergaberecht umfasst die Gesamtheit aller Normen, die den Einkauf durch staatliche oder staatsnahe Rechtsträger regeln.“[3]
Der Begriff des Einkaufs ist hierbei in einem weiten Sinn zu verstehen. Erfasst davon ist jede entgeltliche Beschaffung von Sach- oder Dienstleistungen, die der Staat zur Erfüllung seiner öffentlichen Aufgaben benötigt.

In der Bundesrepublik Deutschland ist der Begriff des „öffentlichen Auftrags“ legaldefiniert in § 99 Abs. 1 GWB. Öffentliche Aufträge sind danach „entgeltliche Verträge zwischen öffentlichen Auftraggebern und Unternehmen, die Liefer-, Bau- oder Dienstleistungen zum Gegenstand haben, und Auslobungsverfahren, die zu Dienstleistungsaufträgen führen sollen“.

In den Mitgliedstaaten der Europäischen Union existierte lange Zeit weder eine einheitliche Definition des „öffentlichen Auftrags“, noch eine einheitliche Nomenklatur in diesem Bereich. So bedeutet das Wort „adjucation“ im luxemburgischen Recht sowohl „Vergabe“ wie „Zuschlag“, während es im belgischen und französischen Recht nur für „Zuschlag“ steht.

Auch die älteren Richtlinien der EU über das öffentliche Auftragswesen[4] gaben keine gemeinsame Definition des Begriffs „öffentliches Auftragswesen“. Vielmehr definierten die einzelnen Richtlinien, was unter einem öffentlichen Bauauftrag[5], einem Lieferauftrag[6] oder einem Dienstleistungsauftrag[7] zu verstehen ist. Mit Verabschiedung der Richtlinie 2004/18/EG[8] wurde erstmals eine Legaldefinition des „öffentlichen Auftrages“ auf europäischer Ebene geschaffen. Danach sind öffentliche Aufträge „zwischen einem oder mehreren Wirtschaftsteilnehmern und

---

3 *Boesen*, Einl. Rn 1

4 Richtlinie 93/37/EWG des Rates zur Koordinierung der Verfahren zur Vergabe öffentlicher Bauaufträge (Baukoordinierungsrichtlinie – BKR)
Richtlinie 93/36/EWG des Rates zur Koordinierung der Verfahren zur Vergabe öffentlicher Lieferaufträge (Lieferkoordinierungsrichtlinie – LKR)
Richtlinie 92/50/EWG des Rates zur Koordinierung der Verfahren zur Vergabe öffentlicher Dienstleistungsaufträge (Dienstleistungskoordinierungsrichtlinie – DKR).

5 Art. 1 lit. a BKR

6 Art. 1 lit. a LKR

7 Art. 1 lit. a DKR

8 Richtlinie über die Koordinierung der Verfahren zur Vergabe öffentlicher Bauaufträge, Lieferaufträge und Dienstleistungsaufträge des Europäischen Parlaments und des Rates vom 31. März 2004

einem oder mehreren öffentlichen Auftraggebern geschlossene schriftliche entgeltliche Verträge über die Ausführung von Bauleistungen, die Lieferung von Waren oder die Erbringung von Dienstleistungen im Sinne dieser Richtlinie“[9].

## 1.2 Die wirtschaftliche Bedeutung öffentlicher Auftragsvergabe

Erstaunlicher Weise lassen sich umfassend aufbereitete Zahlenwerke oder eine aussagefähige Statistik zur wirtschaftlichen Bedeutung des öffentlichen Auftragswesens weder in der Bundesrepublik Deutschland noch in der Europäischen Union finden. Aus den verfügbaren Zahlen lässt sich jedoch die erhebliche wirtschaftliche Bedeutung[10] erkennen:

Das öffentliche Auftragswesen umfasst innerhalb der Gemeinschaft ein Gesamtvolumen von rund 1 Billion € jährlich[11], das sind rund 14% des Bruttoinlandsprodukts der 15 Mitgliedsstaaten oder knapp 3000,– € je Unionsbürger[12].
Insbesondere im Bereich der Informationstechnologie entfallen etwa 60% der vergebenen Aufträge auf die öffentliche Hand als Auftraggeberin. Im Bauwesen tritt die öffentliche Hand mit einem Anteil von immerhin noch 30% in Erscheinung[13].
In Deutschland vergeben Bund, Länder und Gemeinden jährlich Aufträge in einer Größenordnung von 400 Mrd. €, die sich zu annähernd gleichen Teilen auf die Bereiche Bau, Sachlieferungen und Dienstleistungen aufteilen[14]. Hinzu kommt ein Auftragsvolumen etwa gleichen Umfangs durch sonstige Auftraggeber[15], für die nach den Vorgaben der EU-Richtlinien ebenfalls die Regelungen über die öffentliche Auftragsvergabe maßgeblich sind.
Diese Zahlen belegen eindrucksvoll, dass es, wie *Forsthoff* schon in den 60er Jahren formuliert hat, „nicht mehr gängig ist, die Beschaffung der Verwaltungsmittel (im weitesten Sinne) als eine bloße Hilfstätigkeit der Verwaltung zu bagatellisieren“[16].

---

9 Art. 1 Abs. 2a der Richtlinie 2004/18/EG

10 Vgl. dazu auch *Pache*, DVBl. 2001, 1781, 1782: „Die wirtschaftliche Bedeutung der [...] öffentlichen Aufträge kann kaum hoch genug eingeschätzt werden.“

11 *Pache*, DVBl. 2001, 1781, 1782; etwas geringere Zahlen finden sich bei *Schwarze*, EuZW 2000, 133, 133 der konstatiert, dass das Beschaffungsvolumen öffentlicher Auftraggeber in der EU etwa der volkswirtschaftlichen Leistung von Belgien, Dänemark und Spanien zusammen entspreche.

12 Vgl. die wohl aktuellsten statistischen Angaben bei *Dreher* in Immenga/Mestmäcker, Vor §§ 97 ff. Rn 1 ff.

13 *Mader*, EuZW 1999, 331, 332

14 *Byok*, NJW 1998, 2774, 2774

15 Der Begriff des öffentlichen Auftraggebers ist nach Umsetzung der Richtlinien nunmehr definiert in § 98 GWB. Auch juristische Personen des Privatrechts können danach unter bestimmten Voraussetzungen zur Beachtung der Verdingungsordnungen verpflichtet sein.

16 *Forsthoff*, S. 21

Um die Tragweite der Vergabe öffentlicher Aufträge zu verdeutlichen, lässt sich nicht nur auf die zuletzt vieldiskutierte Planung eines Großflughafens in Berlin mit einer Auftragssumme von ca. 3 Mrd. € verweisen. Auch die 2006 in Deutschland stattfindende Fußball-Weltmeisterschaft hat zur Folge, dass im vergaberechtlichen Bereich in neue wirtschaftliche Dimensionen vorgestoßen wird. Zur Herstellung tauglicher Fußballstadien, welche den Anforderungen der FIFA entsprechen, sind an allen Spielorten weitreichende Umbauten, vielfach sogar Neubauten erforderlich. Da sich die Spielstätten weitestgehend in öffentlicher Hand befinden, müssen Ausschreibungen durchgeführt werden, die hinsichtlich ihrer Auftragsvolumina für die Bauwirtschaft von enormer Bedeutung sind[17].

Für deutsche Unternehmen ist die Gewinnung öffentlicher Großaufträge nicht nur unter dem Gesichtspunkt der Sicherung von Arbeitsplätzen wichtig. Bedeutsam ist sie – insbesondere im Hochtechnologiebereich – auch für die Realisierung von Referenzobjekten. Diese sind für die Gewinnung von Auslandsaufträgen, z.B. in den expandierenden asiatischen Märkten, oftmals von ausschlaggebender Bedeutung. Die Akzeptanz von Produkten und Leistungen bei deutschen öffentlichen Auftraggebern spielt nach wie vor häufig eine entscheidende Rolle für ihre Exportfähigkeit und damit für die exportorientierte deutsche Wirtschaft insgesamt. Beispielhaft sei an dieser Stelle nur der „Transrapid" genannt.

Als besonders großer öffentlicher Auftraggeber im Sektorenbereich Telekommunikation ist die Deutsche Telekom zu nennen. Im Sektorenbereich steuern daneben die Deutsche Bahn AG sowie die Wasser- und Energieversorgungsunternehmen einen erheblichen Anteil bei.

Weitere erhebliche Auftragsvolumina entfallen auf die Bauverwaltungen und die Innenressorts in Bund und Ländern. Dagegen sind die Aufträge des Verteidigungsministeriums in den letzten Jahren aufgrund erheblicher Kürzungen im Verteidigungshaushalt stark zurückgegangen, betragen aber dennoch rund 4 Mrd. € pro Jahr.

Vor dem Hintergrund dieser wirtschaftlichen Fakten wird deutlich, welche aktuelle und insbesondere zukünftige Relevanz sämtliche (Rechts-) Fragen besitzen, die in unmittelbarem oder mittelbarem Zusammenhang gerade auch mit elektronischen Vergabeverfahren stehen[18].

---

[17] Das aus dieser wirtschaftlichen Bedeutung resultierende Interesse am Erhalt des Zuschlags wird eindrucksvoll belegt durch die große Zahl der Nachprüfungsverfahren, die im Zusammenhang mit den Auftragsvergaben durchgeführt worden sind. So haben Bieter etwa die Vergabeverfahren zur Erteilung des Auftrags zum Umbau des Berliner Olympiastadions, des Frankfurter Waldstadions und des Niedersachsenstadions primärrechtlich nachprüfen lassen.

[18] Vgl. hierzu auch *Müller/Ernst*, NJW 2004, 1768: „Vor dem Hintergrund dieser volkswirtschaftlichen Dimension ist es leicht erklärlich, dass Wissenschaft und Politik diesen Bereich als einen wichtigen Aspekt der Verwaltungsoptimierung und Verwaltungskostenreduktion entdeckt haben."

Die Tatsache, dass sich der Anteil der grenzüberschreitenden Transaktionen im Bereich der öffentlichen Auftragsvergabe nur 3 % beläuft, lässt jedoch auch vermuten, dass im Bereich des öffentlichen Auftragswesens erhebliche Einsparpotentiale liegen. So werden – ohne dass sich dies gegenwärtig konkret nachweisen lässt – im „Ceccini-Bericht" bei größerer Transparenz und verstärkter Öffnung der Beschaffungsmärkte Einsparungen von jährlich ca. 22 Mrd. € für möglich gehalten[19]. Darin zeigt sich ein erhebliches Vollzugsdefizit, das möglicherweise aus der hohen Komplexität des europäischen Vergaberechts resultiert[20].

Dem Ceccini-Bericht wird vereinzelt jedoch auch Skepsis entgegengebracht.
Insbesondere im Hinblick auf die Vergabe öffentlicher Bauaufträge sei bemerkenswert, dass dieser Sektor in den Modellrechnungen der 6000 Seiten starken Studie nur kurz gestreift werde, obwohl es sich dabei um einen im öffentlichen Auftragswesen bedeutenden Sektor handele und dieser sich von anderen wesentlich dadurch unterscheide, dass es sich bei Bauleistungen vielfach um Leistungen handele, die objektiv-individuell zu erbringen und mit einer Serienproduktion an einem festen Standort nicht zu vergleichen seien[21]. Kostenersparnisse durch große Produktionsserien würden insoweit nicht anfallen. Die Bauleistung erfordere – anders als andere Leistungen – jeweils die Errichtung einer Produktionsstätte am Ort der Leistung; der Transport von Maschinen und Arbeitskräften über weite Strecken sei ein wesentlicher Kostenfaktor.
Selbst wenn man dieser Kritik an der Studie folgen wollte, so ändert dies jedoch wohl nichts an der Richtigkeit der Grundaussage über das Einsparungspotential.

Dass die grenzüberschreitende Vergabe öffentlicher Aufträge bisher eher Ausnahme bildet, hängt auch entscheidend damit zusammen, dass die erforderlichen Informationen zur Teilnahme an einem Vergabeverfahren den einzelnen Bietern aus anderen Mitgliedstaaten nicht hinreichend zugänglich sind.
Ein Missstand, zu dessen Abbau zweifelsohne auch die Umstellung des Vergabeverfahrens auf elektronische Durchführung einen Beitrag leisten kann.

### 1.3 Die Bedeutung und die zukünftigen Möglichkeiten elektronischer Vergabe

Verlässliche und leicht zugängliche Daten sind für die Nutzung von Marktchancen unverzichtbar. Zurzeit müssen sich die Unternehmen die für sie interessanten Ausschreibungen aus einer Flut von Bekanntmachungen auf nationaler und europäischer Ebene heraussuchen, von denen jährlich über 130.000 im Amtsblatt der EU erscheinen. Die Kommission der EU beabsichtigt daher, die Voraussetzungen

---

19 Ceccini – Bericht über die Kosten des Nicht-Europa, in: Grünbuch der Kommission KOM (96) 583, S. 10

20 *Boesen*, Einl. Rn 8

21 *Seidel* in Dauses, H. IV Rn 34

dafür zu schaffen, die Bekanntmachung auf ein gänzlich papierloses Verfahren umzustellen[22].

Das öffentliche Auftragswesen, wie es sich heute darstellt, beruht auf herkömmlichen Verwaltungspraktiken und Kommunikationsformen. Bekanntmachungen, Verbreitung und Ausschreibung erfolgen hauptsächlich in schriftlicher Form. Im Zeitalter der Computer und Telekommunikation ist dies aber nicht mehr erforderlich. Es ist daher an der Zeit, die Möglichkeiten auszuschöpfen, die sich aus den Fortschritten der Informationstechnologie ergeben. Kurzfristig können die neuen Informationstechniken dazu dienen, die Bekanntmachung öffentlicher Aufträge und die Weitergabe von Informationen an die Interessenten auf elektronische Medien umzustellen. Längerfristig wird der Einsatz von Computersystemen und Telekommunikationsnetzen die Auftragsvergabe revolutionieren[23].

Es ist zu erwarten, dass sich ein „elektronischer Vergabemarkt" herausbildet, bei dem die Unternehmen ihre Erzeugnisse und Preise in elektronischen Katalogen auflisten, so dass die Auftraggeber die Preise und Konditionen vergleichen und schließlich dem für sie wirtschaftlich günstigsten Anbieter auf elektronischem Wege den Zuschlag erteilen können. Davon werden zahlreiche Unternehmen profitieren, denn ein elektronisches Auftragswesen ist transparenter, anbieterfreundlicher und wesentlich effizienter als alle derzeit verwendeten Systeme auf Papierbasis.

Die technischen Möglichkeiten sind aber nicht auf die verhältnismäßig einfache elektronische Übermittlung und Verbreitung der Bekanntmachungen beschränkt. Längerfristig betrachtet liegt die Zukunft des Beschaffungswesens zweifellos in einem vollelektronischen Ausschreibungssystem. Dies könnte bedeuten, dass der gesamte Prozess der Vergabe automatisiert wird und so in jeden Bereich der öffentlichen Ausschreibung Einzug hält[24].

Ein von der Ankündigung des Vergabeverfahrens bis zum Vertragsschluss vollelektronisches Ausschreibungssystem könnte die Übermittlung der Auftragsunterlagen und der Angebote sowie den gesamten Informationsaustausch während der Laufzeit des Vertrages (incl. Rechnungen und Zahlungsvorgängen) umfassen.

## 2. Die historische Entwicklung des Vergaberechts in Deutschland

### 2.1 Ausgangsüberlegungen

Jedes öffentliche Gemeinwesen steht vor der Frage, auf welche Art und Weise es sich die zur Erfüllung seiner Aufgaben erforderlichen Sachmittel und Leistungen zu beschaffen hat.

[22] Grünbuch der Kommission (96) 583, S. 32

[23] Grünbuch der Kommission (96) 583, S. 34

[24] Grünbuch der Kommission (96) 583, S. 37

Hierbei sind unterschiedliche Vorgehensweisen denkbar. Einerseits kommt eine Bedarfsdeckung durch eigene Mittel in Betracht. Der Staat kann Eigenbetriebe gründen, um so die benötigten Waren und Dienstleistungen zur eigenen Verwendung zu produzieren. So kann beispielsweise eine Gemeinde die kommunale Strom- und Wasserversorgung durch die Stadtwerke in Form eines Eigenbetriebes organisieren und dabei satzungsmäßig bestimmen, dass die Stadtwerke den gemeindlichen Einrichtungen Strom und Wasser bereitzustellen haben[25].
Des weiteren kann der Staat die benötigten Güter in seltenen Fällen zwangsweise durch Hoheitsakt beschaffen. Durch Enteignungen kann eine Güterumverteilung von Privatpersonen auf den Staat erfolgen.
Endlich kann der Staat als Privatrechtssubjekt am Wirtschaftsleben teilnehmen und durch den Abschluss von zivilrechtlichen Verträgen die erforderlichen Mittel beschaffen. Durch die enorme Nachfragemacht des Staates droht bei dieser Art der Beschaffung eine empfindliche Beeinträchtigung des Marktgleichgewichtes; persönliche Beziehungen staatlicher Entscheidungsträger zu einzelnen Unternehmern bergen die Gefahr nicht-objektiver Vergabeentscheidungen in sich. Seitdem Beschaffung durch Abschluss zivilrechtlicher Verträge betrieben wird, werden Regeln gesucht und aufgestellt, um das staatliche Verhalten bei der Teilnahme am Markt transparent zu machen und so das Entscheidungsverhalten jedenfalls im Kern zu objektivieren.

## 2.2 Die Entwicklung des Vergabewesens in Deutschland bis 1910

Die Vergabe von Leistungen durch die öffentliche Hand im Wege des Wettbewerbs war, wenn freilich auch nicht in den Formen des heutigen Verdingungswesens, in Deutschland bereits zu Beginn des 17. Jahrhunderts in Übung. Die ersten Regelungen waren die Hamburgische Baulieferordnung von 1617 und das Preußische Baureglement aus dem Jahre 1724.
Die privatrechtliche Vergabe entspricht der Beschaffungspraxis einer Vielzahl anderer Länder, die, wie Deutschland, die zwangsweise Beschaffung auf Kriegs- und Notzeiten beschränkt hatten. Vom 18. bis zur Mitte des 19. Jahrhunderts wurde die so genannte „Lizitation" praktiziert. Dabei handelte es sich um eine mündliche Versteigerung. Der Auftraggeber gab eine geschätzte Baukostensumme vor, woraufhin die anwesenden Unternehmer ihr Angebote ausriefen[26]. Dieses Verfahren erwies sie insbesondere aufgrund unüberlegter Unterbietungen[27] und qualitati-

[25] Vgl. zu den besonderen Problemen der kommunalen Vergabe von Aufträgen an ausgegründete Tochtergesellschaften *Erdmann*, NdsVBl. 2000, 211 ff.

[26] *Lampe-Helbig/Wörmann* Rn 10

[27] *Lampe-Helbig/Wörmann* Rn 10

ver Mängel der eingesetzten billigeren Baustoffe als nachteilig für Auftragnehmer und Auftraggeber[28].

Als Folge dieser Missstände wurden öffentliche Aufträge daher ab Mitte des 19. Jahrhunderts in der Regel im Wege des auch heute im Grundsatz noch angewandten „Submissionsverfahrens" vergeben. Auf schriftliche Aufforderung zur Angebotsabgabe hin mussten die Gebote schriftlich eingereicht und bis zur Verlesung geheim gehalten werden[29].

Diese erste Phase des modernen Verdingungsrechts begann nach 1830 mit dem Eisenbahnbau und der Ausweitung des Straßenbaus und des sonstigen Beschaffungswesens und erreichte mit der Durchsetzung der liberalen Prinzipien in der Gesetzgebung nach der Revolution von 1848 ihren Höhepunkt[30]. Dabei wurde das staatliche Verhalten ausnahmslos von fiskalischen Gesichtspunkten bestimmt; stets wurde die Zuschlagserteilung allein am Preis ausgerichtet.
Diese Form der Submission wurde – überraschender Weise – gerade auf Drängen der Wirtschaft eingeführt, da diese sich so die bestmögliche Verwirklichung von Chancengleichheit versprach.

Durch ausschließliches Abstellen auf den Preis als Zuschlagskriterium sollte jegliche Willkür aus dem Vergabevorgang eliminiert werden. Über die Auftragsvergabe sollte allein die Konkurrenz entscheiden. Der Beamte hatte lediglich das Ergebnis zu „konstatieren". Erst wenn dies erfolgt war, sollte die Behörde den durch „mechanische Selbstauslese gewählten Kontrahenten" kennen lernen[31].

Zwar war nunmehr ein schriftliches Verfahren geschaffen worden; die Nachteile des Systems wurden damit jedoch nicht wesentlich beseitigt. Durch den aufrechterhaltenen erheblichen Preisdruck waren Unternehmer weiterhin gezwungen, Material geringer Qualität einzusetzen und Arbeitskräfte schlecht zu bezahlen.
Unterschiedliche Interessengruppen forderten infolgedessen eine Änderung dieser Zustände bei der Vergabe öffentlicher Aufträge. Wesentliche Bestandteile der geäußerten Kritik waren die Wiederherstellung eines funktionierenden, gesunden Wettbewerbs, die sozialpolitische Verpflichtung zur Berücksichtigung von Arbeitnehmerinteressen sowie die Neugestaltung der Vergabe- und Vertragsbedingungen auf einer gleichberechtigten Basis[32]. 1885 erließ das preußische Arbeits-

---

[28] *Schubert* in Festschrift für Korbion, S. 389 verweist exemplarisch auf ein Eisenbahnunglück aus dem Jahre 1882, das seine Ursache in preiskampfbedingten Qualitätsmängeln der verwendeten Baustoffe hatte.

[29] *Lampe-Helbig/Wörmann*, Rn 10

[30] *Schubert* in: Festschrift Korbion, S. 393

[31] *Schubert* in: Festschrift Korbion, S. 393

[32] *Schubert* in: Festschrift Korbion, S. 394

ministerium die „Allgemeinen Bestimmungen, betreffend die Vergabe von Leistungen und Lieferungen“, in welchen diesen Grundanliegen in weitem Maße entsprochen wurde. Darin wurde insbesondere vorgeschrieben, dass der Zuschlag nur auf ein in jeder Beziehung annehmbares Gebot erteilt werden darf[33]. Die damals neuartigen Wertungsgrundsätze gelten noch heute nach über 100 Jahren in den Verdingungsordnungen nahezu unverändert weiter[34].

### 2.3 Die Bestrebungen zur Schaffung reichseinheitlicher Verdingungsregelungen im Reichsverdingungsausschuss

Anfang des 20. Jahrhunderts bestanden Bestrebungen, das bis dahin in Länderverordnungen festgelegte Verdingungswesen reichseinheitlich zu regeln. Zu diesem Zweck wurde dieses Vorhaben nach längerer Debatte im Reichstag einer Kommission überwiesen, welche trotz verfassungsrechtlicher Bedenken zu dem Ergebnis gelangte, diese Ziel durch Erlass eines einheitlichen Reichsvergabegesetzes erreichen zu können[35]. In einem entsprechenden Gesetzentwurf wurden Regeln sowohl hinsichtlich des Verfahrens als auch hinsichtlich der Behandlung des zwischen Auftraggeber und Auftragnehmer abzuschließenden Vertrages aufgestellt. Aufgrund des Kriegsausbruches kam es jedoch nicht mehr zu Beratungen dieses Entwurfs.

Nach Ende des ersten Weltkrieges wurde die Idee eines Reichsverdingungsgesetzes wieder aufgegriffen. Nach eingehenden Beratungen im Reichstag beschloss man jedoch, das Beschaffungswesen nicht durch Gesetz öffentlich-rechtlich zu regeln, sondern es dem Bereich privatrechtlichen Handelns zu unterstellen. Entsprechende Regeln sollten von einem Reichsverdingungsausschuss ausgearbeitet werden. Dieser setzte sich aus verschiedenen Interessengruppen zusammen. Sowohl Vertreter der Ministerien, als auch Vertreter der Arbeitgeber und der Arbeitnehmer wurden Mitglieder dieses Ausschusses. Es fehlten also zunächst noch die Vertreter der Länder und der Kommunalverbände, die man erst zu einem späteren Zeitpunkt hinzuziehen wollte.
Im Rahmen der ersten Sitzung dieses Ausschusses wurden drei „Hauptbedingungen“ einer Verdingungsordnung formuliert:
Zum einen wurde die Aufstellung einwandfreier, d.h. klarer, unzweideutiger und vollständiger Verdingungsunterlagen als wesentlich bezeichnet. Zum anderen sollten die Ermittlung des preiswürdigsten Angebotes sowie die anschließende strenge Vertragserfüllung weitere Elemente darstellen[36].

---

33 *Boesen*, Einl. Rn 126
34 *Lampe-Helbig/Wörmann* Rn 10
35 *Schubert* in: Festschrift Korbion, S. 395
36 *Schubert* in: Festschrift Korbion, S. 397

An der zweiten Vollversammlung des Reichsverdingungsausschusses nahmen schließlich auch die Ländervertreter teil. Die genannten Hauptbedingungen wurden näher erläutert und nach längerer Diskussion angenommen. Es wurde ein Arbeitsausschuss gebildet, der dazu ermächtigt wurde, die Arbeit des Reichsverdingungsausschusses weiterzuführen und nach Abschluss zur endgültigen Annahme vorzulegen.
1924 wurde ein erster Referentenentwurf der VOB fertig gestellt und dem Reichsverdingungsausschuss zur Beschlussfassung zugeleitet, welche sich insbesondere durch Länderinterventionen verzögerte. Nachdem im weiteren Verlauf die Bedenken der Länder ausgeräumt wurden, beschloss der Reichsverdingungsausschuss am 06.05.1926 die „Verdingungsordnung für die Vergabe von Bauleistungen (VOB)“, welche bereits damals aus den Teilen A, B und C bestand[37]. Ergänzt wurden diese Vergaberegelungen durch die ebenfalls vom Reichsverdingungsausschuss ausgearbeitete „Verdingungsordnung für Leistungen – ausgenommen Bauleistungen (VOL), welche 1936 verabschiedet wurde[38].

Während der Zeit des Nationalsozialismus verloren die theoretisch weiter bestehenden Verdingungsordnungen durch den 1936 allgemein eingeführten Preisstopp ihre faktische Wirksamkeit und wurden durch ein Selbstkostenpreissystem ersetzt[39].

## 2.4 Die Weiterentwicklung der Verdingungsordnungen nach dem zweiten Weltkrieg durch den DVA und den DVAL

Auch nach Inkrafttreten des Grundgesetzes verloren die Verdingungsordnungen nicht ihre Gültigkeit. Ihre Weiterentwicklung in rechtlicher und technischer Hinsicht übernahmen zunächst ein, später zwei getrennte Verdingungsausschüsse, der 1947 gegründete Verdingungsausschuss für Bauleistungen (DVA) sowie der 1974 gegründete Verdingungsausschuss für Leistungen – ausgenommen Bauleistungen (DVAL)[40].
Dem DVA gehören Körperschaften an, die an der Verdingung von Bauleistungen unmittelbar beteiligt sind, sowie solche, die für Grundsatzfragen des Verdingungswesens zuständig sind oder deren sachkundige Mitarbeit erwünscht ist[41].
Die Organe des DVA sind die Hauptversammlung, der Vorstand und die Hauptausschüsse. Die Hauptversammlung beschließt über die Zusammensetzung des DVA, die Durchführung seiner Aufgaben und die Bildung von Hauptausschüssen[42].

[37] *Vygen*, in: Ingenstau/Korbion, Einl. Rn 11
[38] *Boesen*, Einl. Rn 127
[39] *Riese*, S. 4
[40] *Boesen*, Einl. Rn 128
[41] *Lampe-Helbig* in Festschrift für Korbion, S. 250
[42] *Lampe-Helbig* in Festschrift für Korbion, S. 250

Die Konzeption der vom Reichsverdingungsausschuss erarbeiteten Verdingungsordnungen wurde beibehalten und insbesondere die technischen Vertragsbedingungen (Teil C) nach erstmaliger Veröffentlichung der VOB laufend ergänzt und überarbeitet. Auch heute liegt dort noch ein Schwergewicht. Aktuell wurde die Diskussion besonders von der Anpassung der VOB/B an die aufgrund des Erlasses des Schuldrechtsmodernisierungsgesetzes veränderte Rechtslage bestimmt. Zur Herstellung der erforderlichen Parallelität mit dem Werkvertragsrecht des BGB bedurfte es inhaltlicher und terminologischer Änderungen.

## 2.5 Die Umgestaltung des nationalen Vergaberechts durch das Vergaberechtsänderungsgesetz

Nicht nur im Reichsverdingungsausschuss wurde intensiv die Frage diskutiert, ob das Verdingungswesen nicht am effizientesten durch ein nationales Vergabegesetz zu gestalten sei.
Insbesondere durch die enorme gemeinschaftsrechtliche Überlagerung des gesamten Vergaberechts bestand und besteht ein erheblicher Umsetzungs- und damit Anpassungsbedarf. Der Erlass verschiedener EG-Vergaberichtlinien zwang zu einer erneuten Auseinandersetzung mit der Ausgestaltung dieses Rechtsgebietes. Im Jahre 1993 sprach sich der Bundesgesetzgeber nach umfangreichen Diskussionen gemeinsam mit dem Verdingungsausschuss gegen die Schaffung eines eigenständigen Vergabegesetzes aus und unternahm statt dessen den Versuch, die europäischen Richtlinien im Wege einer so genannten haushaltsrechtlichen Lösung in deutsches Recht umzusetzen[43].
Die Umsetzung erfolgte durch die Einführung der §§ 57a bis 57c HGrG, also durch eine Verankerung im Haushaltsrecht, welches ein objektives, auf die sparsame Mittelverwendung gerichtetes Recht darstellt. Die Einzelheiten des Regelungen des Vergabeverfahrens verblieben in den Verdingungsordnungen[44].
Die Vergabeverordnung (VgV) vom 22.02.1994 stellte das Bindeglied zwischen den Vorschriften des HGrG und den Verdingungsordnungen dar. Ein System des Rechtsschutzes wurde durch die Nachprüfungsverordnungen des Bundes und der Länder in das nationale Recht implementiert. Bieter konnten danach Rechtsschutz vor den Vergabeüberwachungsausschüssen suchen.

Die Umsetzung europäischer Richtlinien über die haushaltsrechtliche Lösung war von vornherein umstritten. Kritik wurde zum einen an ihrer Unübersichtlichkeit geübt; zum anderen wurde insbesondere der Verzicht auf die Schaffung subjektiver Bieterrecht als ein Umsetzungsmangel angesehen.

---

[43] *Glahs* in Reidt/Stickler/Glahs, Einl. Rn 6

[44] *Glahs* in Reidt/Stickler/Glahs, Einl. Rn 7

Kurze Zeit später wurden die Kritiker dieses Umsetzungsmodells durch den EuGH bestätigt. In seinem Urteil vom 11.08.1995 entschied er, dass die deutsche Lösung gegen das Gemeinschaftsrecht verstoße, da sie den Bietern keine gerichtlich durchsetzbaren subjektiven Rechte gewähre[45]. Zwar befasste sich die Entscheidung nicht ausdrücklich mit der durch die Änderung des HGrG geschaffene Rechtslage; da diese subjektive Bieterrechte jedoch ebenfalls nicht gewährte, war die Entscheidung inhaltlich auf die damals aktuelle Rechtslage übertragbar.
Da die Umsetzung offensichtlich misslungen war, leitete die EG-Kommission im Herbst 1995 ein Vertragsverletzungsverfahren gegen die Bundesrepublik Deutschland wegen der haushaltsrechtlichen Lösung ein. Es wurde allgemein damit gerechnet, dass der EuGH der Rechtsansicht der Kommission folgen würde[46]. Angesichts dieser evidenten Umsetzungsmängel beschloss der Gesetzgeber, einer Entscheidung des EuGH im Vertragsverletzungsverfahren durch eine erneute Überarbeitung des nationalen Vergaberechts zuvorzukommen.

Nach langer Diskussion zog die Bundesregierung mit Kabinettsbeschluss vom 25. September 1996 die Konsequenzen aus der Europarechtswidrigkeit und entschloss sich zu einer grundlegenden Reform des Vergaberechts. Ausschlaggebend dafür war im übrigen auch die politische Intervention der US-Regierung[47].
In seiner abschließenden Lesung vom 23.04.1998 beschloss der Bundestag das Vergaberechtsänderungsgesetz (VgRÄG) in der Beschlussempfehlung des Wirtschaftsausschusses[48]. Nachdem der Bundesrat ein Vermittlungsverfahren eingeleitet und der abschließende Vorschlag des Vermittlungsausschusses die Zustimmung beider Kammern gefunden hatte, wurde der Kompromissvorschlag von beiden Kammern an einem Sitzungstag am 29.05.1998 verabschiedet[49].

Das Vergaberechtsänderungsgesetz führte zur Schaffung eines 4. Teils des GWB, in welchem nunmehr der rechtliche Rahmen der öffentlichen Auftragsvergabe verankert wurde. Aus dem reinen Haushaltsinnenrecht wurde so Wettbewerbsrecht[50]. Durch § 97 Abs. 7 GWB wurden subjektive Bieterrecht geschaffen, was gleichsam eine völlige Neuausrichtung des Vergaberechts bedeutete. Die Entscheidung für einen subjektiven Bieterschutz wird daher auch als „wichtigste Neuerung gegenüber der haushaltsrechtlichen Lösung“[51] bezeichnet.

---

45 EuGH NVwZ 1996, 367, 368
46 *Glahs* in Reidt/Stickler/Glahs, Einl. Rn 8
47 *Byok*, NJW 1998, 2774, 2775
48 BT-Drucks. 13/10328
49 *Boesen*, Einl. Rn 147
50 Vgl. ausführlich zur Umsetzung der europarechtlichen Vorgaben in das nationale Recht: Kap II 6.2 („Das deutsche Modell der Richtlinienumsetzung“)
51 *Boesen*, Einl. Rn 150

Darüber hinaus wurde ein jedenfalls oberhalb der Schwellenwerte geltendes System effektiven Primärrechtsschutzes sowie ein System des Eilrechtsschutzes geschaffen[52].
Unverändert beibehalten wurde jedoch die schon zu Zeiten der haushaltsrechtlichen Lösung bestehende Verweisungstechnik, so dass bei Ausschreibungsverfahren eine Regelungskaskade, bestehend aus GWB, VgV und Verdingungsordnungen zu beachten ist.

## 3. Die rechtssystematische Einordnung des Vergaberechts in Deutschland sowie in ausgewählten Mitgliedsstaaten der EU

### 3.1 Die systematische Zweiteilung in Deutschland

Auch nach Inkrafttreten des Vergaberechtsänderungsgesetzes ist nicht abschließend geklärt, wie das nationale Vergaberecht rechtssystematisch einzuordnen ist[53].
Insbesondere die durch die Schwellenwertsregelungen geschaffene Zweiteilung des Vergaberechts erschwert die Systematisierung. Bei Auftragsvergaben unterhalb der in der VgV festgelegten Schwellenwerte gilt das GWB nicht; hier bleibt es daher dabei, dass Vergaberecht allein innenwirksames Haushaltsrecht ist.
Oberhalb der Schwellenwerte sind von öffentlichen Auftraggebern dagegen das GWB, die VgV sowie die jeweils anwendbare Verdingungsordnung zwingend zu beachten; dieser europarechtlich geprägte Teil nationalen Vergaberechts ist nunmehr als außenwirksames Wirtschaftsrecht[54] zu qualifizieren.

### 3.2 Die zivilrechtliche Qualifikation des Vertrages zwischen Auftraggeber und Auftragnehmer in Deutschland

Diese Einordnung des rechtlichen Rahmens sagt jedoch noch nichts darüber aus, wie der zwischen einem öffentlichen Auftraggeber und einem Bieter abgeschlossenen Vertrag, oder das Verhalten des öffentlichen Auftraggebers auf dem Weg zum Abschluss des Vertrages zu qualifizieren sind.
Während die ganz herrschende Meinung den zwischen Staat und Auftragnehmer geschlossenen Vertrag dem Zivilrecht zuordnet[55], ist umstritten, ob das Handeln des Staates im Vorfeld der Auftragsvergabe ebenfalls als zivilrechtliches, also rein fiskalisches, als verwaltungsprivatrechtliches oder gar als öffentlich-rechtliches Handeln zu qualifizieren ist.
Zwar findet die Auftragsvergabe nicht in einem klassischen Über- und Unterordnungsverhältnis statt; dennoch wurde die These vertreten, dass daher die im verwaltungsrechtlichen Bereich entwickelte „Zwei-Stufen-Theorie" auch im Verga-

---

[52] *Glahs* in Reidt/Stickler/Glahs, Einl. Rn 9
[53] *Boesen*, Einl. Rn 2
[54] *Boesen*, Einl. Rn 2
[55] *Hermes*, JZ 1997, 909, 910; *Lötzsch/Bornheim*, NJW 1995, 2134, 2136 als Beispiele für die Rechtsprechung: BGHZ 36, 91, 96; BVerwGE 5, 325, 328

berecht anzuwenden sei[56]; der Gedanke hat sich jedoch bis heute nicht durchzusetzen vermocht.

Der zivilrechtliche Vertrag zwischen Auftraggeber und Auftragnehmer kommt durch den Zuschlag zustande, welcher die Annahme des Bieterangebotes i.S.d. §§ 145 ff. BGB darstellt.
Zwar ist der Begriff des Zuschlags dem bürgerlichen Recht mit Ausnahme von Versteigerungen fremd; er hat sich jedoch in der VOB und insgesamt im Beschaffungswesen durchgesetzt und wird insoweit auch als „Vertragsannahme" verstanden. Die Begrifflichkeit macht deutlich, dass auch das heutige Vergabeverfahren auf die Lizitations-, Submissions- und Abstreichverfahren vergangener Jahrhunderte zurückzuführen ist[57].
Üblicherweise wird der Begriff des „Zuschlags" nur bei öffentlichen und beschränkten Ausschreibungen[58] verwendet; bei der freihändigen Vergabe[59] hat sich dagegen der Begriff „Auftrag" durchgesetzt, welcher nicht mit dem im Bürgerlichen Recht zu findenden Begriff des Auftrags in den §§ 662 ff. gleichzusetzen ist.

Die Abwicklung des Vertrages nach zivilrechtlichen Regeln hat Auswirkungen bis auf die Ebene des Rechtsschutzes. Da wirksam abgeschlossene Verträge wegen außerhalb des Rechtsverhältnisses liegender Gründe nicht wieder aufgehoben werden können („pacta sunt servanda"), wirkt sich die Nichtbeachtung vergaberechtlicher Vorschriften i.d.R. nicht auf den Vertrag aus. Trotz erheblicher Missachtungen elementarster Grundsätze des 4. Teils des GWB bleibt der Vertrag wirksam, soweit nicht eine Nichtigkeit etwa nach § 134 oder nach § 138 BGB gegeben ist. Auch im Nachprüfungsverfahren können diese Verträge von den Vergabekammern oder den in zweiter Instanz zuständigen Oberlandesgerichten nicht einseitig aufgehoben werden, was § 114 Abs. 2 GWB zeigt[60].

---

56 *Kopp*, BayVBl. 1980, 609; *Hermes*, JZ 1997, 909, 915; *Wolff/Bachof/Stober*, § 22 Rn 67

57 Daub/Piel/Soergel, § 28 ErlZ A 28.1

58 Oberhalb der Schwellenwerte existiert eine andere Terminologie: Die öffentliche Ausschreibung wird dort als offenes Verfahren, die beschränkte Ausschreibung als nichtoffenes Verfahren bezeichnet.

59 Oberhalb der Schwellenwerte wird diese als Verhandlungsverfahren bezeichnet.

60 Aus diesem Grunde wurde es zur Schaffung effektiven Rechtsschutzes erforderlich, das gegen ein Vergabeverfahren beantragte Nachprüfungsverfahren mit einem Suspensiveffekt auszustatten. Gemäß § 115 Abs. 1 GWB darf während des laufenden Nachprüfungsverfahrens der Zuschlag nicht erteilt werden. Ein dennoch erteilter Zuschlag führt gem. § 134 BGB zur Nichtigkeit des Vertrages. So soll verhindert werden, dass der Auftraggeber während eines laufenden Vergabenachprüfungsverfahrens vollendete Tatsachen schafft, das Nachprüfungsverfahren ad absurdum führt und die Effektivität der Rechtsschutzes gegen Null tendieren lässt.

### 3.3 Die rechtssystematische Einordnung des Vergaberechts in anderen Mitgliedsstaaten der Europäischen Union

Nicht in allen Mitgliedsstaaten der Europäischen Union kann das öffentliche Auftragswesen – wie in Deutschland – dem Zivilrecht zugeordnet werden. Es lässt sich vielmehr grundsätzlich eine Zweiteilung der Rechtssysteme feststellen, wenngleich jedes Land für sich ein in den Details differierendes, auf die eigenen wirtschaftlichen und politischen Verhältnisse zugeschnittenes Rechtssystem entwickelt hat[61].

In dem im wesentlichen vom germanischen Recht geprägten Norden unterliegen das Vergabeverfahren selbst, das Verhältnis zwischen Auftraggeber und Auftragnehmer sowie daraus resultierende Streitigkeiten dem Zivilrecht[62].

Die südlichen Mitgliedsstaaten, die vom romanischen Recht geprägt sind, besitzen dagegen ein völlig anderes Grundverständnis des öffentlichen Auftragswesens und ordnen sowohl das Vergabeverfahren als auch den Vertrag zwischen Auftraggeber und Auftragnehmer dem öffentlichen Recht zu[63].

#### 3.3.1 Mitgliedsstaaten mit zivilrechtlicher Zuordnung des Vergaberechts

Zu den Mitgliedsstaaten der Europäischen Union, in welchen das Vergaberecht traditionell Teil des Zivilrechts ist, gehören Dänemark, die Niederlande, Großbritannien sowie Irland und Italien. Gemeinsam ist diesen Ländern, dass der Staat hier keine Sonderstellung gegenüber Privatpersonen innehat[64], so dass als konsequente Folge auch die Streitigkeiten zwischen Auftragnehmern und Auftraggebern vor den ordentlichen Gerichten zu führen sind.

Etwas überraschend ist auch Italien rechtssystematisch in diese Gruppe einzuordnen. Nach herrschender Lehre in Italien ist der Vertrag zwischen öffentlichem Auftraggeber und privatem Auftragnehmer ein Vertrag de Zivilrechts[65]. Allerdings hat dieser Einordnung eine nur theoretische Bedeutung, da die zivilrechtlichen Vorschriften lediglich ergänzend herangezogen werden. Durch zahlreiche Gesetze, Verordnungen sowie so genannte „Lastenhefte" ist es de facto zur Errichtung eines besonderen Rechtssystems für öffentliche Aufträge gekommen, das von den einschlägigen Vorschriften der zivilrechtlichen Normen Italiens abweicht. Insbesondere ist der Zuschlag selbst als Verwaltungsakt zu qualifizieren mit der Folge, dass zivilrechtliche Schadensansprüche die vorherige verwaltungsgerichtliche Annullierung der Zuschlagserteilung voraussetzen[66].

---

61 vgl. hierzu ausführlich auch *Rudolf* in Byok/Jaeger, Einf. Rn 117 ff.
62 *Seidel* in Dauses, H.IV Rn 23
63 *Seidel* in Dauses, H.IV Rn 24
64 *Schmitz*, S. 37
65 *Schmitz*, S. 43
66 *Rudolf* in Byok/Jaeger, Einf. Rn 125

Auch in Großbritannien ist das Recht der öffentlichen Auftragsvergabe grundsätzlich zivilrechtlich einzuordnen, wenngleich das Rechtssystem insgesamt nicht ähnlich streng wie in Deutschland in öffentliches und privates Recht aufgeteilt werden kann[67], da das Vergaberecht in Großbritannien und die Umsetzung der Richtlinien nur zu einem geringen Teil durch geschriebene Normen bestimmt werden.

### 3.3.2 Mitgliedsstaaten mit öffentlich-rechtlicher Zuordnung

In Frankreich, Spanien und auch Portugal ist das Vergaberecht dem öffentlichen Recht zuzuordnen.
Sowohl das Vergabeverfahren selbst, der Vertrag zwischen öffentlichem Auftraggeber und privatem Auftragnehmen, als auch die daraus resultierenden Streitigkeiten sind verwaltungsrechtlicher Natur. Die Erteilung des Zuschlags stellt einen Verwaltungsakt dar.

Größere Schwierigkeiten ergeben sich bei der Einordnung Belgiens. Obwohl Form und Durchführung des Vergabeverfahrens dem französischen Recht nachgebildet sind, ist die Rechtsnatur des Vertrages zwischen staatlichem Auftraggeber und privatem Auftragnehmer nicht abschließend geklärt[68]. Jedenfalls zum Teil wurde vertreten, dass die abgeschlossenen Verträge zivilrechtlichen Charakter hätten; nach mittlerweile vorherrschender Ansicht dagegen ist das Vergaberecht verwaltungsrechtlicher Natur, da nach einer Reform aus dem Jahre 1963 so viel Rechtsmaterie aus dem französischen in das belgische Recht des öffentlichen Auftragswesens übernommen wurde, dass man auch im belgischen Recht von einem öffentlich-rechtlichen Vertrag sprechen muss[69].

Insgesamt zeigt sich anhand der ausgewählten Beispiele, dass trotz gemeinsamer, europarechtlicher Rechtsgrundlagen sowie den erheblichem Harmonisierungsbestrebungen der Europäischen Union eine unterschiedliche Zuordnung des Vergaberechts in den einzelnen Mitgliedstaaten fortbesteht.

---

[67] *Bock*, S. 135
[68] *Schmitz*, S. 41
[69] *Schmitz*, S. 41

## 4. Der gemeinschaftsrechtliche Rahmen des Vergaberechts

### 4.1 Einleitung

Den wohl prägendsten Einfluss auf das deutsche Regelungsgeflecht im Bereich des Vergaberechts haben bis heute europäische Normen[70].

Rechtsgrundlagen für die Vergabe öffentlicher Aufträge auf EG-Ebene ergeben sich sowohl aus dem primären, als auch aus dem sekundären Gemeinschaftsrecht.

### 4.2 Der Einfluss des primären Gemeinschaftsrechts auf das Vergabeverfahren

Vor Inkrafttreten der EG-Vergaberichtlinien stellten die Grundfreiheiten des EG-Vertrages die einzigen Bestimmungen dar, die auf europarechtlicher Ebene Vorgaben für staatliche Beschaffungsaktivitäten bereithielten. Aber auch heute, nach umfangreicher sekundärrechtlicher Normierung des Beschaffungswesens, haben sie ihre Bedeutung nicht eingebüßt. Dies gilt zu einen deshalb, weil die Richtlinien erst bei Erreichen bestimmter Schwellenwerte gelten; unterhalb der Schwellenwerte stellt daher der EGV weiterhin den alleinigen gemeinschaftsrechtlichen Maßstab für die rechtliche Beurteilung von Vergabeverfahren dar. Zum anderen gilt es zu berücksichtigen, dass sekundäres Gemeinschaftsrecht „im Lichte" des Vertrages auszulegen ist, die Inhalte des EGV daher bei der Sinnermittlung unbestimmter Rechtsbegriffe in den einschlägigen Richtlinien die entscheidenden Leitlinien darstellen.

Betrachtet man das Primärrecht, so fällt ins Auge, dass der EG-Vertrag bis heute keine ausdrückliche zusammenhängende Regelung über das öffentliche Auftragswesen enthält. Diese Regelungsarmut ist aufschlussreich, waren sich doch die Mitgliedstaaten von Beginn an der erheblichen wirtschaftlichen Bedeutung dieses Sektors sehr wohl bewusst, so dass sich darin der noch immer bestehende protektionistische Ansatz bei der öffentlichen Beschaffung widerspiegelt[71]. Ein Vertrag mit besonderen Regeln über die Nichtdiskriminierung von Bietern aus anderen Mitgliedstaaten bei einem nationalen Vergabeverfahren wäre von den Parlamenten nicht ratifiziert worden[72]. Allein in Art. 157 Abs. 2 EG oder in Art. 183 Nr. 4 EG finden sich „versteckte Hinweise"[73] zu diesem Rechtskomplex.

[70] Gleichwohl existieren auch auf völkerrechtlicher Ebene Regelungen über die öffentliche Auftragsvergabe. Nur beispielhaft sei insoweit das „General Procurement Agreement" (GPA), das erstmals Rechtsschutzmöglichkeiten von an Ausschreibungen beteiligten Bietern vorsah, genannt. Des weiteren kam dem von der Kommission der Vereinten Nationen für Internationales Handelsrecht 1994 entworfenen UNICITRAL Mustergesetz eine besondere Bedeutung zu, da sich einzelne Staaten bei Erlass vergaberechtlicher Normen hieran orientieren konnten.

[71] *Schwarze*, EuZW 2000, 133, 134

[72] *Stolz*, S. 6

[73] *Stober*, Bes. Wirtschaftsverwaltungsrecht, § 71 II 2, S. 401

Maßstab staatlichen Verhaltens bei der Vergabe öffentlicher Aufträge stellen die Grundfreiheiten des Gemeinsamen Marktes dar. Unter bestimmten, engen Voraussetzungen kann auch das staatliche Beihilfeverbot einschlägig sein.

### 4.2.1 Freier Warenverkehr, Art. 28 EG

Bestimmte staatliche Verhaltensweisen im Rahmen staatlicher Beschaffungsvorgänge können gegen Art. 28 EG [Verbot mengenmäßiger Einfuhrbeschränkungen] verstoßen. Unter „mengenmäßigen Einfuhrbeschränkungen" versteht man Maßnahmen, mit denen die Einfuhr einer Ware vollständig verboten oder nach Menge, Wert oder Zeit begrenzt wird[74]. Derartige Maßnahmen stellen bei mitgliedstaatlicher Beschaffungstätigkeit die Ausnahme dar.

Erfasst von Art. 28 EG werden darüber hinaus jedoch auch so genannte „Maßnahmen gleicher Wirkung", die in vergaberechtlicher Hinsicht eine größere Relevanz aufweisen. Der Begriff der „Maßnahmen gleicher Wirkung" wurde aufgenommen, weil sich gezeigt hatte, dass Einschränkungen der Warenverkehrsfreiheit nicht nur durch die in Art. 28 EG ausdrücklich genannten, sondern auch und gerade durch Ersatzmaßnahmen erfolgten, welche den Handelsverkehr beschränkten und so nationale Märkte wirksam abschotten können[75].
Im „Dassonville-Urteil"[76] hat der EuGH den Begriff der „Maßnahme gleicher Wirkung" erstmalig definiert. Eine solche stelle jede „Handelsregelung der Mitgliedstaaten, die geeignet ist, den innergemeinschaftlichen Handel unmittelbar oder mittelbar, tatsächlich oder potentiell zu behindern", dar.
Vergaberechtliche Bedeutung erlangt Art. 28 EG regelmäßig dann, wenn einzelne Mitgliedstaaten bei der Durchführung nationaler Vergabeverfahren die Verwendung bestimmter nationaler Produkte vorschreiben. Besonders hervorzuheben ist in diesem Zusammenhang die „Dundalk-Entscheidung"[77], in welcher der EuGH eine Ausschreibungsbestimmung, die eine Übereinstimmung von verwendetem Material mit nationalen technischen Normen vorschrieb, als Verstoß gegen die Warenverkehrsfreiheit qualifiziert hatte.

---

[74] *Leible* in Grabitz/Hilf Art. 28 EGV Rn 1

[75] Vgl. *Leible* in Grabitz/Hilf Art. 28 EGV Rn 4: „Mit erstaunlichem Erfindungsreichtum haben die Mitgliedstaaten zu einer Vielzahl von Mitteln gegriffen, um traditionelle Regelungen aufrechtzuerhalten oder sogar getarnten Protektionismus zu betreiben."

[76] EuGH Rs. 8/74 (*Dassonville*), Slg. 1974, 837, 852 ; dazu *Ehlermann* in Festschrift Ipsen, S. 586

[77] EuGH Rs. 45/87 (*Kommission/Irland*), Slg. 1988, 4929 ff.

In einer weiteren Entscheidung („Storebaelt") wertete der EuGH eine Bestimmung in den Ausschreibungsbedingungen, nach welcher die Bewerber möglichst weitgehend Baustoffe und Geräte nationaler Herkunft verwende sollten, ebenfalls als Verstoß gegen Art. 28 EG[78].

### 4.2.2 Arbeitnehmerfreizügigkeit, Niederlassungs- und Dienstleistungsfreiheit, Art. 39, 43 und 49 EG

Vom EGV geschützt werden daneben die Freizügigkeit der Arbeitnehmer (Art. 39 EG), die Niederlassungsfreiheit (Art. 43 EG) sowie die Dienstleistungsfreiheit (Art. 49 EG).
Auch diese Grundfreiheiten waren wiederholt Prüfungsmaßstab bei der Beurteilung staatlicher Beschaffungsvorgänge der Mitgliedstaaten.

Arbeitsverhältnisse im Sinne des EGV liegen nach der Definition des EuGH dann vor, wenn „jemand während einer bestimmten Zeit für einen anderen nach dessen Weisungen Leistungen erbringt, für die er als Gegenleistung eine Vergütung erhält"[79]. Während diese Grundfreiheit also die Freizügigkeit der Arbeitnehmer garantiert, wird die Freizügigkeit der Unternehmer durch Art. 43 und 39 EG sichergestellt.
Die genannten Freiheiten konkretisieren allesamt das allgemeine Diskriminierungsverbot des Art. 12 EG[80]. Der EuGH versteht sie als umfassende Beschränkungsverbote der genannten Freiheiten[81].

In verschiedenen Entscheidungen hat sich der EuGH bisher mit Verstößen gegen die genannten Freiheiten auseinandergesetzt. Exemplarisch dafür ist die bereits genannte „Storebaelt"-Entscheidung[82]. Neben der Verwendung nationaler Bauprodukte waren die Bieter aufgefordert, bei der Errichtung des Bauwerkes im wesentlichen auf inländische Arbeitskräfte zurückzugreifen. Ein solches Verhalten bei der Vergabe staatlicher Aufträge verstößt nach Ansicht des EuGH gegen die durch Art. 39 EG gewährte Arbeitnehmerfreizügigkeit.

### 4.2.3 Allgemeines Diskriminierungsverbot, Art. 12 EG

Staatliche Beschaffungsvorgänge können auch gegen das allgemeine Diskriminierungsverbot verstoßen.
Art. 12 EG verbietet „jede Diskriminierung aus Gründen der Staatsangehörigkeit" und verlangt somit von den Mitgliedstaaten die vollständige Gleichbehandlung

---

78 EuGH Rs. C.243/89 (*Kommission/Dänemark*), Slg. 1993, I 3353 ff.
79 EuGH Rs. 66/84 (*Lawrie-Blum*), Slg. 1986, 2121 Rn 17
80 *Schlag* in Schwarze, Art. 43 EGV Rn 3
81 *Holoubek* in Schwarze, Art. 49 EGV Rn 58
82 EuGH Rs. C-243/89 (*Kommission/Dänemark*), Slg. 1993, I 3353 ff.

von Personen, die sich in einer gemeinschaftsrechtlich geregelten Situation befinden, mit den Staatsangehörigen des betreffenden Mitgliedstaates[83].

Wie der Wortlaut der Norm („unbeschadet besonderer Bestimmungen des Vertrages") zeigt, kommt das allgemeine Diskriminierungsverbot nur subsidiär zur Anwendung. In ständiger Rechtsprechung schließt der EuGH daraus, dass Art. 12 EG nur dann eine eigenständige Bedeutung habe und autonomer Maßstab der Beurteilung mitgliedstaatlichen Verhaltens sein könne, wenn der Vertrag für das Verhalten kein besonderes Diskriminierungsverbot vorsehe[84].

Da nahezu das gesamte staatliche Verhalten im Rahmen eines Beschaffungsvorgangs von besonderen Diskriminierungsverboten erfasst ist, ist die vergaberechtliche Bedeutung von Art. 12 EG gering. Nur in seltenen Fällen hat der EuGH nationale Vergabevorschriften am Maßstab des allgemeinen Diskriminierungsverbotes gemessen[85].

### 4.2.4 Das Verbot der Gewährung unerlaubter Beihilfen, Art. 87 EG

Ob ein bestimmtes Verhalten des Staates bei der Vergabe von Aufträgen eine unzulässige Beihilfe darstellen kann, ist noch weitgehend ungeklärt.

Der in den Art. 87 ff. EG nicht näher bestimmte Begriff der „Beihilfe" wurde vom EuGH im Laufe der Zeit unterschiedlich definiert. Nach älterer Rechtsprechung ist „Beihilfe" eine Maßnahme, die speziell als Mittel zur Verfolgung bestimmter Ziele dient, die in der Regel ohne fremde Hilfe nicht zu erreichen sind[86]. Heute wird der Begriff der Beihilfe in einem umfassenden, weiteren Sinn verstanden[87] und weniger auf den Zweck, als auf die Wirkung der Maßnahme abgestellt[88]. Damit unterfallen dem Beihilfebegriff nicht nur Subventionen im herkömmlichen Sinne, sondern auch vielmehr jede Verminderung von Belastungen, die das Unternehmen normalerweise zu tragen hätte. Entscheidend kommt es insoweit auf das Merkmal der „fehlenden Gegenleistung" an.

Daraus ergibt sich, dass vergaberechtskonforme Auftragsvergaben, die den Gewinnerwartungen eines rational handelnden Investors entsprechen, regelmäßig dem Beihilfebegriff des Art. 87 I EG nicht unterfallen[89], wohingegen Bevorzugungen bestimmter Unternehmen unter bestimmten Voraussetzungen durchaus an

---

83 *Lenz* in Lenz, Art. 12 EGV Rn 1
84 Vgl. statt vieler EuGH Rs. C-336/96 (*Gilly*), Slg. 1998, I-2793 Rn 37
85 Vgl. dazu etwa EuGH Rs. 31/87 (*Gebroeder Beentjes/Niederlande*), Slg. 1988, 4635
86 EuGH Rs. 30/59 (*Steenkolenmijnen/Hohe Behörde*), Slg. 1961, 1, 43
87 *Rawlinson* in Lenz, Art. 87 Rn 2
88 EuGH Rs. 173/73 (*Italien/Kommission*), Slg. 1974, 709, 718
89 *Boesen*, Einl. Rn 29

Art. 87 I EG zu messen sein können[90]. Eine Entscheidung des EuGH, die für Rechtssicherheit in dieser Frage sorgen könnte, steht insoweit noch aus.

### 4.3 Der Einfluss des sekundären Gemeinschaftsrechts auf das Vergabeverfahren

Zur effektiven Öffnung der Vergabemärkte bedarf es einer Harmonisierung der verschiedenen vergaberechtlichen Rechtssysteme der Mitgliedstaaten[91]. Eine Koordinierung wurde mit verschiedenen Richtlinien über die öffentliche Auftragsvergabe angestrebt.

Die EG-Regelungen im öffentlichen Auftragswesen werden meist als Liberalisierungsmaßnahmen bezeichnet. Dies bedeutet die Verpflichtung, die Aufträge in einer nicht diskriminierenden Weise zu vergeben[92]. Diese Verpflichtung besteht bereits seit 1970.
Seither sind alle Verwaltungspraktiken verboten, die Unternehmer aus den anderen Mitgliedsstaaten daran hindern, ihre Leistungen unter den gleichen Bedingungen und mit den gleichen Rechten wie Inländer zu erbringen.

Eine Liberalisierung alleine reicht jedoch nicht aus, um den Unternehmen auch faktisch voll den Zugang zu den öffentlichen Aufträgen der anderen Mitgliedsstaaten zu eröffnen. Hierzu bedarf es einer Rechtsangleichung, die die Rahmenbedingungen schafft, unter denen sich auch ausländische Unternehmen erfolgreich bewerben können[93].
Bislang[94] waren sechs Richtlinien für die Vergabe öffentlicher Aufträge maßgeblich:

#### 4.3.1 Baukoordinierungsrichtlinie (BKR)

Die Richtlinie 71/305/EWG stellte den Ausgangspunkt der Koordinierungsbemühungen auf gemeinschaftsrechtlicher Ebene dar. Die Richtlinie betraf Bauvergaben und wurde mehrfach geändert, bis sie 1993 als neue Richtlinie 93/37/EWG[95] komplett überarbeitet vorgelegt wurde. Inzwischen erfolgte eine weitere Anpassung der Baukoordinierungsrichtlinie an die nationalen Verpflichtungen der Ge-

---

[90] Gemeinschaftsrechtliche Bedenken werden aus diesem Grund insbesondere gegen die Berücksichtigung vergabefremder Kriterien bei der Vergabe öffentlicher Aufträge erhoben; vgl. eingehender dazu Kap. VIII

[91] *Boesen*, Einl. Rn 39

[92] *Seidel* in Dauses, H. IV Rn 39

[93] *Seidel* in Dauses, H. IV Rn 41

[94] Inzwischen sind die Richtlinien über die Vergabe von Liefer-, Bau- und Dienstleistungen in einer einzigen Richtlinie zusammengefasst worden [Richtlinie 2004/18/EG]. Diese neue Vergaberichtlinie ist bis zum Jahre 2006 in nationales Recht umzusetzen; vgl. hierzu auch *Müller/Ernst*, NJW 2004, 1768, 1772

[95] Abl. 1993 Nr. L 199/54

meinschaft aus dem WTO-Übereinkommen über das öffentliche Beschaffungswesen der Uruguay-Runde durch die Richtlinie 97/52/EG[96].

### 4.3.2 Lieferkoordinierungsrichtlinie (LKR)

Das Verfahren zur Vergabe öffentlicher Lieferaufträge wurde erstmalig sekundärrechtlich erfasst durch die Richtlinie 77/62/EWG, die gleichsam den zweiten Baustein der schrittweisen Harmonisierung des Auftragswesens darstellte.
Auch sie wurde nach zahlreichen Änderungen 1993 durch die Richtlinie 93/36/EWG konsolidiert, welche ihrerseits mit der Richtlinie 97/52/EG an die Erfordernisse des WTO-Übereinkommens angeglichen worden ist.

### 4.3.3 Sektorenrichtlinie (SKR)

Der in chronologischer Reihenfolge dritte Schritt der Vergaberechtsharmonisierung erfolgte mit der Einbeziehung der traditionell von den Vergaberegeln ausgenommenen Sektoren Wasser-, Energie- und Verkehrsversorgung sowie Telekommunikation durch die Sektorenrichtlinie 93/38/EWG. Die Sonderbehandlung dieser Sektorenauftraggeber erklärt sich aus ihrer in den einzelnen Mitgliedsstaaten sehr unterschiedlichen Struktur. Insbesondere ihre unterschiedliche Einordnung als öffentliche oder privates Unternehmen erschwerte es, sie einem einheitlichen Regime zu unterwerfen. Anfang 1998 ist sie durch die Richtlinie 98/4/EG an das WTO-Übereinkommen angepasst worden[97]. Demnach gelten heute auch privatrechtliche organisierte Sektorenauftraggeber, an denen die öffentliche Hand nicht beteiligt ist, als öffentliche Auftraggeber, so dass sie zur europaweiten Ausschreibung und der Anwendung der Vergaberegeln verpflichtet sind. Diese Richtlinie bezieht sich also nicht auf eine bestimmte Auftragsart, sondern regelt die Vergaben aller Art durch Sektorenauftraggeber unabhängig von ihrer Rechtsform[98].

### 4.3.4 Dienstleistungskoordinierungsrichtlinie (DLR)

Sodann erfolgte im Rahmen europäischer Rechtssetzungstätigkeit im materiellen Vergaberecht die Verabschiedung der Dienstleistungskoordinierungsrichtlinie 92/50/EWG[99]. Sie wurde 1993 nicht revidiert. Die Anpassung der Dienstleistungsrichtlinie an die Verpflichtungen der Gemeinschaft aus dem WTO-Übereinkommen erfolgte parallel mit der Anpassung der Bau- und Lieferkoordinierungsrichtlinie durch die Richtlinie 97/52/EG.

Diese Richtlinien definieren den Begriff des öffentlichen Auftraggebers und gliedern das Vergabeverfahren detailliert in vier wesentliche Abschnitte (Verfahrenswahl, Bekanntmachung, Eignungsprüfung und Zuschlag). In den Anwendungsbe-

---

96 Abl. 1997 Nr. L 328/1
97 Abl. 1998 Nr. L 101/1
98 *Kokott* in Byok/Jaeger, Einf. Rn 16
99 ABl. 1992 Nr. L 209/1

reich der Richtlinien fallen jedoch nicht sämtliche öffentlichen Aufträge. Vielmehr sind europaweite Ausschreibungen erst ab dem Erreichen bestimmter Schwellenwerte vorgeschrieben. Der Schwellenwert errechnet sich nach dem Auftragswert ohne Umsatzsteuer[100]. Eine besonders wichtige Eigenschaft der Vergaberichtlinien ist es, subjektive Bieterrechte zu begründen. Dies wird nicht aus einer bestimmten Vorschrift der materiellen Richtlinien, sondern aus ihrem allgemeinen bieterschützenden Charakter hergeleitet[101]. Zur Durchsetzung dieser subjektiven Rechte der Bieter erließ der Rat zwei weitere Richtlinien:

### 4.3.5 Rechtsmittelrichtlinie (RML)

Die Richtlinie 89/665/EWG zur Koordinierung der Rechts- und Verwaltungsvorschriften für die Anwendung der Nachprüfungsverfahren im Rahmen der Vergabe öffentlicher Liefer- und Bauaufträge[102], die durch Art. 41 DKR auch auf Dienstleistungsaufträge erstreckt worden ist, fordert in Art. 1 die Mitgliedstaaten in allgemeiner Form auf, effektive und diskriminierungsfreie Nachprüfungsverfahren einzurichten, soweit die zu vergebenden Aufträge in den Anwendungsbereich einer der drei Vergaberichtlinien fallen. In Art. 2 wurden die zu eröffnenden Rechtsschutzmöglichkeiten, das heißt einstweilige Maßnahmen einschließlich einer möglichen Verfahrenaussetzung, regelnde Anordnungen im Vergabeverfahren oder ein Schadensersatzanspruch festgeschrieben. Die Mitgliedstaaten genießen hinsichtlich der Mittel für die Umsetzung und insbesondere für die Auswahl der zuständigen innerstaatlichen Instanzen weitgehende Freiheit, doch muss die zweite Instanz ein Gericht im Sinne von Art. 234 EG sein.

### 4.3.6 Rechtsmittelrichtlinie betreffend die Sektoren (RMLS)

Die Sektorenüberwachungsrichtlinie 92/13/EWG übernimmt einen Großteil der Bestimmungen aus Rechtsmittelrichtlinie[103].

Um den besonderen Anforderungen der teilweise im Wettbewerb stehenden Sektorenauftraggeber gerecht zu werden, sieht die Sektorenüberwachungsrichtlinie ferner vor, dass als weitere Option zu verfahrensmäßigen Absicherung der europäischen Vergaberegeln die Mitgliedstaaten die Möglichkeit eines Zwangsgeldes einführen können, das zu verhängen ist, wenn ein festgestellter Rechtsverstoß nicht rechtzeitig abgestellt wird[104]. Darüber hinaus haben die Mitgliedstaaten den betroffenen Auftraggebern die Möglichkeit zu geben, sich die Konformität ihrer Vergabepraktiken mit den innerstaatlichen und gemeinschaftsrechtlichen Regeln bescheinigen zu lassen[105]. Schließlich können die an einem Vergabeverfahren

---

[100] *Kokott* in Byok/Jaeger, Einf. Rn 18

[101] *Ebel*, DÖV 1999, 235, 238; *Pietzcker* in Festschrift Redeker, S. 503

[102] Abl. 1989 Nr. L 395/33

[103] *Prieß* in Motzke/Pietzcker/Prieß, Syst I Rn 52

[104] Art. 2 Abs. 1 lit. c RMLS

[105] Art. 3 ff. RMLS

Beteiligten ein Schlichtungsverfahren vor der Kommission anstrengen, wenn sie geltend machen, durch die Verletzung von Vergaberegeln einen Schaden erlitten zu haben[106].

### 4.3.7 Richtlinien über die Koordinierung der Verfahren zur Vergabe öffentlicher Bau-, Liefer- und Dienstleistungsaufträge sowie betreffend die Sektoren

Ende März 2004 wurden in Fortsetzung der Rechtssetzung auf europäischer Ebene zwei neue vergaberechtliche Richtlinien verabschiedet. Die Richtlinien 2004/18/EG und 2004/17/EG des Europäischen Parlaments und des Rates[107] sind Ergebnis eines von der Kommission im Jahr 2000 vorgelegten Legislativpakets, das das Ziel verfolgte, insbesondere durch Zusammenfassung der bis dahin geltenden Richtlinien eine Vereinheitlichung und Vereinfachung zu erreichen[108].
Darüber hinaus sollen die beiden neuen Richtlinien das Vergabeverfahren insgesamt modernisieren und flexibilisieren[109], indem etwa Verhandlungen über die Auftragsbedingungen oder Rahmenvereinbarungen über wiederkehrende Beschaffungen unter bestimmten Voraussetzungen für zulässig erklärt werden. Zu diesem Zweck erweitert die Richtlinie 2004/18/EG die zulässigen Vergabeverfahren um das Instrument des „wettbewerblichen Dialogs"[110], das bei besonders komplexen Aufträgen ermöglichen soll, aus Sicht des Auftraggebers die beste technische Lösung für seinen Bedarf zu finden. Daneben sind in die Richtlinie Vorschriften zur Durchführung von elektronischen Auktionen[111] aufgenommen worden.
Die beiden Richtlinien sind bis zum 31. Januar 2006 in nationales Recht umzusetzen[112]. Die Baukoordinierungsrichtlinie (93/37/EWG), die Lieferkoordinierungsrichtlinie (93/36/EWG) sowie die Dienstleistungskoordinierungsrichtlinie (92/50/EWG) treten ihrerseits am 31. Januar 2006 außer Kraft[113].

---

106 Art. 9 ff. RMLS

107 Richtlinie 2004/18/EG des Europäischen Parlaments und des Rates vom 31.März 2004 über die Koordinierung der Verfahren zur Vergabe öffentlicher Bauaufträge, Lieferaufträge und Dienstleistungsaufträge sowie die Richtlinie 2004/17/EG des Europäischen Parlaments und des Rates vom 31.März 2004 zur Koordinierung der Zuschlagerteilung durch Auftraggeber im Bereich der Wasser-, Energie- und Verkehrsversorgung sowie der Postdienste

108 *Rudolf* in Byok/Jaeger, Einf. Rn 65

109 *Rudolf* in Byok/Jaeger, Einf. Rn 65

110 vgl. etwa Art. 29 Richtlinie 2004/18/EG

111 vgl. etwa Art. 54 Richtlinie 2004/18/EG

112 Art. 80 Richtlinie 2004/18/EG sowie Art. 71 Richtlinie 2004/17/EG

113 vgl. Art. 82 Richtlinie 2004/18/EG. Die Sektorenrichtlinie ist dagegen mit Inkrafttreten der Richtlinie 2004/17/EGW außer Kraft getreten, vgl. Art. 73 dieser Richtlinie.

## 5. Die Umsetzungspraxis der Mitgliedsstaaten der EU anhand ausgewählter Beispiele im Vergleich zu Deutschland

### 5.1 Einleitung

Die beschriebenen materiellen und prozessualen Richtlinien[114] der Europäischen Union wurden in den Mitgliedstaaten beruhend auf der unterschiedlichen vergaberechtlichen Tradition und Systematik auch auf unterschiedliche Weise in nationales Recht transformiert. Die Mitgliedstaaten mussten sich dabei im wesentlichen entscheiden, ein – insoweit neues – Vergabegesetz zu erlassen oder die europarechtlichen Vorgaben in ihr bestehendes System nationaler Regelungen einzupassen.

Lange Zeit hatte kein Mitgliedstaat die Koordinierungsrichtlinien vollständig und fehlerfrei umgesetzt, was zu einer Vielzahl von Vertragsverletzungsverfahren gem. Art. 226 EG führte. Die von der Kommission eingeleiteten Vertragsverletzungsverfahren beruhten freilich zum großen Teil nicht auf fehlerhafter, sondern auf gänzlich unterbliebener Umsetzung.

Ursache für eine zögerliche Umsetzung ist nicht zuletzt der Umstand, dass die Richtlinien zur Umgestaltung eines gewachsenen Teils des nationalen Haushaltsrechts verpflichten[115]. Darüber hinaus gilt es zu bedenken, dass gerade die Einbeziehung auch privater Auftraggeber in das Vergaberecht zur Schaffung eines zum Teil völlig neuen Rechts führen musste.

Umsetzungsmöglichkeiten sollen nachfolgend exemplarisch an ausgewählten Mitgliedstaaten aufgezeigt werden:

### 5.2 Die deutsche Modell der Richtlinienumsetzung

#### 5.2.1 Die Umsetzung der materiellen Vergaberichtlinien

Der EuGH[116] hält die Umsetzung materiellen Vergaberechts allein im HGrG ohne Schaffung subjektiver Bieterrechte für nicht ausreichend.

Nachdem sich eine parlamentarische Mehrheit in Deutschland gegen den Erlass eines einheitlichen Vergabegesetzes ausgesprochen hatte, welches tief in das bestehende vergaberechtliche System eingegriffen hätte, beschloss man, materielle und prozessuale vergaberechtliche Normen in das Gesetz gegen Wettbewerbsbeschränkungen (4. Teil des GWB, §§ 97 ff.) zu integrieren.

---

114 mit Ausnahme der neu verabschiedeten Richtlinien 2004/18/EG sowie 2004/17/EG, hinsichtlich derer Umsetzungsmaßnahmen bislang nicht abschließend erfolgt sind.

115 *Knauff*, VR 2000, 397, 404 spricht in diesem Zusammenhang von einem „Europäisierungsdilemma“: Die wegen des hohen Integrationsgrades immer intensiveren Eingriffe der EG in die nationalen Rechtssysteme träfen auf sich zunehmend intensivierenden Widerstand der Mitgliedstaaten, die Gemeinschaftsregelungen um- und durchzusetzen.

116 Vgl. ausführlich zum europarechtlichen Hintergrund der aktuellen nationalen Rechtslage *Boesen*, EuZW 1998, 551 ff.

Aus reinem Verwaltungsinnenrecht wurde so außenwirksames Wettbewerbsrecht, das durch seine „Kernnorm“ des § 97 Abs. 7 GWB den Bietern einen Anspruch auf Einhaltung vergaberechtlicher Vorschriften gewährt. Nicht aufgegeben wurde dabei die detaillierte Regelung einzelner Verfahrensschritte in den Verdingungsordnungen. Diese wurden vielmehr beibehalten und ihre inhaltliche Ausgestaltung weiterhin den Verdingungsausschüssen überlassen. Bei der Regelung von Vergaberecht im GWB beschränkte sich der Gesetzgeber auf die Normierung elementarer vergaberechtlicher Grundsätze, wie etwa das Transparenzgebot, die Chancengleichheit oder den Vorrang des offenen Verfahrens.
Daneben wurde eine neue Vergabeverordnung (VgV) erlassen, die bei Erreichen der Schwellenwerte die Beachtung der Einzelregelungen der jeweils anwendbaren Verdingungsordnung zwingen vorschreibt und das Bindeglied zwischen Gesetz und Verdingungsordnung darstellt. Die Verteilung vergaberechtlicher Vorschriften auf die drei genannten Ebenen wird auch als Regelungskaskade bezeichnet.

### 5.2.2 Die Umsetzung der Rechtsmittelrichtlinien

Nachdem der EuGH insbesondere die mangelhafte und ineffektive Nachprüfbarkeit vergaberechtlicher Entscheidungen kritisiert hatte, galt es, ein den gemeinschaftsrechtlichen Anforderungen gerecht zu werdendes Nachprüfungssystem zu schaffen, ohne die Einheit von Zuschlag und Vertragsschluss aufzugeben.

Zur Nachprüfung von Vergabeverfahren wurden zwei Instanzen geschaffen. Die Eingangsinstanz stellen die bei Verwaltungsbehörden angesiedelten Vergabekammern dar. Gegen ihre Entscheidung, die gem. § 114 Abs. 3 GWB als Verwaltungsakt ergeht, steht dem Bieter das Rechtsmittel der sofortigen Beschwerde zum zuständigen Oberlandesgericht zu. Bei den Oberlandesgerichten wurden Vergabesenate gebildet, die zur Überprüfung der vergaberechtlichen Entscheidungen der Vergabekammern zuständig sind.

Da nach dem weiter bestehenden System ein einmal durch Zuschlagserteilung wirksam abgeschlossener Vertrag nicht wieder aufgehoben werden kann („pacta sunt servanda“) wurde die Stellung des Nachprüfungsantrages mit einem Suspensiveffekt versehen; während des laufenden Nachprüfungsverfahrens darf gem. § 115 Abs. 1 GWB die Vergabestelle den Zuschlag nicht erteilen. So wird verhindert, dass ein öffentlicher Auftraggeber während des laufenden Verfahrens durch die Erteilung des Zuschlags vollendete Tatsachen schafft, das Nachprüfungsverfahren ad absurdum führt und der Bieter im Ergebnis auf Sekundäransprüche verwiesen ist.

### 5.3 Das dänische Modell der Richtlinienumsetzung

#### 5.3.1 Die Umsetzung der materiellen Vergaberichtlinien

Einen wesentlich einfacheren, nahezu pragmatischen Weg bei der Umsetzung der materiellen Vergaberichtlinien hat Dänemark eingeschlagen.

Statt die Richtlinie in nationales Recht umzusetzen und dabei auch den Spielraum zu nutzen, der den einzelnen Mitgliedstaaten bei der Anpassung nationalen Rechts verbleibt, wurde in Dänemark allein eine Verordnung erlassen, die öffentliche Auftraggeber vom Erreichen der Schwellenwerte an zur Beachtung der jeweils einschlägigen Vergaberichtlinie verpflichtet[117]. Rechtssetzungstechnisch handelt es sich bei der dänischen Vorgehensweise um eine statische Verweisung auf höherrangiges Recht.

Das dänische Umsetzungsmodell ist von der Europäischen Kommission ausdrücklich positiv hervorgehoben worden, da es eine defizitäre Umsetzung nahezu ausschließt. Unübersehbar birgt diese Technik jedoch eine gewisse Anwenderunfreundlichkeit in sich[118], da sie von den öffentlichen Auftraggebern eine primärrechtskonforme Interpretation des Richtlinientextes verlangt.

#### 5.3.2 Die Umsetzung der Rechtsmittelrichtlinien

Die Rechtsmittelrichtlinien der EG konnten in Dänemark nicht auf diese einfache Weise mittels einer gesetzgeberischen Verweisungstechnik umgesetzt werden, da sie die Schaffung effektiver Nachprüfungsinstanzen verlangten, welche in Dänemark nicht vorhanden waren.
In Dänemark wurde ein sich über zwei Instanzen erstreckende Nachprüfungsverfahren geschaffen. Zunächst kann Rechtsschutz bei einem unabhängigen Beschwerdeausschuss gesucht werden, der beim Industrie- und Handelsministerium angesiedelt ist[119]. Dieser stellt keine gerichtliche Instanz dar. Seine Kompetenzen reichen dennoch von der Gewährung vorläufigen Rechtsschutzes bis zur Aufhebung vergaberechtswidriger Entscheidungen. Jeder, der ein „Interesse“ an einem bestimmten Vergabeverfahren besitzt und die Verletzung von EU-Vergaberecht behauptet, kann sich an den Beschwerdebeirat wenden.
Die zweite Instanz stellen die Zivilgerichte dar. Gegen die Entscheidung des Beschwerdebeirats kann dort innerhalb von acht Wochen Klage erhoben werden[120].

---

117 *Frank*, S. 304
118 *Frank*, S. 305
119 *Kokott* in Byok/Jaeger, Einf. Rn 92
120 *Prieß/Hausmann*, EuR 1999, 203, 211

Unterlegene Bieter können, soweit ein vergaberechtswidriges Verhalten festgestellt ist, Schadensersatz – i.d.R. gerichtet auf das negative Interesse – verlangen. Nur dann, wenn ein Bieter nachweisen kann, den Zuschlag ohne den Verfahrensfehler in jedem Fall erhalten zu haben, steht diesem ein Anspruch auch auf Ersatz des positiven Interesses zu[121].

### 5.3.3 Das dänische und das deutsche Rechtsschutzsystem im Vergleich

Der dänische und deutsche Rechtsweg bei der Nachprüfung potentiell vergaberechtswidriger Entscheidungen der Vergabestellen ist nur in Teilen identisch. Zunächst ist in beiden Mitgliedstaaten die Möglichkeit geschaffen worden, durch zwei Instanzen vergaberechtliche Entscheidungen kontrollieren zu lassen. Wie in Dänemark wird die erstinstanzliche Kontrolle vergaberechtlicher Entscheidungen auch in Deutschland nicht von einem Gericht wahrgenommen. Bei den Vergabekammern i.S.d. §§ 104 ff. GWB von Bund und Ländern handelt es sich vielmehr um Verwaltungsbehörden, denen das Gesetz eine gerichtsähnliche Unabhängigkeit zusichert[122]. Diese Unabhängigkeit wird unterstrichen durch den Wortlaut des § 105 Abs. 1 GWB, welcher klarstellt, dass die Vergabekammern ihre Tätigkeit im Rahmen der Gesetze unabhängig in eigener Verantwortung ausüben.
Nicht kongruent sind jedoch die Voraussetzungen, unter denen die Einleitung eines Nachprüfungsverfahrens zulässig ist; während es in Dänemark ausreicht, dass der interessierte Bieter die Verletzung von EU-Vergaberecht geltend macht, bedarf es in Deutschland der Geltendmachung der Verletzung subjektiver Bieterrechte, welche in Deutschland erstmalig durch das VergRÄG mit Einfügung des § 97 Abs. 7 GWB geschaffen worden sind. Der Kreis der Antragsberechtigten dürfte daher in Dänemark weitaus umfangreicher ausfallen.
Die Entscheidungsmöglichkeiten der ersten Nachprüfungsinstanz differieren erheblich. Während die Vergabekammer in Deutschland zwar bei einem rechtzeitig gestellten Nachprüfungsantrag die Erteilung des Zuschlags, als das Zustandekommen eines zivilrechtlich wirksamen Vertrages verhindern, aufgrund des Grundsatzes „pacta sunt servanda“ aber nicht aufheben kann, ist es dem dänischen Beschwerdebeirat möglich, unrechtmäßige Entscheidungen aufzuheben. Der Primärrechtsschutz ist dort also um eine bedeutende Komponente erweitert und hat nicht in gleichem Maße eher präventiven Charakter wie in Deutschland.
Die zweite Instanz ist sowohl in Dänemark als auch in Deutschland auf der Ebene der Zivilgerichtsbarkeit angesiedelt. In beiden Staaten können die erstinstanzlichen Entscheidungen im Wege einer sofortigen Beschwerde nochmals von einem ordentlichen Gericht überprüft werden.

---

[121] *Kokott* in Byok/Jaeger, Einf. Rn 92
[122] *Boesen*, § 105 Rn 1

## 5.4 Das österreichische Modell der Richtlinienumsetzung

### 5.4.1 Die Umsetzung der materiellen Vergaberichtlinien

Österreich hatte die Vergaberichtlinien zunächst durch ein Bundesgesetz[123] in nationales Recht umgesetzt. Weil die Gesetzgebungskompetenz für das öffentliche Auftragswesen in Österreich bei den Ländern liegt, und diese nicht bereit waren, Gesetzgebungskompetenzen an den Bund abzugeben, erließen diese zunächst eigene Landesvergabegesetze[124], was zu einer nur schwer nachvollziehbaren Rechtsvielfalt führte. Seit 2002 ist das österreichische Vergaberecht nunmehr sowohl auf Bundes- als auch auf Landesebene in materieller Hinsicht durch Erlass eines Bundesvergabegesetzes vereinheitlicht[125].

### 5.4.2 Die Umsetzung der Rechtsmittelrichtlinien

Rechtsschutz wird in Österreich Rechtsschutz im Wege zweier Instanzen – wenngleich nicht vor ordentlichen Gerichten, sondern durch die Verwaltung – gewährt. Auf erster Stufe findet ein Schlichtungsverfahren vor der Bundesvergabekontrollkommission statt, welches auf Herbeiführung einer gütlichen Einigung zwischen Vergabestelle und Bieter abzielt bzw. zu einer Empfehlung hinsichtlich der Auslegung der zugrunde liegenden Rechtsvorschrift führt[126]. Darüber hinaus können Auftraggeber bei der Bundesvergabekontrollkommission außerhalb des formellen Nachprüfungsantrags ein Gutachten über die Frage anfertigen lassen, ob die geplante Zuschlagserteilung dem Bundesvergabegesetz entspricht[127].
Sofern die angestrebte Schlichtung fehlschlägt, wird auf zweiter Stufe das Bundesvergabeamt tätig[128]. Auch hierbei handelt es sich um eine Verwaltungsbehörde, welche jedoch mit gerichtsähnlichen Befugnissen ausgestattet ist[129]. Diese reichen von der Aussetzung des laufenden Verfahrens zum Zwecke der Verhinderung der Zuschlagserteilung bis zur Aufhebung rechtswidriger Entscheidungen der Vergabestelle[130]. Nicht aufgehoben werden kann auch hier – wie in Deutschland – der Zuschlag selbst, also die Annahme des Angebots des ausgewählten Bieters. Der zivilrechtliche Vertrag wird hinsichtlich seiner Wirksamkeit durch im vorvertraglichen Bereich liegende, rechtswidrige Entscheidungen nicht gehindert. Bei einem bereits erteilten Zuschlag kommt insoweit lediglich die Feststellung des

---

123 Auf Ebene der österreichischen Bundesländer existieren eigene Vergabegesetze mit zum Teil erheblich divergierenden materiellen und prozessualen Inhalten; vgl. dazu auch *Rudolf* in Byok/Jaeger, Einf. Rn

124 *Frank*, S. 308

125 vgl. hierzu auch *Rudolf* in Byok/Jaeger, Einf. Rn 131

126 Vgl. § 87 Abs. 1 Ziff. 1 Bundesvergabegesetz Österreich

127 Vgl. § 87 Abs. 1 Ziff. 2 Bundesvergabegesetz Österreich

128 Vgl. § 91 Abs. 1 und Abs. 2 Bundesvergabegesetz Österreich

129 *Frank*, S. 311

130 § 94 und § 94 Abs. 1 und Abs. 2 Bundesvergabegesetz Österreich

Bundesvergabeamtes in Betracht, dass die Zuschlagserteilung rechtswidrig gewesen ist.

### 5.4.3 Das österreichische und deutsche Rechtsschutzsystem im Vergleich

Die auf den ersten Blick höchst unterschiedlich erscheinenden Rechtsschutzsysteme Österreichs und Deutschlands weisen bei näherer Betrachtung durchaus Gemeinsamkeiten auf. Zwar existiert wie in Deutschland eine bei einem ordentlichen Gericht angesiedelte Nachprüfungsinstitution in Österreich nicht, und ist auch die Herbeiführung einer gütlichen Einigung nicht elementares Ziel des deutschen Primärrechtsschutzes; die Möglichkeiten des um Rechtsschutz bemühten Bieters im Falle des Streits sind aber wesensgleich. Entscheidend ist, dass in beiden Ländern aufgrund ähnlich ausgestalteter zivilrechtlicher Systeme die Aufhebung eines einmal erteilten Zuschlags nicht mehr möglich ist. Von besonderer Bedeutung für den nicht ausgewählten Bieter es daher, die Erteilung des Zuschlags selbst zu verhindern. Sowohl in Österreich als auch in Deutschland ist also das präventive Tätigwerden charakteristisch für den Primärrechtsschutz, denn auch in Österreich kommt Primärrechtsschutz nach erfolgtem Zuschlag nicht mehr in Betracht.

Die Erreichung dieses Rechtsschutzziels erfolgt in Österreich durch die Erwirkung einer einstweiligen Verfügung auf Aussetzung des laufenden Vergabeverfahrens[131], in Deutschland durch die Regelung des § 115 Abs. 1 GWB, wonach ab Zustellung des Nachprüfungsantrags an den Auftraggeber der Zuschlag nicht mehr erteilt werden darf. In beiden Ländern sind demnach Nachprüfungsmechanismen geschaffen worden, die effektiven Primärrechtsschutz bieten, ohne die Einheit von Zuschlag und Vertragsschluss anzutasten.

## 5.5 Das italienische Modell der Richtlinienumsetzung

### 5.5.1 Die Umsetzung der materiellen Vergaberichtlinien

In Italien lässt sich eine im Vergleich zu Deutschland und den übrigen Mitgliedstaaten der Europäischen Union große Uneinheitlichkeit hinsichtlich der Umsetzungsmethode der gemeinschaftsrechtlichen Vergaberichtlinien feststellen.
Bei der Umsetzung der EG-Richtlinien konnte sich der italienische Gesetzgeber nicht zur Verabschiedung eines einheitlichen Vergabegesetzes durchringen[132], was zu einer wahren Normenflut im Vergabewesen geführt hat. Dabei wurden die einzelnen Richtlinien nicht nur isoliert umgesetzt, sondern auch auf unterschiedliche Art und Weise. Zentrales Ziel des materiellen italienischen Vergaberechts ist es, Korruption und mafiöse Einflüsse im Bereich der Bauvergabe zu verringern[133].

---

[131] *Frank*, S. 324
[132] *Frank*, S. 324
[133] *Rudolf* in Byok/Jaeger, Einf. Rn 125

Die Transformation der Baukoordinierungsrichtlinie in nationales Recht erfolgte durch ein Rahmengesetz über die Vergabe öffentlicher Bauaufträge. Da es sich lediglich um den rechtlichen Rahmen handelte, bedurfte es noch weiteren Ausführungsverordnungen, um es inhaltlich zu konkretisieren. Da dieses Gesetz einen „Fremdkörper im traditionellen italienischen Vergaberecht"[134] darstellte, wurde es aufgrund seiner tief greifenden Auswirkungen mehrmals aufgehoben und zuletzt durch Verordnung vom 1. März 1996 wieder in Kraft gesetzt.

Weniger Schwierigkeiten ergaben sich bei der Umsetzung der Liefer- und der Dienstleistungskoordinierungsrichtlinie. Beide wurden im Wege einer Verordnung, welche nahezu vollständig übereinstimmend den Wortlaut der Richtlinie wiedergab, in das italienische Recht umgesetzt.

### 5.5.2 Die Umsetzung der Rechtsmittelrichtlinien

Die gesamte Nachprüfung vergaberechtlicher Entscheidungen wurden als Ergebnis der Umsetzung der Rechtsmittelrichtlinien bei Gerichten angesiedelt. Da in Italien zwar ein nach zivilrechtlichen Grundsätzen zu beurteilender Vertrag abgeschlossen wird, der Zuschlag jedoch als Verwaltungsakt zu qualifizieren ist, müssen Bieter oder Bewerber, die Vergaberecht verletzt glauben, Rechtsschutz vor dem Verwaltungsgericht in Anspruch nehmen. Die Entscheidungsmöglichkeit des Verwaltungsgerichts reicht bis zur Aufhebung des Zuschlags und kann sogar dazu führen, dass es die Vergabestelle zum vorläufigen Abschluss eines Vertrages mit dem rechtsschutzbegehrenden Bieter verpflichtet[135].

Gegen die Entscheidung des Verwaltungsgerichts stehen Überprüfungsmöglichkeiten vor den übergeordneten verwaltungsgerichtlichen Instanzen zur Verfügung. Kritiker bemängeln hier insbesondere fehlende Effektivität des Rechtsschutzes; da fünf Prozessstufen vorhanden sind, kann es mehrere Jahre bis zu endgültigen Entscheidungen dauern[136].
Auch den Zivilgerichten stehen Aufhebungsbefugnisse in Bezug auf den Zuschlag zu; sie haben diese jedoch bislang nicht praktiziert[137] sondern sich darauf beschränkt, Schadensersatzansprüche zuzusprechen.

### 5.5.3 Das italienische und deutsche Rechtsschutzsystem im Vergleich

Das vergaberechtliche Nachprüfungssystem Italiens entspricht in weiten Teilen eher dem Verfahren der deutschen Verwaltungsgerichtsbarkeit als dem deutschen Nachprüfungsverfahren i.S.d. GWB vor der Vergabekammer und dem Vergabesenat beim Oberlandesgericht. Da der Zuschlag im italienischen Recht Verwal-

---

134 *Frank*, S. 324
135 *Prieß/Hausmann*, EuR 1999, 203, 215
136 *Frank*, S. 328
137 *Rudolf* in Byok/Jaeger, Einf. Rn 125

tungsakt ist, decken sich die Kompetenzen der Nachprüfungsstellen in etwa mit denen eines Verwaltungsgerichts, welches im Rahmen einer Anfechtungsklage gem. § 42 Abs.1 VwGO entscheidet.

Der bedeutendste Unterschied sowohl zu einem verwaltungsgerichtlichen Verfahren als auch zu dem Verfahren vor Vergabekammer oder -senat besteht hinsichtlich des Kreises derjenigen, die ein solches Verfahren einleiten können: Während in Deutschland der Bieter geltend machen muss, in eigenen, subjektiven Rechten verletzt zu sein[138], was in etwa der Klagebefugnis des § 42 Abs. 2 VwGO entspricht, kann der unterlegene Bieter in Italien alle Maßnahmen der Vergabestelle angreifen, unabhängig davon, ob ihm die möglicherweise verletzten Vorschriften eine subjektive Rechtsposition einräumen oder nicht[139]. Eine weitaus größere Zahl unterlegener Bieter kann damit gerichtlich das Vergabeverfahren überprüfen lassen.

## 5.6 Zusammenfassung und Bewertung

Die vorstehend anhand der Beispiele dargestellten, zum Teil höchst verschiedenen Methoden der Umsetzung der materiellen Vergabe- und der Rechtsmittelrichtlinien und die daraus resultierenden Unterschiede insbesondere hinsichtlich der Art und Weise, wie „effektiver Rechtsschutz" i.S.v. Art. 2 der Rechtsmittelrichtlinie[140] auf nationaler Ebene gewährt wird, überraschen nicht.

Die Mitgliedstaaten der Europäischen Union weisen eine unterschiedliche, zum Teil Jahrhunderte zurückreichende eigene Tradition bei der Vergabe öffentlicher Aufträge auf, deren Ausdruck der nationale Regelungsrahmen war, der bis zum Erlass der EG-Richtlinien und der damit verbundenen Umsetzung galt. Besonders bedeutsam ist das zum Teil völlig unterschiedliche rechtssystematische Grundverständnis öffentlicher Auftragsvergabe selbst; während Teile der Mitgliedstaaten der Europäischen Union dies dem Bereich hoheitlichen Handelns zuordnen, stufen andere Länder dies als fiskalisches, privatrechtliches Handeln ein.
Ausgehend davon gab die EG den rechtlichen Rahmen des Vergaberechts zum Zwecke der Harmonisierung mittels verschiedener Richtlinien vor.
Sowohl hinsichtlich der „Form" als auch der „Mittel" der Umsetzung sind die Adressaten der Richtlinie frei. Form und Mittel beziehen sich dabei zum einen auf die Rechtstechnik, insbesondere etwa die Frage, ob der Mitgliedstaat den Gesetz-

[138] Vgl. § 97 Abs. 7 GWB

[139] *Prieß/Hausmann*, EuR 1999, 203, 215 weisen darauf hin, dass dennoch eine Popularklagebefugnis nicht bestehe.

[140] Art. 2 RMRL [Anforderungen an die einzurichtenden Nachprüfungsverfahren] Richtlinie 89/665/EWG des Rates geändert zuletzt durch die Richtlinie 92/50/EWG; ABl. Nr. L 209, S. 1

geber bemühen oder zu Verordnungen, Weisungen oder Verwaltungsakten greifen soll, zum anderen um die wirtschafts- und sozialpolitische Methode.
Durch diese Wahlfreiheit soll es den Mitgliedstaaten ermöglicht werden, nationalen Besonderheiten Rechnung zu tragen[141]. Diesen Besonderheiten wurde durch die unterschiedliche Umsetzungsmethodik entsprochen. Keiner der dargestellten Mitgliedstaaten hat seine rechtssystematische Einordnung des öffentlichen Auftragswesens grundsätzlich ändern wollen oder müssen, so dass vergaberechtliche Traditionen auch nach Umsetzung der Richtlinien beibehalten werden konnten. Rechtsdogmatisch ließe es sich in Deutschland nicht begründen, wenn Gerichte wirksam abgeschlossene und nicht nach § 134 BGB nichtige Verträge aufheben könnten. Deshalb ist jedoch der Rechtsschutz nicht weniger effektiv als in Italien, wo aufgrund der Qualifikation des Zuschlages als Verwaltungsakt nichts gegen eine Aufhebungsbefugnis des Gerichts spricht.

Statt dessen wurde beispielsweise in Deutschland die Informationspflicht des § 13 VgV geschaffen, die ein rechtzeitiges Stellen des Nachprüfungsantrages durch den nicht ausgewählten Bieter ermöglicht, was einen ebenso effektiven Primärrechtsschutz bedeutet.

Insgesamt sind in allen Mitgliedstaaten der EU effiziente Nachprüfungsmöglichkeiten geschaffen worden[142]. Den weiteren Fortgang der Rechtsangleichung wird man abwarten müssen.

## 6. Die nationalen Vorschriften über die Abgabe elektronischer Angebote im Überblick

### 6.1 Gesetz gegen Wettbewerbsbeschränkungen

Das Gesetz gegen Wettbewerbsbeschränkungen (GWB) enthält in Teil 4 (§§ 97 ff.) Vorschriften über die öffentliche Auftragsvergabe und stellt im deutschen Recht die oberste Ebene der so genannten „Kaskade“, bestehend aus GWB, VgV und Verdingungsordnungen, dar[143]. Im GWB finden sich allgemeine und grundsätzliche Regelungen betreffend das öffentliche Auftragswesen. Ausdrückliche Vorschriften zur elektronischen Auftragsvergabe und deren Zulässigkeit sind nicht enthalten, was jedoch nicht bedeutet, dass die Normen des GWB für den Bereich des electronic public tendering völlig bedeutungslos wären.

---

141 *Schmidt* in Ehlermann/Bieber, I A 89 Rn 39

142 Eine ausführliche Übersicht über die Vergabenachprüfungsmöglichkeiten in nahezu allen Mitgliedstaaten der EU im Vergleich mit Deutschland finden sich bei *Prieß/Hausmann*, EuR 1999, 203 ff. sowie bei *Rudolf* in Byok/Jaeger, Einf. Rn 117 ff.

143 *Puhl*, VVDStRL 60 (2001), 452, 462 spricht von einem „Regelungsgeflecht, das zu durchschauen Uneingeweihten nicht ganz leicht“ falle.

So enthält § 97 GWB eine Zusammenfassung elementarer Prinzipien des europäischen und deutschen Vergaberechts[144], ist also „Grundsatznorm“[145], welche Bedeutung für jegliche Auftragsvergabe hat. Auch ein eventuell elektronisch durchgeführtes Vergabeverfahren muss daher dem Wettbewerbsgrundsatz, dem Transparenzgebot und dem Grundsatz der Gleichbehandlung entsprechen, sofern der nach § 100 GWB maßgebliche Schwellenwert überschritten und der Anwendungsbereich des 4. Teils des GWB überhaupt eröffnet ist.

## 6.2 Vergabeverordnung

Die Verordnung über die Vergabe öffentlicher Aufträge (VgV)[146] bildet die mittlere Ebene des nationalen Regelungskomplexes und stellt gleichsam das „Bindeglied“ zwischen GWB und Verdingungsordnungen dar.
Die auf Grundlage der §§ 97 Abs. 6, 127 GWB erlassene Rechtsverordnung konkretisiert die grundlegenden Regelungen des GWB. Ihr Ziel ist es, „nähere Bestimmungen über das bei der Vergabe öffentlicher Aufträge einzuhaltende Verfahren sowie über die Zuständigkeit und das Verfahren bei der Durchführung von Nachprüfungsverfahren für öffentliche Aufträge, deren geschätzte Auftragswerte die in § 2 geregelten Beträge ohne Umsatzsteuer erreichen oder übersteigen (Schwellenwerte)“[147], zu treffen.

§ 15 VgV enthält die für die elektronische Vergabe entscheidende Regelung:

> „Soweit Bestimmungen, auf die die §§ 4 bis 7 verweisen, keine Regelungen über die elektronische Angebotsabgabe enthalten, können die Auftraggeber zulassen, dass die Abgabe der Angebote in anderer Form als schriftlich per Post oder direkt erfolgen kann, sofern sie sicherstellen, dass die Vertraulichkeit der Angebote gewahrt ist. Digitale Angebote sind mit digitaler Signatur im Sinne des Signaturgesetzes zu versehen und zu verschlüsseln; die Verschlüsselung ist bis zum Ablauf der für die Einreichung der Angebote festgelegten Frist aufrechtzuerhalten.“

Die Vorschrift gestattet es also einerseits, in die Verdingungsordnungen überhaupt Regelungen über die elektronische Angebotsabgabe aufzunehmen („... soweit die Bestimmungen keine Regelungen enthalten“); andererseits kommt diese Vorschrift als Auffangtatbestand zur Anwendung, sofern die im Einzelfall maßgebliche Verdingungsordnung eine Regelung dazu nicht trifft. Dies gilt jedoch nur bei einem Überschreiten der Schwellenwerte.

---

[144] *Boesen*, § 97 Rn 1
[145] *Boesen*, § 97 Rn 1
[146] BGBl. 2001 Teil I Nr. 3 v. 18. Januar 2001; zuletzt geändert durch die zweite Verordnung zur Änderung der Vergabeverordnung vom 11.Februar 2003, BGBl. 2003 Teil I Nr. 6 v. 14. Februar 2003
[147] § 1 VgV (Zweck der Verordnung)

## 6.3 Verdingungsordnungen

### 6.3.1 VOB/A

In Ausfüllung der geänderten Baukoordinierungsrichtlinie wurde die VOB/A für digitale Angebote geöffnet, indem neben dem herkömmlichen Verfahren auch die elektronische Datenübermittlung im Bauvergabeverfahren zugelassen wird.

Das Kernstück der Neuregelungen ist § 21 Abs. 1 S. 2 VOB/A, welcher digitale Angebote zulässt, sofern sie verschlüsselt eingereicht und mit einer Signatur im Sinne des Signaturgesetzes versehen sind. Mit Hilfe digitaler Signaturen sind die Unversehrtheit (Authentizität) und der Absender (Identität) von Dokumenten erkennbar.

Daneben enthalten die §10 Nr. 5 Abs. 2 lit. h, i, j, § 17 Nr. 1 Abs. 2 lit. i, l weitere Detailregelungen für den Fall, dass digitale Angebote zugelassen werden.

### 6.3.2 VOL/A

Auch die VOL/A trägt der modernen Entwicklung im elektronischen Geschäftsverkehr Rechnung, indem das VOL-Verfahren grundsätzlich für elektronische Angebote geöffnet wird.

§ 21 Nr. 3 VOL/A bestimmt, dass der Auftraggeber zulassen kann, dass Angebote auch auf andere Weise als schriftlich per Post oder direkt übermittelt werden, sofern sichergestellt ist, dass der Inhalt der Angebote erst mit Ablauf der für ihre Einreichung festgelegten Frist zugänglich wird. Das Angebot gilt als unterschrieben, wenn eine gültige Signatur im Sinne des Signaturgesetzes vorliegt. Soweit der Auftraggeber elektronische Angebote zulässt, muss er in der Bekanntmachung und in den Verdingungsunterlagen darauf hinweisen.

Diese Vorschrift der VOL/A entspricht hinsichtlich ihres Regelungsgehaltes der Vorschrift der VOB/A. Im Unterschied zur VOB/A trifft die VOL/A jedoch nur Regelungen für Vergaben unterhalb der Schwellenwerte; oberhalb derselben gilt § 15 VgV. Bedeutende Unterschiede bestehen zwischen der VOL/A und der VgV im Hinblick auf die elektronische Angebotsabgabe jedoch nicht. Die Entscheidung, oberhalb der Schwellenwerte die VgV zur Anwendung kommen zu lassen, könnte darauf zurückzuführen sein, dass sich europarechtliche Änderungen im Signaturrecht leichter in die VgV als in eine Verdingungsordnung integrieren lassen[148].

### 6.3.3 VOF

Keine ausdrücklichen Regelungen zur Vergabe der Aufträge auf elektronischem Wege trifft die VOF.

Aufträge über freiberufliche Leistungen sind grundsätzlich gem. § 5 I VOF im Verhandlungsverfahren mit vorheriger Vergabebekanntmachung zu vergeben. Da

---

[148] *Mosbacher*, DÖV 2001, 573, 575

kein förmliches Angebot abgegeben wird, entfallen auch entsprechende Regelungen, mithin Vorschriften darüber, inwieweit elektronische Angebote abgegeben werden können.
Lediglich für Teilnahmeanträge für das Verhandlungsverfahren statuiert § 14 Abs. 2 VOF, dass diese „durch Brief, Telegramm, Fernkopierer oder Telefon übermittelt werden". Diese Vorschrift trägt technischen Neuerungen Rechnung. Die Angebotsabgabe kann daher beispielsweise auch per E-Mail erfolgen.
Nicht per Brief übermittelte Anträge sind allerdings nur dann wirksam, wenn sie durch ein vor Ablauf der Frist abzusendendes Schreiben bestätigt werden. Diese Bestätigung eines anders als durch Brief erfolgten Teilnahmeantrages dient der Beweisführung[149]. Gleichzeitig wird jedoch eine rein elektronische Kommunikation gehindert. Ob § 15 VgV diese Lücke schließen kann ist umstritten, dürfte jedoch aufgrund der Natur des Verhandlungsverfahrens von außerordentlich geringer praktischer Relevanz sein.

149 *Müller-Wrede*, § 14 VOF Rn 15

## Kapitel III
## Das elektronische Verwaltungsverfahren als weiterer Anwendungsbereich elektronischen Verwaltungshandelns

### 1. Einleitung

Die elektronische Vergabe öffentlicher Aufträge stellt nur einen besonderen Ausschnitt des gesamten elektronischen Verwaltungsverfahrens dar. Zwar handelt es sich insoweit um einen zukünftig sicher stets wichtiger werdenden Anwendungsfall; indes ist die Verwaltung nicht darauf beschränkt, sich nur in diesem ausgewählten Teilbereich des Internets zu bedienen.

Wenngleich auch nach zunehmender Ausbreitung der infrastrukturellen Voraussetzungen für den Zugang zum Internet und zur Nutzung von E-Mail der Weg zu elektronischen Wahlen, mithin zur so genannten „E-Democracy“[150] noch weit sein dürfte, bieten sich dem Staat gleichwohl bereits heute in unterschiedlichen Formen verschiedene Anwendungsmöglichkeiten elektronische Medien außerhalb der Auftragsvergabe.

Insbesondere auf kommunaler Ebene breitet sich die Nutzung des Internets zunehmend in unterschiedlicher Weise aus. Als Bestandteil des so genannten „E-Governments“ beschränken sich die Angebote der Kommunen zum Teil auf schlichte Angebote zur Information, zum Teil auf Angebote, die – etwa durch die Bereitstellung von Formularen – dem Bürger einen über die bloße Information hinausgehenden Mehrwert liefern oder auf Angebote, unter deren Verwendung Erklärungen von Bürgern auf elektronischem Wege entgegen genommen werden.

So bietet etwa die Stadt Hannover einen „Formularserver“[151], von welchem wichtige und häufig nachgefragte Formulare für Verwaltungsverfahren von den Bürgern heruntergeladen werden können. Abgesehen von diesem Service unterscheidet sich dieses Angebot jedoch noch nicht in besonderer Weise von dem bisherigen Verfahren, denn die ausgefüllten Formulare können nicht elektronisch an die Kommune zur weiteren Bearbeitung versandt werden. Vielmehr sind sie am Computer auszufüllen, auszudrucken und sodann in Papierform auf dem Postweg an die Behörde zu übermitteln. Der auf dieser Angebotsseite enthaltene Hinweis, dass das Angebot „fortlaufend verbessert“ werde, lässt jedoch erwarten, dass neben der Erweiterung des Formularangebots zu gegebener Zeit auch mit der Entgegennahme der Erklärungen auf elektronischem Wege gerechnet werden kann.

---

150 *Rüß*, ZRP 2001, 518, 519

151 http://form.hannover-stadt.de

Einen Schritt weiter bei Umsetzung des elektronischen Verwaltungsverfahrens sind bereits die Finanzämter. So können etwa von der Portalseite der Finanzämter von Bund und Ländern die unterschiedlichen Vordrucke für das Besteuerungsverfahren heruntergeladen, ausgedruckt und anschließend an das für den Steuerpflichtigen zustände Finanzamt versandt werden[152].

Darüber hinaus bietet die Finanzverwaltung jedoch inzwischen die Möglichkeit, Einkommensteuererklärungen auch elektronisch abzugeben, sie mithin in elektronischer Form unter Nutzung des Internets an das zuständige Finanzamt zu versenden. Das unter dem Begriff „ELSTER"[153] geschaffene System berücksichtigt, dass von vielen Steuerpflichtigen heutzutage die Steuererklärungen ohnehin am Computer erstellt werden und daher in digitaler Form vorliegen. Das System bietet zahlreiche Vorteile gegenüber der herkömmlichen Abgabe der Steuererklärung in Papierform:

- Für die Steuerverwaltung vermindert sich durch die elektronische Datenübermittlung der Aufwand für die Datenerfassung und damit senken sich die Kosten. Davon profitiert letztlich auch der Bürger.
- Für die Einkommensteuererklärung entfällt der aufwendige Formulardruck und die Klebeheftung des Mantelbogens.
- Bei den Anmeldungssteuern entfällt die Papierübermittlung vollständig.
- Der Bürger kann sich sicher sein, dass seine sachlich richtigen Angaben auch zutreffend als Eingabewerte übernommen werden.
- Bei etwaigen Engpässen in der Datenerfassung werden verlängerte Bearbeitungszeiten vermieden.
- Abhängig von der genutzten Steuersoftware ist anhand der an den Steuerzahler bzw. Steuerberater elektronisch übermittelten Bescheiddaten auch per Programm feststellbar, ob das Finanzamt von der Einkommensteuererklärung abgewichen ist.[154]

Eine weitere Art des Mehrwerts für den Bürger bieten andere Kommunen: So stellt die Stadt Hamburg[155] auf ihrem Internetportal jedem angemeldeten Nutzer

---

[152] www.finanzamt.de
[153] www.elster.de
[154] http://www.elster.de/ssl/index-projekt.htm
[155] http://www.hamburg.de (Betreiberin der Seite ist nicht die Stadt Hamburg selbst, sondern die „hamburg.de GmbH & Co. KG", an welcher die Stadt Hamburg als Gesellschafterin beteiligt ist)

kostenlos eine eigene E-Mail-Adresse zur Verfügung. Nach entsprechender Registrierung kann der Bürger also im privaten und geschäftlichen Verkehr etwa die Adresse Vorname.Name@hamburg.de nutzen[156].

Schon diese Beispiele zeigen, dass die denkbaren und bereits realisierten Anwendungsbereiche des E-Governments im weitesten Sinne vielfältig sind.

## 2. Die medienbruchfreie Durchführung elektronischer Verwaltungsverfahren

### 2.1 Die Einführung von § 3a VwVfG als zentrale Formvorschrift des Verwaltungsverfahrensrechts

Die Bereitstellung von Informationen, die Entgegennahme von Erklärungen oder das Angebot elektronische Dienstleistungen, etwa durch Bereitstellung von E-Mail-Konten, mögen zwar einen wichtigen Aspekt des E-Governments darstellen; maßgeblich für die Zukunft wird neben der medienbruchfreien Durchführung elektronischer Auftragsvergaben jedoch die vollständig medienbruchfreie Durchführung von Verwaltungsverfahren sein. So sollen künftig Genehmigungsverfahren vollständig elektronisch abgewickelt und Förderanträge online gestellt werden können.

Rein tatsächlich war und ist die öffentliche Verwaltung bis zum heutigen Tage in großen Teilen am Informationsträger Papier orientiert. Das Verwaltungsverfahrensgesetz ging – selbstverständlich – davon aus, dass verschiedene Verwaltungsverfahren in „Schriftform" durchgeführt werden könnten. Zwar galt und gilt im Verwaltungsverfahren – wie auch im Privatrecht – der Grundsatz der Formfreiheit[157]. So bestimmt § 10 VwVfG, dass „das Verwaltungsverfahren an bestimmte Formen nicht gebunden" ist. Als Konsequenz dessen lässt daher auch § 37 VwVfG den Erlass von Verwaltungsakten in unterschiedlichen – nicht schriftlichen – Formen zu.

Die in §10 VwVfG und § 37 VwVfG zum Ausdruck kommende Nichtförmlichkeit des Verwaltungsverfahrens stellt indes lediglich den vom Gesetzgeber intendierten Grundfall behördlichen Handelns in formaler, verfahrensrechtlicher Hinsicht dar. Rein tatsächlich schreiben verschiedene besondere und damit der allgemeinen Grundregel vorgehende Vorschriften die Wahrung der Schriftform auch

---

[156] Die Registrierung ist nicht exklusiv auf Bürger der Freien und Hansestadt Hamburg beschränkt, sondern „richtet sich an alle, die sich mit Hamburg verbunden fühlen".

[157] *Stober*, Allg. Wirtschaftsverwaltungsrecht, § 34 III 2, S. 369

im Verwaltungsverfahren vor[158]. Die insoweit vorgegebene Schriftform konnte zunächst durch Einsatz moderner Kommunikationsmittel, insbesondere der Nutzung von E-Mail, nicht gewahrt werden. Soweit gesetzlich „Schriftform" angeordnet war, kam es daher nicht in Betracht, diese durch andere – elektronische – Formen zu ersetzen. Multimediale Dokumente konnten in der Regel nicht eingesetzt werden[159]. Gleichzeitig sah jedoch die Signaturrichtlinie in Art. 5 Abs. 1 eine rechtliche Gleichsetzung der qualifizierten elektronischen Signatur mit der eigenhändigen Unterschrift vor. Diese von der Bundesrepublik Deutschland umzusetzende Verpflichtung zur Anpassung der Formvorschriften beschränkte sich nicht allein auf die verschiedenen Bereiche des Privatrechts; vielmehr war auch das gesamte Verwaltungsrecht hiervon erfasst. Damit wurde insbesondere auch im Verwaltungsverfahrensgesetz eine Anerkennung der (qualifizierten) elektronischen Signatur erforderlich[160].

Nach eingehender Diskussion wurde zum Zwecke der Umsetzung in nationalstaatliches Recht im Jahr 2002 das 3. Verwaltungsverfahrensänderungsgesetz (VwVfÄG) verabschiedet, das am 01. Februar 2003 in Kraft trat. Ziel des Gesetzes war es, das Verwaltungsverfahren in formaler Hinsicht so auszugestalten, dass auf die Nutzung des Informationsträger Papier verzichtet und jedes Verwaltungsverfahren vollständig elektronisch abgewickelt werden kann.
Zentrale Vorschrift des insoweit geänderten Verwaltungsverfahrensgesetzes ist § 3a VwVfG. Danach kann nunmehr eine durch Rechtsvorschrift angeordnete Schriftform durch die elektronische Form ersetzt werden, soweit nicht etwas anderes bestimmt ist[161]. Das elektronische Dokument ist hierzu mit einer qualifizierten elektronischen Signatur nach dem Signaturgesetz zu versehen[162]. Erforderlich ist daneben, dass der Behörde überhaupt die nötigen infrastrukturellen Mittel zur Verfügung stehen, um auf diesem – neuen – Weg zu kommunizieren. Nur, „soweit der Empfänger hierfür einen Zugang eröffnet"[163] hat, ist eine Ersetzung der Schriftform durch die elektronische Form unter Wahrung der an sie zu stellenden Anforderungen zulässig. Durch diese Einschränkung wird es den Behörden ermöglicht, zunächst grundsätzlich die technische Ausstattung zu beschaffen, um sich überhaupt rein tatsächlich derartiger Kommunikationsformen bedienen zu können. Eine praktische Einführung der papierlosen Verwaltung „von heute auf morgen" ist daher mit dem Inkrafttreten des VwVfÄG nicht verbunden.

---

158 *Stober*, Allg. Wirtschaftsverwaltungsrecht, § 34 III 4, S. 373 weist darauf hin, dass trotz verschiedener administrativer Erleichterungen in der Wirtschaftspraxis die allzu starke Förmlichkeit und Dauer von Verwaltungsverfahren beanstandet werden.

159 *Lux*, S. 88 ff.

160 *Roßnagel*, NJW 2003, 469, 472

161 Vgl. § 3a Abs. 2 VwVfG

162 Vgl. § 3a Abs. 2 S. 2 VwVfG

163 Vgl. § 3a Abs. 1 VwVfG

## 2.2 Der weitere Anpassungsbedarf des VwVfG

Im Zusammenhang mit der generellen Gleichsetzung der elektronischen Form mit der Schriftform durch § 3a VwVfG haben weitere zentrale Vorschriften eine Änderung erfahren.
So wird – der Bekanntgabe mit einfachem Brief entsprechend - nunmehr gem. §§ 15, 41 Abs. 2 VwVfG vermutet, dass ein elektronisch übermitteltes Dokument am dritten Tag nach der Absendung zugegangen ist. Überraschender Weise hat der Gesetzgeber sich insoweit an den Zugangszeiträumen bei der Übermittlung in Briefform orientiert, obwohl aufgrund der Natur elektronischer Kommunikation mit einer generellen Kenntnisnahmemöglichkeit – anders als bei einer Übermittlung durch die Post – bereits nach wenigen Sekunden zu rechnen sein dürfte. Gleichwohl beließ es der Gesetzgeber insoweit hinsichtlich der Zugangsfiktion bei einem Gleichlauf, um mögliche „Umwege" oder Unterschiede bei der Übermittlung zu unterschiedlichen Tageszeiten auszugleichen[164].

Ergänzend hierzu kann nach Inkrafttreten des 3. VwVfÄG und der damit verbundenen Erweiterung der Formvorschriften des Verwaltungsverfahrensgesetzes nunmehr auch der Verwaltungsakt selbst gem. § 37 Abs. 2 VwVfG grundsätzlich in elektronischer Form erlassen werden. Auch insoweit ist mithin die elektronische Form der Schriftform gleichgestellt worden.
Die an einen in elektronischer Form erlassenen Verwaltungsakt zu stellenden Anforderungen normiert § 37 Abs. 3 VwVfG: Er muss die erlassende Behörde erkennen lassen und die Unterschrift oder die Namenswiedergabe des Behördenleiters, seines Vertreters oder seines Beauftragten enthalten. Wird für einen Verwaltungsakt, für den durch Rechtsvorschrift die Schriftform angeordnet ist, die elektronische Form verwendet, muss auch das der Signatur zugrunde liegende qualifizierte Zertifikat oder ein zugehöriges qualifiziertes Attributzertifikat die erlassende Behörde erkennen lassen.

Ohne weiteres auch auf elektronische Verwaltungsverfahren anwendbar sind die gesetzliche Regelungen zu Akten, Beweisverfahren und der Behörde zu übermittelnden Dokumenten. Insoweit Bestand im Rahmen der Änderung der verwaltungsverfahrensrechtlichen Formvorschriften kein Anpassungs- oder Änderungsbedarf[165].

Danach kann nunmehr insgesamt grundsätzlich jedes Verwaltungsverfahren auf elektronischem Wege abgewickelt werden. Von der Antragstellung, der Beifügung erforderlicher Dokumente, dem notwendigen Austausch zwischen den Beteiligten bis zum Erlass des Verwaltungsaktes stehen der Durchführung eines

---

164 BT-Drs. 14/9000, S. 33; *Roßnagel*, NJW 2003, 469, 472; *Storr*, MMR 2002, 579, 586
165 *Roßnagel*, NJW 2003, 469, 474

Verwaltungsverfahrens medienbruchfrei auf elektronischem Wege – und damit „papierfrei“ – rechtliche Hindernisse nicht mehr entgegen. Der insoweit nunmehr bestehende rechtliche Rahmen erlaubt den Einsatz elektronischer Kommunikationsmittel in vielfältiger Weise; die Schriftform kann durch die elektronische Form – gegebenenfalls unter Hinzufügung einer qualifizierten elektronischen Signatur – ersetzt werden, soweit nur die Verwaltung oder Bürger und Unternehmen gleichermaßen über die dafür erforderliche Technik verfügen, diese einzusetzen gewillt sind und somit einen Zugang für die Übermittlung elektronischer Dokumente[166] eröffnen.

Dass der Bund im Rahmen seiner Initiative BundOnline 2005 rund 1,65 Mrd. Euro dafür vorgesehen hat, die Ausbreitung der technischen Mittel zu fördern und die praktische Umsetzung zu beschleunigen[167] zeigt den Stellenwert, der dieser Form des Verwaltungsverfahrens inzwischen eingeräumt wird.

### 3. Moderne Dienstleistungen als wirtschaftliches Betätigungsfeld für Kommunen

Neben der Nutzung des Internets für die Durchführung von Verwaltungsverfahren nutzen insbesondere Kommunen das Internet darüber hinaus – wie schon am Beispiel der Stadt Hamburg[168] dargestellt - um einen Mehrwert, etwa durch die Bereitstellung von E-Mail-Adressen oder das Auftreten als Provider für die Internetnutzung, zu schaffen.

Damit ist insbesondere auch das kommunale Wirtschaftsrecht ein nicht zu unterschätzender Bestandteil der rechtlichen Rahmenbedingungen für E-Government im weitesten Sinne[169].

Soweit Kommunen als Bestandteil eines im weiteren Sinne verstandenen E-Governments auch solche Leistungen anbieten, die ebenfalls von der privaten Wirtschaft angeboten werden, ist ihrem Tätigwerden durch die kommunalverfassungsrechtlichen Vorgaben eine Grenze gesetzt. So erlaubt etwa die Niedersächsische Gemeindeordnung wirtschaftliche Betätigung durch die Kommunen nur dann, wenn – kumulativ – der öffentliche Zweck das Unternehmen rechtfertigt, die Unternehmen nach Art und Umfang in einem angemessenen Verhältnis zur Leistungsfähigkeit der Gemeinde und zum voraussichtlichen Bedarf stehen und der Zweck nicht besser und wirtschaftlicher durch einen anderen erfüllt wird oder

---

166 Vgl. § 3a Abs. 1 VwVfG

167 Vgl. den Umsetzungsplan der Bundesregierung im Rahmen der Initiative BundOnline 2005, abrufbar unter http://www1.bund.de/nn_6958/Content/BundOnline2005/Download/Downloadseite-12-anl,templateId=raw,property=publicationFile.pdf

168 www.hamburg.de

169 *Boehme-Neßler*, NVwZ 2001, 374, 378

erfüllt werden kann[170]. Bei allen Unterschieden im Detail enthalten die Kommunalverfassungen anderer Bundesländer im Kern entsprechende Vorschriften[171].

Wenngleich sich die – entgeltliche – Zurverfügungstellung etwa von E-Mail-Adressen oder die Betätigung als Zugangsprovider an diesen Voraussetzungen messen lassen müssen, dürften im Ergebnis der wirtschaftlichen Betätigung der Kommunen oder kommunaler Unternehmen rechtliche Hindernisse nicht entgegenstehen.

Die Ermöglichung des Zugangs zum Internet, der Nutzung von E-Mail und damit – im Ergebnis – sogar die Teilnahme an elektronischen Verwaltungsverfahren werden durch eine derartige Betätigung der Kommunen gefördert. Dabei handelt es sich gleichsam auch um „öffentliche Zwecke" im Sinne der Gemeindeordnungen[172].

Auch an dem „angemessenen Verhältnis" zwischen Internetauftritt und der Leistungsfähigkeit der meisten Kommunen wird man kaum Zweifel haben können. Da die von den Kommunen anzubietenden Dienstleistungen – jedenfalls unter Berücksichtigung heutiger technischer Maßstäbe – keines besonderen Aufwands bedürfen, schließt die Leistungsfähigkeit der meisten Gemeinden eine solche Betätigung nicht aus. Weder bedarf es in jedem Fall massiver infrastruktureller Veränderungen, noch ist es erforderlich, in personeller Hinsicht umfangreich umzustrukturieren oder gar den Personalbestand zu erweitern. Vielmehr können heute Speicherplatz im Internet und technisches „Know-how" zu angemessenen Preisen eingekauft werden, so dass sich das Internetengagement der Gemeinden in jedem Fall der individuellen Leistungsfähigkeit anpassen lässt.

Problematisch kann freilich der – insbesondere in der Niedersächsischen Gemeindeordnung – vorgesehene Grundsatz der Subsidiarität wirtschaftlicher Betätigung sein. Die niedersächsische, restriktive Variante des Kommunalverfassungsrecht erlaubt – anders als andere Gemeindeordnungen – die wirtschaftliche Betätigung der Kommunen nur unter der weiteren Voraussetzung, dass es keine privaten Unternehmen gibt, die die Leistung besser und wirtschaftlicher anbieten können.

Insoweit könnte man durchaus zu dem Ergebnis gelangen, die von den Kommunen angebotenen Leistungen könnten durch andere Unternehmen besser und wirtschaftlicher angeboten werden[173]. Diese Betrachtung übersieht indes, dass vorrangiges Ziel der insoweit erfolgenden wirtschaftlichen Betätigung der Gemeinden

---

[170] Vgl. § 108 Abs. 1 NGO

[171] *Boehme-Neßler*, NVwZ 2001, 374, 378

[172] *Boehme-Neßler*, NVwZ 2001, 374, 378

[173] *Holznagel/Temme* in: Hoeren/Sieber, Handbuch des Multimediarechts, Kap. 26 Rn 67

die grundsätzliche und flächendeckende Zurverfügungstellung notwendiger infrastruktureller Voraussetzungen an ihre Bürger ist, um diesen die Nutzung des Internets und damit den Zugang zu einem – wenn nicht dem – wesentlichen Informationsmedium des neuen Jahrtausends zu ermöglichen. Wer über den Zugang zum Internet nicht verfügen kann, dem fehlen schon jetzt und sicher in noch verstärkterem Maße in der Zukunft wichtige Informationsquellen und – bezogen auf die Nutzung von E-Mail – ebenso wichtige Kommunikationsmöglichkeiten.

Einfacher und preiswerter Zugang zum Internet wird aber trotz eines zunehmenden Wettbewerbs auf dem Markt der Internetprovider und E-Mail-Anbieter (noch) nicht allein durch private Anbieter sichergestellt werden können, müssen diese doch in besonderer Weise betriebswirtschaftliche Ziele berücksichtigen. Soweit mithin die Gewährleistungsfunktion des kommunalen Handelns im Vordergrund steht und die Ausgestaltung der kommunalen Internetleistungen prägt, hindert auch eine solch strenge Subsidiaritätsklausel wie in der NGO die wirtschaftliche Betätigung der Gemeinden in Form von Access-Providing oder der Zurverfügungstellung von E-Mail-Adressen nicht[174].
Vor dem Hintergrund sich äußerst schnell ändernder Strukturen auf diesem Markt, sich rasant entwickelnder Technologien, einer sich schnell abwärts drehenden Preisspirale und stets verbesserter technischer Ausstattung der einzelnen Haushalte ist in diesem Zusammenhang jedoch nicht zu übersehen, dass diese Frage schon in Kürze abweichend zu beantworten sein kann. Der beständige Wandel lässt insoweit eine abschließende und vor allem dauerhafte rechtliche Bewertung nicht zu.

## 4. Zusammenfassende Bewertung und Ausblick

Während in zahlreichen – privatwirtschaftlichen – Bereichen die Nutzung moderner Kommunikationsmittel schon seit langer Zeit Praxis war und ist, standen dem umfassenden Einsatz von Internet und E-Mail im Verwaltungsverfahren zunächst formaljuristische Hindernisse entgegen.
Zwar waren schon seit längerer Zeit Internetpräsenzen von Bund, Ländern und Gemeinden zu verzeichnen; der wichtigste Anwendungsfall indes – das elektronische Verwaltungsverfahren – wurde schlicht dadurch gehindert, dass die Verwaltungsverfahrensgesetze von Bund und Ländern zwar grundsätzlich von Formfreiheit des Verwaltungsverfahrens ausgingen, im Ergebnis indes aufgrund zahlreicher besonderer Formvorschriften den Einsatz des Internets hinderten.

Erst mit dem Inkrafttreten des 3. VwVfÄG im Jahre 2003 wurde nunmehr der rechtliche Rahmen dafür geschaffen, sich auch bei Durchführung von Verwal-

---

174 So auch *Boehme-Neßler*, NVwW 2001, 374, 379; a.A. *Holznagel/Temme*, a.a.O., Kap. 26, Rn. 42, 43

tungsverfahren der elektronischen Kommunikation bedienen zu können. Von der Antragstellung bis zum Erlass des Verwaltungsaktes kann inzwischen grundsätzlich auf Papier verzichtet und das gesamte Verfahren medienbruchfrei durchgeführt werden. Durch Gleichsetzung der elektronischen Form mit der Schriftform ist ein bedeutender Schritt im Zusammenhang mit der wiederholt schlagwortartig geforderten „Modernisierung der Verwaltung". Bis zu einem täglichen praktischen Einsatz und bis zu einer Umsetzung dessen, was das Verwaltungsverfahrensrecht bereits jetzt erlaubt, wird zwar vermutlich noch einige Zeit vergehen. Die Feststellung, dass die Dynamik des Internet- und Kommunikationssektors „zum Motor der Verwaltungsreform"[175] werden könne, erscheint jedenfalls nicht ganz fern liegend.

Die Entwicklung im Bereich der modernen Verwaltung und im E-Government ist jedoch noch keineswegs abgeschlossen, sondern dürfte vielmehr – nicht zuletzt durch die dargestellten Änderungen wesentlicher Formvorschriften – erst in ihren Anfängen stecken. Für die Zukunft planen Bund, Länder und zahlreiche Kommunen einen massiven Ausbau der elektronischen Angebote. So haben Bund, Länder und Gemeinden zur Umsetzung des E-Governments in die Realität eine auf fünf Säulen beruhende E-Government-Strategie vereinbart:

Im Rahmen der ersten Säule („Dienstleistungsportfolio") wollen Bund, Länder und Gemeinden den Bürgern die wichtigsten Verwaltungsdienstleistungen elektronisch zur Verfügung stellen, wobei nutzungsintensive Dienstleistungen und Dienstleistungen mit hohem bürokratischem Aufwand für Unternehmen im Vordergrund stehen[176].

Im Bereich der zweiten Säule („Verbund der eGovernment-Portale") wollen Bund, Länder und Gemeinden einen Verbund ihrer Internet-Portale schaffen und die derzeit etwa 7000 bestehenden Angebote hinsichtlich ihrer Strukturen harmonisieren und insgesamt miteinander vernetzen. Ein geplanter Zuständigkeitsfinder soll Unternehmen und Bürger darin unterstützen, über das Internet unterschiedliche Behörden bei Bedarf schnell aufzufinden.

In der dritten Säule („Infrastrukturen") wollen Bund, Länder und Gemeinden gemeinsame Infrastrukturen schaffen, um den Datenaustausch untereinander zu erleichtern. Im Rahmen eines so genannten Signaturbündnisses soll die Nutzung und Verbreitung elektronischer Signaturen erarbeitet und verbreitet werden.

---

175 *Boehme-Neßler*, NVwZ 2001, 374, 380

176 Vorrangige Modellprojekte sind z.B. der Bereich der Amtlichen Statistik, das Melde- und Personenstandswesen oder der Geodaten- und Bauwesenbereich.

Auf Grundlage der vierten Säule („Standards, Daten- und Prozessmodelle) wollen Bund, Länder und Gemeinden auf Basis eines gemeinsamen eGovernment-Architekturmodells definierte Standards und Daten- und Prozessmodelle für hoch effiziente Kommunikations- und Transaktionsstrukturen schaffen.

Darüber hinaus soll als fünfte Säule („eGovernment-Koordinierung und Transfer) ein steuerndes Gremium im Rahmen der Aktion „Deutschland-Online"[177] geschaffen werden, das dem beschleunigten Transfer beispielhafter eGovernment-Anwendungen zu dienen bestimmt ist.

Nicht nur die – im wesentlichen für Unternehmen – bedeutsame elektronische Vergabe öffentlicher Aufträge kann daher in Zukunft eine wichtige Handlungsform des Staates darstellen; auch innerhalb förmlicher Verwaltungsverfahren wird die elektronische Form künftig eine besondere Bedeutung erlangen und sich zu einer neben der Schriftform gleichwertigen Alternative entwickeln.

Derzeit befindet sich das elektronische Verwaltungsverfahren indes noch in den „Kinderschuhen". Der Gesetzgeber hat zwar innovativ und vor dem Hintergrund auf Europäischen Richtlinien beruhender Umsetzungsverpflichtungen den gesetzlichen Rahmen derart ausgestaltet, dass schon heute Papier bei der Durchführung von Verwaltungsvorgängen vollständig verzichtbar wäre. Die interessant zu beobachtende Frage wird indes sein, wann auch rein tatsächlich der Innovationsprozess der Verwaltung von Bund, Ländern und Gemeinden so weit abgeschlossen sein wird, dass etwa die Erteilung weniger prüfungsintensiver Genehmigungen „per Mausklick" zum Standard wird[178]. Nicht zuletzt aufgrund knapper öffentlicher Haushalte, die kurzfristige Beschaffungen verhindern dürften, werden jedenfalls in der nahen Zukunft Akten in Schriftform aus der Verwaltung nicht wegzudenken sein.

[177] www.deutschland-online.de

[178] Natürlich wird auch die Handhabbarkeit neuer technischer Arbeitsmittel insoweit von entscheidender Bedeutung sein. *Schwartmann/Haug*, NVwZ 2001, 403 weisen darauf hin, dass auch der am Computer erfahrene Jurist „einen schnellen Zugang zu seinem neuen Arbeitsmittel und sofort eine spürbare Arbeitserleichterung" erwarte.

## Kapitel IV
## Die Europarechtskonformität der deutschen Regelungen über die elektronische Angebotsabgabe

### 1. Problemlage

Die Europarechtskonformität der dargestellten nationalen Vorschriften, die die elektronische Angebotsabgabe betreffen, wird unterschiedlich beurteilt. Insbesondere wird ein Verstoß gegen die Richtlinie 2000/31/EG über den elektronischen Geschäftsverkehr („E-Commerce-Richtlinie") behauptet[179]. Die Bundesrepublik Deutschland sei ihrer Umsetzungsverpflichtung nicht hinreichend nachgekommen[180].

Ausgangspunkt der Diskussion ist der Regelungsgehalt der Generalsklausel[181] des Art. 9 Abs. 1 EC-Richtlinie:

„Die Mitgliedstaaten stellen sicher, dass ihr Rechtssystem den Abschluss von Verträgen auf elektronischem Wege ermöglicht. Die Mitgliedstaaten stellen insbesondere sicher, dass ihre für den Vertragsabschluß geltenden Rechtsvorschriften weder Hindernisse für die Verwendung elektronischer Verträge bilden noch dazu führen, dass diese Verträge aufgrund des Umstandes, dass sie auf elektronischem Wege zustande gekommen sind, keine rechtliche Wirksamkeit oder Gültigkeit haben."

Diese Vorschrift der E-Commerce-Richtlinie hat zentrale Bedeutung[182]. Die Mitgliedstaaten müssen sicherstellen, dass Verträge nicht allein aufgrund des Umstandes, dass diese elektronisch zustande gekommen sind, keine rechtliche Wirksamkeit haben[183].

---

179 *Höfler*, NZBau 2000, 449 ff., *Höfler/Rosenkötter*, K&R 2001, 631 ff.

180 Ausgangspunkt der nachfolgenden Betrachtung ist die Rechtslage bei Erstellung dieser Arbeit, mithin vor Erlass der zusammenfassenden Richtlinie 2004/18/EG, die erst bis zum Jahre 2006 in nationales Recht umgesetzt werden muss.

181 Vgl. kritisch zur Regelungstechnik der Richtlinie *Spindler*, ZUM 1999, 775, 787: „Während der deutsche Gesetzgeber sich [...] mit dem Signaturgesetz begnügt hat [...], holt die Kommission zum großen Schlag aus, um in wenigen Artikeln bestehende Rechtsunsicherheiten zu bereinigen. Dabei bedient sich die Kommission einer eigenartigen Technik, indem sie zum einen detaillierte Vorgaben für bestimmte Aspekte [...] trifft, zum anderen in Art. 9 eine Art Generalklausel aufnimmt, die den Mitgliedstaaten verbietet, den elektronischen Vertragsschluß zu diskriminieren."

182 Vgl. zur Umsetzung der E-Commerce-Richtlinie in nationales Recht *Schneider*, K&R 2001, 344 ff.

183 *Tettenborn/Bender/Lübben/Karenfort*, K&R 2001 (Beilage zu Heft 12), S. 21

Nicht erfasst werden dagegen rein tatsächliche Hemmnisse[184].
Die Zulassung digitaler Angebote hängt von einer positiven Zulassungsentscheidung der Behörde ab. Dies zeigt schon der Wortlaut des bei Überschreitung der Schwellenwerte geltenden § 15 VgV, wonach Auftraggeber zulassen „können", dass digitale Angebote abgegeben werden, ebenso wie die Formulierung „gegebenenfalls" in § 10 Nr. 5 Abs. 2 VOB/A, durch welche deutlich wird, dass die Zulassung digitaler Angebote nicht als Regelfall anzusehen ist, sondern vielmehr „nur als Option, die der Auftraggeber wahrnehmen kann"[185]. Des weiteren statuiert § 21 Nr. 1 Abs. 1 VOB/A, dass Angebote grundsätzlich schriftlich eingereicht werden müssen. „Daneben kann der Auftraggeber [...] digitale Angebote zulassen"[186].
Die Vorschriften verdeutlichen, dass die Bieter den Vergabestellen „nicht digitale Angebote aufoktroyieren"[187] können.

Aus der Tatsache, dass die VgV sowie die Verdingungsordnungen die Zulassung der elektronischen Angebotsabgabe von einer Zulassungsentscheidung der Behörde abhängig machen, wird von Teilen der Literatur der Rückschluss gezogen, dass der elektronische Vertragsschluss diskriminiert werde. Um vollumfänglich der Richtlinie über den elektronischen Geschäftsverkehr zu entsprechen, müssten die Bieter einen Anspruch auf die elektronische Angebotsabgabe haben. Die Vergabeverordnung und die Verdingungsordnungen müssten sicherstellen, dass die Vergabestellen solche Angebote, die auf elektronischem Wege abgegeben werden, zulassen müssen und nicht lediglich – wie der Wortlaut der aktuell geltenden Vorschriften zeigt – können. Sowohl die Möglichkeit einer schriftlichen als auch einer elektronischen Angebotsabgabe müsse dem Bieter eingeräumt werden, um dem „Ermöglichungsgrundsatz des elektronischen Vertragsschlusses" im Sinne der Richtlinie über den elektronischen Geschäftsverkehr zu entsprechen[188].

---

184 *Tettenborn/Bender/Lübben/Karenfort*, K&R 2001 (Beilage zu Heft 12), S. 21.
Abgesehen von der vorrangig zu beantwortenden Frage nach der grundsätzlichen Anwendbarkeit der E-Commerce-Richtlinie auf den Vorgang staatlicher Beschaffung, ist daher als zweites fraglich, ob bei Durchführung eines Vergabeverfahrens, bei welchem Angebote nur in herkömmlicher Schriftform zugelassen werden, überhaupt eine rechtliche Diskriminierung des Vertrages erfolgt. Soweit der öffentliche Auftraggeber elektronische Angebote nicht akzeptiert und Bieter daher vom Vergabeverfahren ausgeschlossen sind, ist es nahe liegend, dass dies allein eine rein tatsächliche Diskriminierung darstellt. Dann wäre selbst bei Anwendbarkeit der E-Commerce-Richtlinie auf den Beschaffungsvorgang ein Verstoß gegen Art. 9 der Richtlinie nicht gegeben, so dass im Ergebnis auch eine fehlerhafte Umsetzung nicht angenommen werden könnte.

185 *Höfler*, NZBau 2000, 449, 454

186 Vgl. § 21 Nr. 1 Abs. 1 S. 2 VOB/A

187 *Malmendier*, VergabeR 2001, 178, 180

188 *Höfler*, NZBau 449, 454; *Höfler/Bert*, NJW 2000, 3310, 3315

Selbst wenn man unterstellt, dass die Regelungen des Vergaberechts über die elektronische Angebotsabgabe tatsächlich hinter den von der Generalklausel aufgestellten Anforderungen zurückbleiben, was so nicht ohne weiteres angenommen werden kann[189], können die dargestellten Thesen freilich nur dann zutreffen, wenn die Richtlinie über den elektronischen Geschäftsverkehr insoweit überhaupt auf den Vorgang öffentlicher Beschaffung anwendbar ist.

Dies ist fraglich, weil bereits die Vergaberichtlinien Vorschriften über die Form der Angebote enthalten, so dass es entscheidend auf das Konkurrenzverhältnis der Richtlinien zueinander in dieser konkreten Frage ankommt. Auch nach Erlass der Richtlinie 2004/18/EG ist diese Ausgangsüberlegung weiterhin von zentraler Bedeutung, treten doch jedenfalls die Richtlinien 93/36/EWG und 93/37/EWG erst mit dem 31. Januar 2006 außer Kraft[190]. Im übrigen erklärt die Richtlinie 2004/18/EG zwar grundsätzlich die E-Commerce-Richtlinie auf den Vorgang öffentlicher Beschaffung für anwendbar[191], klärt dabei jedoch nicht, auf welche Weise ein Vorrangverhältnis gegebenenfalls miteinander nicht in Einklang stehender Einzelregelungen herzustellen ist. Die Regelung über die Form der Angebote aus den vorausgegangenen Richtlinien wird jedenfalls in der Richtlinie 2004/18/EG nicht weiter modifiziert. Art. 42 der Richtlinie 2004/18/EG greift insoweit inhaltlich die Regelungen der älteren Richtlinien im wesentlichen auf.

Die formalen Vorschriften in den Verdingungsordnungen in ihrer derzeit geltenden Fassung gehen im einzelnen zurück auf die – noch fortgeltenden - materiellen Vergaberichtlinien der Europäischen Gemeinschaft, welche 1997 durch die Richtlinie 97/52/EG geändert worden sind[192].

Neben anderem ergänzte diese Richtlinie die Vorschriften der Richtlinien (BKR, LKR, DKR) hinsichtlich der Form der Angebote. Gleichlautend wurde jeweils in die entsprechenden Artikel der Richtlinien folgender Wortlaut eingefügt:

---

189 *Tettenborn/Bender/Lübben/Karenfort*, K&R 2001 (Beilage zu Heft 12), S. 21 weisen darauf hin, dass die Richtlinie allein eine rechtliche, nicht aber eine tatsächliche Diskriminierung elektronischer Verträge verbiete.

190 vgl. Art. 82 Richtlinie 2004/18/EG [Aufhebungen]: „Die Richtlinie 92/50/EWG […] und die Richtlinien 93/36/EWF und 93/37/EWG werden […] mit Wirkung ab dem in Artikel 80 genannten Datum aufgehoben." Art. 80 benennt als Zeitpunkt des Ablaufs der Umsetzungsfrist für die Richtlinie 2004/18/EWG den 31. Januar 2006.

191 Vgl. Begr.-Erw. 37 der Richtlinie 2004/18/EG: „Die Richtlinie […] 2000/31/EG des Europäischen Parlaments und des Rates vom 8. Juni 2000 über bestimmte rechtliche Aspekte der Dienste der Informationsgesellschaft, insbesondere des elektronischen Geschäftsverkehrs, im Binnenmarkt („Richtlinie über den elektronischen Geschäftsverkehr") sollten für die elektronische Übermittlung von Informationen im Rahmen der vorliegenden Richtlinie gelten. […]"

192 Die geänderten Richtlinien gelten gem. Artt. 82, 80 Richtlinie 2004/18/EG bis 2006 fort..

„Die Angebote werden schriftlich auf direktem Wege oder mit der Post übermittelt. Die Mitgliedstaaten können zulassen, dass die Angebote auf andere Weise übermittelt werden, sofern gewährleistet ist, dass

- jedes Angebot alle für seine Bewertung erforderlichen Angaben enthält;
- die Vertraulichkeit der Angebote bis zu ihrer Bewertung gewahrt bleibt;
- die Angebote umgehend schriftlich oder durch Übermittlung einer beglaubigten Abschrift bestätigt werden, soweit dies aus Gründen des rechtlichen Nachweises erforderlich ist;
- die Öffnung der Angebote nach Ablauf der für ihre Einreichung festgelegten Frist erfolgt."[193]

Soweit die Richtlinien über die Vergabe öffentlicher Aufträge hinsichtlich der Form der Angebote als leges speciales anzusehen sind, wäre für die Anwendung der E-Commerce-Richtlinie insoweit kein Raum.

Die Richtlinie über den elektronischen Geschäftsverkehr regelt die „Dienste der Informationsgesellschaft" in der Europäischen Union. Ihre Frist zur Umsetzung endete am 17.1.2002[194]. Jedenfalls heute, nach Ablauf der Umsetzungsfrist, kommen Verstöße gegen diese Richtlinie in Betracht und stellt sich die Frage der Europarechtskonformität nationaler Gesetzgebungsmaßnahmen, wenngleich wiederholt auch die Auffassung vertreten wurde, dass der Gesetzgeber bereits bei Erlass der Vergabeverordnung die Richtlinie über den elektronischen Geschäftsverkehr zu beachten gehabt habe[195].

## 2. Das Konkurrenzverhältnis innerhalb des Sekundärrechts

### 2.1 Ausgangsüberlegungen

Während die E-Commerce-Richtlinie allgemeine Anforderungen hinsichtlich der Zulässigkeit elektronischer Vertragsschlüsse aufstellt, regeln die verschiedenen Vergaberichtlinien die Zulässigkeit digitaler Angebote im Rahmen eines Vergabeverfahrens. Indem die E-Commerce-Richtlinie fordert, dass der Vertragsschluss auf elektronischem Wege in jeder Hinsicht dem „herkömmlichen" Vertragsschluss gleichgestellt sein müsse, die Vergaberichtlinien die Entscheidung über die Zulassung eines digital abgegebenen Angebotes jedoch in das Ermessen des öffentlichen Auftraggebers stellen, widersprechen sich diese Richtlinien inhaltlich[196]. Die Tatsache, dass öffentliche Auftraggeber digitale Angebote zulassen können – nicht müssen – stellt den Vertragsschluss mittels elektronischer Kom-

---

193 Richtlinie 97/52/EG v. 13.Oktober 1997 ABl. 328, S.1, 4, 6, 8

194 Art. 22 Abs. 1 der Richtlinie 2000/31/EG

195 *Malmendier*, VergabeR 2001, 178, 180

196 In der Richtlinie 2004/18/EG heißt es insoweit in Art. 42 Abs. 1: „Jede Mitteilung sowie jede in diesem Titel genannte Übermittlung von Informationen kann nach Wahl des öffentlichen Auftraggebers per Post, per Fax, auf elektronischem Wege [...] oder durch eine Kombination dieser Kommunikationsmittel erfolgen.

munikationsformen gerade nicht dem herkömmlichen Vertragsschluss gleich, da insbesondere in naher Zukunft eine Vielzahl von Fällen erwartet werden muss, in denen öffentliche Auftraggeber digitale Angebot nicht zulassen – sei es aus mangelnder technischer Fachkenntnis oder sei es aufgrund fehlender Infrastruktur.
Im Vergabeverfahren existiert damit nach wie vor ein jedenfalls faktisches ein Regel-Ausnahmeverhältnis zwischen Schriftform und elektronischer Form, während die Richtlinie über den elektronischen Geschäftsverkehr gerade eine rechtliche Gleichbehandlung der Formen zum Ziel hat.
Die Vergaberichtlinien und die E-Commerce-Richtlinie enthalten damit einen Teilbereich sich überschneidender Regelungsbereiche, so dass das Rangverhältnis zwischen ihnen zu klären ist.

### 2.2 Die Rangordnung innerhalb des Gemeinschaftsrechts

Das Rangverhältnis zwischen primärem und sekundärem Europarecht ergibt sich unmittelbar aus Art. 7 EG. Demnach handeln die Gemeinschaftsorgane nach „Maßgabe der ihn in diesem Vertrag zugewiesenen Befugnisse".
Art. 7 EG bildet die Grundnorm des institutionellen Systems der Europäischen Gemeinschaft[197] und bringt im Ergebnis nur eine Selbstverständlichkeit zum Ausdruck: Jedes Organ ist bei all seinen Handlungen gehalten, sich gegenüber Dritten und im Verhältnis zu anderen Organen vertragsgemäß und damit nicht rechtswidrig zu verhalten.
Organgeschaffenes Recht steht somit zwingend im Range unter dem Vertragsrecht[198]. Das Sekundärrecht ist dementsprechend „im Lichte des Primärrechts" auszulegen[199]. Ist auch im Wege einer solchen Auslegung eine Konformität der sekundären Rechtsakte zum Vertragsrecht der Gemeinschaften nicht herzustellen, so ist es vernichtbar, ungültig oder unanwendbar nach Maßgabe der Vorschriften des EGV.
Gleichzeitig ergibt sich aus dem Rangverhältnis und dem grundsätzlichen Auslegungserfordernis auch, dass mehrdeutige Normen sekundären Rechts im Zweifel dieselbe Bedeutung haben wie gleichlautende Vorschriften des Vertrages[200].

Während das Verhältnis des primären Rechts zum sekundären Recht sich mit Hilfe dieser einfachen aus Art. 7 EG hergeleiteten Vorrangregel lösen lässt, bereitet die Klärung des Konkurrenzverhältnisses der einzelnen Sekundärakte zueinander weitaus größere Probleme. Insbesondere kann nicht in derselben Weise wie innerhalb des Primärrechts von einer Gleichrangigkeit des abgeleiteten Rechts „unter sich" gesprochen werden[201]. Zwar gehören die sekundären Rechtsakte einer „ge-

---

[197] *Calliess* in Calliess/Ruffert, Art. 7 Rn 1
[198] *Grabitz* in Grabitz/Hilf, Art. 189 [a.F.] Rn 21
[199] EuGH Rs. 1/67 (*Ciechelksi/Caisse Régionale u.a.*), Slg. 1967, 239, 250
[200] EuGH Rs. 25/67 (*Milch, Fett- und Eierkontor/Hauptzollamt*), Slg. 1968, 330
[201] *Oppermann*, § 6 Rn 512

meinsamen Rechtsmasse"[202] an; sowohl aus rechtstheoretischen Gründen als auch aus praktischen Bedürfnissen ergibt sich die Notwendigkeit gewisser hierarchischer Verhältnisse und weiterer Abstufungen[203]. Das Problem wurde bereits auf EU-Ebene diskutiert; die auf der Maastrichter Konferenz 1992 für Amsterdam 1997 formulierte Aufgabe, eine „angemessene Rangordnung" für EG-Normen herzustellen, wurde bisher nicht eingelöst[204].
Ausdrückliche rechtsförmliche Aussagen des Europäischen Gemeinschaftsrechts lassen sich zur Beantwortung der Konkurrenzfrage nicht auffinden, so dass im Kollisionsfalle auf allgemeine Grundsätze zur Bildung einer Normenhierarchie zurückgegriffen werden muss. Dabei kommt dem Charakter und der Qualität der einzelnen sekundären Rechtsakte eine besondere Bedeutung zu.

Soweit – wie hier mit E-Commerce-Richtlinie und Vergaberichtlinien – gleichartige Rechtakte des Gemeinschaftsrechts miteinander konkurrieren, lässt sich das Verhältnis dieser beiden zueinander nicht mittels einfacher Grundregeln bestimmen. Die Richtlinien als „zweistufiges und mittelbares Rechtssetzungsinstrument"[205] haben als Adressaten jeweils die Mitgliedstaaten der Europäischen Union, weshalb sie auch als „allgemeine Richtlinien"[206] bezeichnet werden und legen also jeweils generell-abstrakt die von den Mitgliedstaaten herbeizuführenden Rechtszustände in den nationalen Rechtsordnungen („Ziele der Richtlinie") fest. Eine „Nachrangigkeit" im eigentlichen Sinne ist bei zwei abstrakt-generellen Regelungen nicht feststellbar.
Auch die Regel, dass Grundvorschriften „selbstverständlich den Durchführungsvorschriften vorgehen"[207], ist vorliegend nicht weiterführend. Die miteinander konkurrierenden Richtlinien stehen nicht im Verhältnis von Grund- und Durchführungsvorschrift zueinander, sondern sind schlicht getrennt voneinander erlassene Rechtsakte mit sich sachlich überschneidenden Regelungsbereichen.
Zur Klärung des Konkurrenzverhältnisses zwischen gleichartigen sekundären Rechtsakten in Fällen wie dem vorliegenden, sind daher unterschiedliche, rechtstheoretische Ansätze entwickelt worden, die nachfolgend dargestellt und hinsichtlich ihrer Auswirkung auf die Frage des Vorrangs zwischen den bezeichneten Richtlinien untersucht werden sollen.

---

202 *Oppermann*, § 6 Rn 512

203 *Heintzen*, EuR 1994, 35, 48

204 *Oppermann*, § 6 Rn 512

205 EuGH Rs. C-298/89 (*Regierung von Gibraltar/Rat*), Slg. 1993, I-3605 Rn 16; Rs. C-10/95 (*Asocarne/Rat*), Slg. 1995, I-4149 Rn 29

206 Im Gegensatz zur „individuellen Richtlinie", deren Adressatenkreis auf wenige Mitgliedstaaten begrenzt ist; vgl. *Bievert* in Schwarze, Art. 249 Rn 24

207 *Bievert* in Schwarze, Art. 249 Rn 10

### 2.2.1 Lösung der Vorrangfrage über den Vorrang von Rechtsakten einzelner Rechtssetzungsorgane

Art. 249 EG, eine zentrale Norm innerhalb des 2. Kapitels des Vertrages[208], beschreibt die verschiedenen Rechtsakte sowie die Organe, die für deren Erlass zuständig sind.
Soweit sich ein Rangverhältnis zwischen den einzelnen für die Rechtssetzung zuständigen Organe feststellen ließe, wäre es denkbar, eine Hierarchie gleicher Rechtsakte der Europäischen Union dergestalt aufzustellen, dass der von dem im Range höher stehenden Rechtssetzungsorgan erlassene Akt dem des niederrangigen Rechtssetzungsorgans vorgeht.
Art. 7 EG umschreibt den „Kern der institutionellen Struktur der Gemeinschaft"[209]. Die der Gemeinschaft zugewiesenen Aufgaben werden demnach wahrgenommen durch ein Europäisches Parlament, einen Rat, eine Kommission, einen Gerichtshof und einen Rechnungshof. In dieser Reihenfolge werden die Organe nacheinander in der Vorschrift genannt. Relativ unstreitig ist jedoch, dass sich aus der Reihung der Hauptorgane innerhalb des Absatzes 1 eine Rangfolge nicht ableiten lässt.
Vielmehr benennt Art. 7 EG in Abs. 1 die fünf hierarchisch höchstrangigen Einrichtungen der Europäischen Gemeinschaft, die in gleichem Rang einander gegenüberstehen (sog. primäre Organisationsebene[210]). Trotz der Tatsache, dass diese Organe der Gemeinschaft zwar in einer vielfältigen Wechselbeziehung der gegenseitigen Einwirkung, Kontrolle und Mitsprache zueinander stehen, können ihre Rechtsakte nur in begrenzten, vertraglich vorgesehenen Fällen durch andere höchstrangige Einrichtungen geändert oder aufgehoben werden[211]. Es gibt keinen Institutionenvorrang[212].
Auch der EuGH betont, dass aufgrund dieser prinzipiellen Gleichberechtigung der Organe die Rechtsvorschriften des einen Organs denen des anderen Organs nicht vorgehen können[213].

### 2.2.2 Stellungnahme und Übertragung auf das Verhältnis der Richtlinien zueinander

Der Auffassung der nahezu gesamten Literatur sowie des EuGH ist vollumfänglich zuzustimmen. Für die Klärung des Rangverhältnisses der Gemeinschaftsorgane zueinander sind die Vorschriften des gesamten Vertrages und nicht nur Art.

---

208 *Bievert* in Schwarze, Art. 249 Rn 1
209 *Hatje* in Schwarze, Art. 7 Rn 1
210 *Nettesheim* in Grabitz/Hilf, Art. 4 [a.F.] Rn 4
211 *Nettesheim* in Grabitz/Hilf, Art. 4 [a.F.] Rn 3;
in diesem Sinne auch *Hatje* in Schwarze EU-Kommentar Art. 7 EGV Rn 2; etwas unklar *Bieber* in Gröben/Thiesing/Ehlermann, Art. 4 [a.F.] Rn 34
212 *Oppermann*, § 6 Rn 512 a.E.
213 EuGH Rs. 180/90 (*Vereinigtes Königreich/Kommission)*, Slg. 1982, 2545, 2573

7 EG heranzuziehen. Dem EGV insgesamt lassen sich keinerlei Anhaltspunkte für die Vorrangigkeit etwa der Rechtsakte des Rates gegenüber denen der Kommission finden. Allein die Tatsache, dass die Kommission nur eine untergeordnete Rechtssetzungsfunktion innehat, rechtfertigt es nicht, von einer Nachrangigkeit der von ihr erlassenen Rechtsakte auszugehen[214].

Zwar lassen sich hinsichtlich des Normsetzungsverfahrens zwischen den Richtlinien zur Koordinierung der öffentlichen Aufträge und der Richtlinie über den elektronischen Geschäftsverkehr Unterschiede feststellen; letztere ist zustandegekommen auf Vorschlag der Kommission, nach Stellungnahme des Wirtschafts- und Sozialausschusses gemäß dem Verfahren des Artikels 251 des EG[215] und erlassen worden vom Europäischen Parlament und dem Rat. Die – noch bis 2006 fortgeltenden – Vergaberichtlinien 92/50/EWG (DKR), 93/36/EWG (LKR) und 93/37/EGW (BKR) sind dagegen erlassen worden alleine vom Rat der Europäischen Gemeinschaften auf Vorschlag der Kommission in Zusammenarbeit mit dem Europäischen Parlament nach Stellungnahme des Wirtschafts- und Sozialausschusses[216].

Da eine Hierarchie zwischen den Organen der Gemeinschaft nicht besteht, kann es auch auf ein „quantitatives Mehr“ im Rechtssetzungsverfahren bei den erlassenden Organen nicht ankommen. Die Tatsache, dass eine Richtlinie vom Rat alleine – jedoch in Zusammenarbeit mit dem Europäischen Parlament – und eine andere Richtlinie von Rat und Parlament gemeinsam erlassen worden ist, rechtfertigt es nicht, einen Vorrang des einen Rechtsaktes zum anderen anzunehmen, ist doch das Erlassverfahren nur Ausdruck der allgemeinen Kompetenzverteilung für die unterschiedlichen, thematischen Regelungsbereiche zwischen den Organen.

Das Konkurrenzverhältnis zwischen den Richtlinien ist auf diesem Wege nicht klärbar.

### 2.2.3 Lösung der Vorrangfrage mittels des „lex posterior“-Grundsatzes

Darüber hinaus findet sich der Ansatz, die Vorrangfragen zwischen gleichrangigen Sekundärrechtsakten mittels der „lex-posterior“-Regel zu lösen.

---

214 So auch *Grabitz* in Grabitz/Hilf, Art. 189 [a.F.] Rn 21

215 Vgl. Text der Richtlinie 2000/31/EG v. 08. Juni 2000 Amtsblatt Nr. L 178 v. 17.07.2000 S. 1-16

216 Vgl. etwa für die Richtlinie zur Koordinierung der Verfahren zur Vergabe öffentlicher Bauaufträge 93/37/EWG des Rates geändert zuletzt durch die Richtlinie 97/52/EG v. 13. Oktober 1997 Amtsblatt Nr. L 328 v. 28.11.1997, S. 1 ff.. Ergänzend sei angemerkt, dass die Richtlinien 2004/18/EG und 2004/17/EG ebenfalls gemäß dem Verfahren des Artikels 251 EG erlassen wurden und lediglich zusätzlich eine Stellungnahme des Ausschusses der Regionen erfolgte.

Behandeln zwei Normen denselben Sachverhalt, so wird die ältere Norm durch die jüngere verdrängt[217], lex posterior derogat legi priori. Dass dem so ist, folgt nicht schon aus formallogischen Gründen, sondern aus der Erwägung, dass die Möglichkeit des Gesetzgebers besteht, eine Rechtsnorm durch eine andere (gleichartige) Rechtsnorm später abzuändern. Soweit diese Regel nicht zutrifft, wird das ältere Recht durch das jüngere Recht nicht abgeändert. Die Konkurrenzregel gilt also beispielsweise nicht zwischen Verfassungsrecht und einfachen Gesetzen, weil die Verfassung als höherrangige Norm nicht durch einfaches Gesetz geändert werden kann.
Zur Frage der Übertragbarkeit dieser Regel auf sekundäre Rechtsakte der Gemeinschaft liegt Rechtsprechung des EuGH nicht vor. Einhellig befürwortet jedoch die Literatur[218] eine Anwendung dieser Regel, wenngleich mit gewissen Modifikationen[219]:
Ein Vorrang des späteren Rechtsaktes sei nur dann anzunehmen, wenn dieser vom gleichen Organ, im gleichen – jedenfalls nicht milderen Verfahren – und nicht auf einem ganz anderen Gebiet erlassen worden sei.

### 2.2.4 Stellungnahme und Übertragung auf das Verhältnis Richtlinien zueinander

Es ist grundsätzlich methodisch richtig und sachlich notwendig, diese Regel auch auf das Verhältnis zwischen sekundären Rechtsakten untereinander zu übertragen. Wollte man den Grundsatz nicht gelten lassen, so wären die Organe der Gemeinschaft gezwungen, in jedem Fall einen zeitlich vorhergehenden Akt ausdrücklich aufzuheben, um einer neu erlassenen Regelung Geltung zu verschaffen. Man würde den Rechtssetzungsorganen die Möglichkeit nehmen, einen Änderungswillen durch Erlass divergierender Vorschriften überhaupt zu besitzen und wenigstens konkludent zum Ausdruck zu bringen.

Zunächst bedarf es also eines Erlasses durch gleiche Organe der Gemeinschaft. Diese Voraussetzung ist bedingt durch den Grundsatz der Gleichrangigkeit von Akten der verschiedenen rechtssetzenden Organen und verbietet es diesen, die jeweiligen Akte des anderen Organs ausdrücklich und erst recht stillschweigend abzuändern. Da die Richtlinie über den elektronischen Geschäftsverkehr von Parlament und Rat, die Vergaberichtlinien dagegen vom Rat alleine erlassen worden sind, liegt dieses Erfordernis vor. Wenn ein Organ seine eigenen Rechtsakte mit-

---

[217] Vgl. für das Konkurrenzverhältnis nationalen Rechts BVerwGE 85, 289, 292 Zur Unterscheidung zwischen formeller und materieller Derogation von Rechtsnormen durch die lex posterior *Bydlinski*, S. 572, 573

[218] *Hetmeier* in Lenz, Art. 249 Rn 21; *Grabitz* in Grabitz/Hilf, Art. 189 [a.F.] Rn 22; *Ruffert* in Calliess/Ruffert, Art. 249 Rn 11; *Schmidt* in Ehlermann/Bieber I A 89 Rn 23; *Bleckmann*, § 8 Rn 526

[219] *Schmidt* in Groeben/Thiesing/Ehlermann Art. 189 [a.F.] Rn 23 m.w.N.

tels eines späteren Rechtsaktes abändern kann, dann gilt dies auch dann, wenn bei Erlass des späteren Rechtsaktes noch ein zusätzliches Organ beim Erlass mitwirkt. Der Grundsatz der Gleichberechtigung der Organe wird dadurch keinesfalls durchbrochen; der Rat bleibt „Herr" seiner eigenen Rechtsakte.
Auch ein milderes Erlassverfahren lässt sich nicht feststellen; das Gegenteil ist der Fall. Da die Richtlinie über den elektronischen Geschäftsverkehr von zwei Gemeinschaftsorganen gemeinsam erlassen worden ist, liegt ein strengeres Erlassverfahren vor, so dass auch diese zusätzliche Voraussetzung der Anwendbarkeit der „lex-posterior"-Regel gegeben ist.

Der zeitlich nachfolgende Akt dürfte des weiteren jedoch nicht auf einem ganz anderen Gebiet erlassen worden sein[220], da in diesem Fall ein bewusster Änderungswille der Behörde nicht anzunehmen ist.

Grundsätzlich verfolgt die Europäische Gemeinschaft mit der Richtlinie über den elektronischen Geschäftsverkehr das Ziel, dass der elektronische Geschäftsverkehr „die Chancen des Binnenmarktes voll nutzen kann"[221] und eine „Reihe rechtlicher Hemmnisse für das reibungslose Funktionieren des Binnenmarktes"[222] abgebaut werden, indem es zu einer „Koordinierung bestimmter innerstaatlicher Rechtsvorschriften und Klarstellung von Rechtsbegriffen auf Gemeinschaftsebene"[223] kommt.
Es fehlt aber jeglicher Anhaltspunkt für den zwingend erforderlichen Willen, die Vergaberichtlinien abändern zu wollen. Vielmehr lassen gerade die neueren vergaberechtlichen Richtlinien 2004/18/EG und 2004/17/EG den Schluss zu, dass die Vergaberichtlinien durch die Richtlinie über den elektronischen Geschäftsverkehr nicht in Teilen abgeändert werden sollten. Nur so ist zu erklären, dass darin ausdrücklich die E-Commerce-Richtlinie auch im Bereich öffentlicher Auftragsvergabe für anwendbar erklärt wird[224].

Will man diesem Abschnitt der Richtlinie nicht nur rein deklaratorischen Charakter beimessen, so verbleibt nur die Folgerung, dass mit Erlass der Richtlinie über den elektronischen Geschäftsverkehr die Vergaberichtlinien gerade nicht abgeändert werden sollten.
Da ein solcher Abänderungswille aber Voraussetzung dafür ist, dass nachfolgende Rechtsakte vorhergehende Rechtsakte – wenigstens in Teilen – abändern und demzufolge inhaltlich verdrängen, kann vorliegend nicht davon ausgegangen

---

220 *Schmidt* in Groeben/Thiesing/Ehlermann Art. 189 [a.F.] Rn 23 m.w.N.
221 Begründungserwägung Nr. 4 der RiLi 2000/31/EG ABl. Nr. L 178 v. 17.07.2000, S. 1 ff.
222 Begründungserwägung Nr. 5 der RiLi 2000/31/EG ABl. Nr. L 178 v. 17.07.2000, S. 1 ff.
223 Begründungserwägung Nr. 6 der RiLi 2000/31/EG ABl. Nr. L 178 v. 17.07.2000, S. 1 ff.
224 Begr.-Erw. 37 der Richtlinie 2004/18/EG.

werden, dass die E-Commerce-Richtlinie als „lex posterior“ den Vergaberichtlinien hinsichtlich der Zulässigkeit digitaler Angebote vorgeht.

### 2.2.5 Lösung der Vorrangfrage mittels des „lex specialis“-Grundsatzes

Letztlich bleibt nur die Möglichkeit, das Konkurrenzverhältnis zwischen den Richtlinien mithilfe des Grundsatzes „lex specialis derogat legi generali“ zu klären.
Der Grundsatz „lex specialis derogat legi generali“ (Spezialitätsgrundsatz) enthält die wichtigste Regelung der Normenkonkurrenz und ist auch sonst für die Rechtsanwendung von überragender Bedeutung[225].

Die Frage, ob das Spezialitätsprinzip im Verhältnis sekundärer Rechtsakte zueinander Anwendung findet, wurde von der Rechtsprechung bisher nicht, von der Literatur bisher nur unklar beantwortet. So geht *Hetmeier*[226] für die Klärung des Rangverhältnisses des Gemeinschaftsrechts davon aus, dass auf „allgemeine Auslegungsgrundsätze“ zurückgegriffen werden müsse, womit ersichtlich auch die allgemeine Methodik der Rechtsanwendung gemeint sein soll[227]. In ähnlicher Weise, wenngleich auch ohne ausdrückliche Erwähnung, greift *Schoo*[228] auf allgemeine Rechtsgrundsätze zurück, indem er zahlreiche nationale Vorrangregeln, so wohl auch die „lex-specialis“-Regel, für anwendbar hält.
Allein bei *Ruffert*[229] findet sich eine eindeutige Aussage: „Außerdem ist zwischen den einzelnen Sekundärakten das Prinzip *lex specialis derogat legi generali* (Das spezielle Gesetz verdrängt das allgemeine) anwendbar.“[230]

### 2.2.6 Stellungnahme und Übertragung auf das Verhältnis der Richtlinien zueinander

Der Aussage Rufferts ist zuzustimmen. Die Spezialitätsregel ist von überragender Bedeutung für die Methode der Rechtsgewinnung. Durch sie kann ohne ausdrückliche gesetzliche Regelung ein Anwendungsvorrang zweier Rechtsnormen festgestellt werden, soweit sich ihre Regelungsbereiche überschneiden. Dafür besteht auch auf der Ebene sekundären Gemeinschaftsrechts – wie die vorliegende Situation zeigt – erheblicher Bedarf. Keinesfalls kommt es für die Anwendbarkeit des Spezialitätsgrundsatzes auf die Rechtsnatur der Regelung an. Genauso, wie sich mit dessen Hilfe das Rangverhältnis zwischen Rechtsverordnungen oder Gesetzen auf nationaler Ebene klären lässt, ist dies auch bei Gemeinschaftsrechtlichen

---

225 Vgl. einführend zum Grundsatz der Spezialität *Röhl*, § 73, S. 601; *Vogel*, § 4, S. 61
226 *Hetmeier* in Lenz, Art. 249 Rn 21
227 Vgl. die weiteren Ausführungen bei *Hetmeier* in Lenz, Art. 249 Rn 21
228 *Schoo* in Ehlermann/Bieber, I A 89 Rn 21ff.
229 *Ruffert* in Calliess/Ruffert, Art. 249 Rn 11
230 *Ruffert* in Calliess/Ruffert, Art. 249 Rn 11

Richtlinien möglich, da die Voraussetzungen, die dafür erfüllt sein müssen, um eine Norm als „spezieller" zu bezeichnen, grundsätzlich auch bei diesen vorzufinden sein können.
Mithin kann das Verhältnis zwischen der EC-Richtlinie und den Vergaberichtlinien möglicherweise mit Hilfe des Spezialitätsgrundsatzes geklärt werden. Seiner grundsätzlichen Anwendbarkeit stehen rechtliche Erwägungen jedenfalls nicht entgegen.

Wendet man die Spezialitätsregel auf das Verhältnis der miteinander konkurrierenden Rechtsnormen an, so ist zunächst von Bedeutung, unter welchen Voraussetzungen eine Norm als „spezieller" bezeichnet werden kann.

Erforderlich dafür ist, dass

- die speziellere Norm zumindest für einen Teil ihres Anwendungsbereichs mit den Voraussetzungen der allgemeineren Norm deckungsgleich ist[231] und
- die speziellere Norm eine oder mehrere zusätzliche Voraussetzungen enthält, die ihren Anwendungsbereich einengen[232].

Die Fälle der Spezialität sind freilich nicht auf solche beschränkt, die sich bereits aus einer wie oben dargestellten Logik ergeben. Eine speziellere Norm liegt vor und ist vorrangig, wenn und soweit sie eine inhaltsreichere Regelung enthält, deren Eingreifen nicht durch Rückgriff auf eine andere und allgemeinere Ordnung vereitelt werden darf[233]. Letztlich entscheidend neben formallogischen Ansatzpunkten ist dementsprechend die Auslegung der Rechtsnormen, die zweckmäßiger Weise teleologisch und historisch zu erfolgen hat.

#### 2.2.6.1 Partielle Deckungsgleichheit der Richtlinien

Wie schon einleitend aufgezeigt, enthalten die E-Commerce-Richtlinie und die noch bis 2006 fortgeltenden Vergaberichtlinien[234] deckungsgleiche Bereiche, eine Schnittmenge an Regelungsgegenständen, die auch durch die entsprechenden Vorschriften über die Übermittlung von Angeboten in der Richtlinien 2004/18/EG und 2004/17/EG nicht maßgeblich modifiziert werden[235].

Sie befassen sich jedenfalls auch thematisch mit dem Abschluss von Verträgen auf elektronischem Wege. Während die Richtlinie über den elektronischen Ge-

---

231 *Zippelius*, § 7c, S. 38
232 *Vogel*, § 4, S. 62; *Zippelius*, § 7c, S. 38
233 *Koller*, S. 193
234 Richtlinien 93/37/EWG (BKR), 93/36/EWG (LKR) und 92/50/EWG (DKR) in ihren jeweils aktuellen Fassungen.
235 Vgl. Art. 42 Richtlinie 2004/18/EG sowie Art. 48 Richtlinie 2004/17/EG

schäftsverkehr die Nichtdiskriminierung elektronische Vertragsschlüsse zum Ziel hat, regeln die Vergaberichtlinien, unter welchen Voraussetzungen bei der Vergabe öffentlicher Aufträge elektronische Kommunikationsmittel eingesetzt werden können.
Sowohl im Anwendungsbereich der E-Commerce-Richtlinie als auch im Anwendungsbereich der Vergaberichtlinien können Verträge auf elektronischem Wege angebahnt und geschlossen werden. Entscheidender Unterschied ist jedoch, dass die Vergaberichtlinien – anders als die E-Commerce-Richtlinie – keine Gleichstellung zwischen Verträgen in Schriftform und unter Einsatz elektronischer Kommunikationsmittel zustandegekommenen Verträgen zum Ziel haben, sondern vielmehr dem öffentlichen Auftraggeber nur eine zusätzliche Option eröffnen wollen.

#### 2.2.6.2 Eingeengter Anwendungsbereich der spezielleren Norm aufgrund zusätzlicher Tatbestandselemente

Fraglich ist, ob die Vergaberichtlinien in Bezug auf die zulässige Form der Angebote zusätzliche Tatbestandsmerkmale und damit einen engeren Anwendungsbereich aufweisen, als die E-Commerce-Richtlinie.

Bereits die Bezeichnung der Richtlinien hat indiziellen Charakter hinsichtlich des Spezialitätsverhältnisses: Während die Richtlinie 2000/31/EG als „Richtlinie über den elektronischen Geschäftsverkehr" bezeichnet worden ist, wurden die materiellen Vergaberichtlinien als „Richtlinie zur Koordinierung der Verfahren zur Vergabe öffentlicher Bauaufträge"[236], „Richtlinie über die Koordinierung der Verfahren zur Vergabe öffentlicher Lieferaufträge"[237] sowie „Richtlinie über die Koordinierung der Verfahren zur Vergabe öffentlicher Dienstleistungsaufträge"[238] bezeichnet[239].
Während „der elektronische Geschäftsverkehr" bereits ausgehend vom Wortlaut in einem umfassenden Sinn verstanden werden muss, beschränken sich die materiellen Vergaberichtlinien auf Regelungen in Teilbereichen, nämlich die Vergabe von Bau-, Liefer- und Dienstleistungsaufträgen. Nur ausgewählte Vertragstypen werden von ihnen jeweils erfasst, während die Richtlinie über den elektronischen Geschäftsverkehr ersichtlich sämtliche Vertragstypen erfassen soll.

---

236 Richtlinie 93/37/EWG des Rates zuletzt geändert durch die Richtlinie 97/52/EG vom 13. Oktober 1997 [sog. Baukoordinierungsrichtlinie]

237 Richtlinie 93/36/EWG des Rates zuletzt geändert durch die Richtlinie 97/52/EG vom 13. Oktober 1997 [sog. Lieferkoordinierungsrichtlinie]

238 Richtlinie 92/50/EWG des Rates zuletzt geändert durch die Richtlinie 97/52/EG vom 13. Oktober 1997 [sog. Dienstleistungskoordinierungsrichtlinie]

239 Gleiches lässt sich auch an der zusammenfassenden Richtlinie 2004/18/EG feststellen, die als „Richtlinie über die Koordinierung der Verfahren über die Vergabe öffentlicher Bauaufträge, Lieferaufträge und Dienstleistungsaufträge" bezeichnet ist.

Die generelle Anwendbarkeit der Richtlinie über den elektronischen Geschäftsverkehr sowie die nur eingeschränkte Anwendbarkeit der materiellen Vergaberichtlinien finden über den Wortlaut hinaus eine Stütze in den Erwägungsgründen sowie in den Definitionen innerhalb der Richtlinientexte.
So soll die Richtlinie über den elektronischen Geschäftsverkehr gewährleisten, dass „der elektronische Geschäftsverkehr die Chancen des Binnenmarktes voll nutzen kann“[240], jeder Mitgliedstaat Rechtsvorschriften ändert, „in denen Bestimmungen festgelegt sind, die die Verwendung elektronisch geschlossener Verträge behindern könnten“[241], und es so ermöglicht wird, „dass es möglich ist, elektronisch geschlossene Verträge zu verwenden“[242].
Sinn und Zweck der Richtlinie sowie die von den Rechtssetzungsorganen beabsichtigten Ergebnisse auf nationaler Ebene sind abstrakt und allgemein beschrieben und in diesem weiten Sinn zu verstehen.
Die materiellen Vergaberichtlinien dagegen dienen ausdrücklich der „Verwirklichung der Niederlassungsfreiheit und des freien Dienstleistungsverkehrs auf dem Gebiet der öffentlichen Bauaufträge“[243] sowie dazu, dass „auf dem Gebiet des öffentlichen Auftragswesens ein echter Wettbewerb entsteht“[244]. Auch die Richtlinie 2004/18/EG statuiert dies, indem sie die Mitgliedsstaaten bei der Vergabe von Aufträgen an die Grundsätze des EGV, insbesondere des freien Warenverkehrs, der Niederlassungsfreiheit sowie der Dienstleistungsfreiheit bindet[245].
Schon die Ziele, die mit Erlass der Baukoordinierungsrichtlinie verfolgt wurden, sind ausschließlich auf einen bestimmten Teilbereich des Vertragesschlusses bezogen; so sind die in den Erwägungsgründen genannten öffentlichen Bauaufträge nach der Legaldefinition in Art. 1a der BKR solche, „die zwischen einem Unternehmer und einem [...] öffentlichen Auftraggeber geschlossenen [...] Verträge über entweder die Ausführung oder gleichzeitig die Ausführung und die Planung von Bauvorhaben [...].“
Diese zivilrechtlichen Verträge, welche grundsätzlich unter bestimmten Voraussetzungen auch von der Richtlinie über den elektronischen Geschäftsverkehr tatbestandlich erfasst sein können, werden aus besonderen Gründen weiteren Rechtsvorschriften unterworfen. Insbesondere der 6. Erwägungsgrund der Änderungs-

240 4. Erwägungsgrund der Richtlinie 2000/31/EG des Europäischen Parlaments und des Rates
241 34. Erwägungsgrund der Richtlinie 2000/31/EG des Europäischen Parlaments und des Rates
242 34. Erwägungsgrund der Richtlinie 2000/31/EG des Europäischen Parlaments und des Rates
243 2. Erwägungsgrund der Richtlinie 93/37/EWG des Rates, zuletzt geändert durch die Richtlinie 97/52/EG
244 10. Erwägungsgrund der Richtlinie 93/37/EWG des Rates, zuletzt geändert durch die Richtlinie 97/52/EG; gleich- oder ähnlichlautende Formulierungen finden sich auch in den Erwägungsgründen zur Lieferkoordinierungsrichtlinie sowie zur Dienstleistungskoordinierungsrichtlinie
245 2. Erwägungsgrund der Richtlinie 2004/18/EG des Europäischen Parlaments und des Rates

richtlinie 97/52/EG des Parlaments und des Rates[246] macht dies besonders deutlich:
„Die für Unternehmen und Erzeugnisse der Mitgliedstaaten aufgrund des Vertrages bestehenden Möglichkeiten des Zugangs zu öffentlichen [...] Aufträgen müssen bei der Auftragsvergabe durch den Auftraggeber im Sinne des Beschaffungsübereinkommens mindestens ebenso günstig sein wie die Bedingungen, die dieses Übereinkommen für Unternehmen und Erzeugnisse aus Drittländern, dies es unterzeichnet haben, in Bezug auf den Zugang zu öffentlichen Aufträgen innerhalb der Gemeinschaft vorsieht."
Gerade im für Unternehmen wichtigen Bereich des öffentlichen Beschaffungswesens sah und sieht man das Erfordernis, durch Änderung der rechtlichen Rahmenbedingungen die Voraussetzungen dafür zu schaffen, dass ein effektiver Zugang zur öffentlichen Auftragsvergabe gewährleistet ist.
Im Gegensatz dazu erfasst die Richtlinie über den elektronischen Geschäftsverkehr insbesondere auch Verträge zwischen Privatpersonen; Sinn und Zweck der Richtlinien unterscheiden sich also erheblich.
Der aus den genannten Erwägungsgründen deutlich werdende Zweck der materiellen Vergaberichtlinien ist als solcher also bereits wesentlich spezieller als die mit der Richtlinie über den elektronischen Geschäftsverkehr verfolgten Zwecke.
Freilich können die Erwägungsgründe, die zum Erlass der Richtlinien geführt haben, ihren Regelungen zugrunde liegen und insofern für die Auslegung der Rechtsbegriffe eine – wenn auch bedeutende – Rolle spielen können, alleine ein Spezialitätsverhältnis nicht begründen. Sie weisen jedoch bereits in eine Richtung, die vom letztlich entscheidenden Inhalt der miteinander konkurrierenden Richtlinien bestätigt wird:
„Die Mitgliedstaaten stellen sicher, dass ihr Rechtssystem den Abschluss von Verträgen auf elektronischem Wege ermöglicht. Die Mitgliedstaaten stellen insbesondere sicher, dass ihre für den Vertragsabschluß geltenden Rechtsvorschriften weder Hindernisse für die Verwendung elektronischer Verträge bilden, noch dazu führen, dass diese Verträge aufgrund des Umstands, dass sie auf elektronischem Wege zustandegekommen sind, keine rechtliche Wirksamkeit oder Gültigkeit haben."[247]
Die Generalklausel des Art. 9 Abs. 1 der Richtlinie über den elektronischen Geschäftsverkehr verpflichtet die Mitgliedstaaten zur systematischen Überprüfung ihrer Rechtsvorschriften, die sich auf alle Phasen bis zum Vertragsschluss beziehen. Insgesamt ist sie jedoch – was in ihrer Natur als Generalklausel liegt – höchst allgemein formuliert und unter Verwendung unbestimmter Rechtsbegriffe ausgestaltet. Eine Konkretisierung findet sich in der Richtlinie über den elektronischen Geschäftsverkehr nicht.

---

[246] Richtlinie zur Änderung der Dienstleistungs-, Liefer- und Baukoordinierungsrichtlinien
[247] Art. 9 Abs. 1 der Richtlinie über den elektronischen Geschäftsverkehr

Im Gegensatz dazu werden in den materiellen Vergaberichtlinien in den Abschnitten, welche auf den Einsatz elektronischer Kommunikation Bezug nehmen, detaillierte und konkret ausformulierte Anforderungen für die Wirksamkeit digitaler Angebote aufgestellt.
Beispielhaft sei an dieser Stelle auf den Wortlaut der entsprechenden Vorschrift der noch fortgeltenden Baukoordinierungsrichtlinie[248] verwiesen:
„Die Angebote werden schriftlich auf direktem Wege oder mit der Post übermittelt. Die Mitgliedstaaten können zulassen, dass die Angebote auf andere Weise übermittelt werden, sofern gewährleistet ist, dass

- jedes Angebot alle für seine Bewertung erforderlichen Angaben enthält;
- die Angebote umgehend schriftlich oder durch Übermittlung einer beglaubigten Abschrift bestätigt werden, soweit dies aus Gründen des rechtlichen Nachweises erforderlich ist;
- die Öffnung der Angebote nach Ablauf der für ihre Einreichung festgelegten Frist erfolgt."[249]

Zum einen werden besondere Regelungen getroffen, welche im Anwendungsbereich der Richtlinie über den elektronischen Geschäftsverkehr gerade nicht gelten. Die Angebote müssen demnach bestimmte formale Voraussetzungen erfüllen, insbesondere die Wahrung der Vertraulichkeit bis zu ihrer Bewertung sicherstellen, ein Gesichtspunkt der im sonstigen vertragsrechtlichen Bereich gerade nicht von dieser übergeordneten Bedeutung ist. Des weiteren ist es unter den genannten Umständen erforderlich, die Angebote umgehend schriftlich oder durch Übermittlung einer beglaubigten Abschrift zu bestätigen. Auch dies gilt im Anwendungsbereich der Richtlinie über den elektronischen Geschäftsverkehr nicht, stellt also eine besondere, zusätzliche Voraussetzung dar und steht sogar möglicherweise mit den von der Richtlinie über den elektronischen Geschäftsverkehr verfolgten Zwecken im Widerspruch.
Zum anderen stellen es die Vergaberichtlinien den Mitgliedstaaten frei, derartige digitale Angebote zuzulassen, was die Verwendung der Formulierung „können" zeigt. Diese Entscheidungsfreiheit gilt jedoch ausschließlich im Anwendungsbereich der Vergaberichtlinien; Art. 9 Abs. 1 der Richtlinie über den elektronischen Geschäftsverkehr verpflichtet dagegen die Mitgliedstaaten zu einem bestimmten Vorgehen („... stellen sicher").

Aufgrund dieser zusätzlichen, allein für das öffentliche Auftragswesen geltenden Besonderheiten in den Vergaberichtlinien[250], die zum Teil erhebliche Abweichungen zur Richtlinie über den elektronischen Geschäftsverkehr darstellen, liegen

---

[248] Vgl. Art. 82 i.V.m. Art. 80 Richtlinie 2004/18/EG
[249] Art. 18 Abs. 2 Baukoordinierungsrichtlinie
[250] Richtlinien 93/37/EWG, 93/36/EWG und 92/50/EWG

insgesamt die Voraussetzungen dafür vor, diese Richtlinien in Bezug auf die Verpflichtung, elektronische Angebote zuzulassen, als leges speciales gegenüber der Richtlinie über den elektronischen Geschäftsverkehr zu qualifizieren. Nur im Beschaffungswesen ist der Mitgliedstaat als Adressat der Richtlinie in seiner Entscheidung darüber, ob es überhaupt die Möglichkeit der elektronischen Angebotsabgabe geben soll, frei und nur im Beschaffungswesen müssen – wenn elektronische Angebote überhaupt zugelassen werden – diese bestimmte formale Voraussetzungen erfüllen.
Gelten die Vergaberichtlinien nicht, so sind – im Gegenteil – die Anforderungen an elektronische Willenserklärungen, die die Richtlinie über den elektronischen Geschäftsverkehr aufstellt, weitaus geringer; so ist insbesondere die Abgabe einer Willenserklärung per E-Mail nicht ausgeschlossen.

Auch der ganz überwiegende Teil der Literatur geht davon aus, dass die Vergaberichtlinien jedenfalls in Bezug auf die Verpflichtung, elektronische Angebote zuzulassen, leges speciales seien.
*Malmendier*[251] folgert diesen Umstand daraus, dass es die Vergaberichtlinien bewusst bei der geschilderten Möglichkeit der Mitgliedstaaten beließen, Angebote auch in anderer Form als schriftlich zuzulassen.
*Antweiler*[252] stellt schwerpunktmäßig auf die im Vergabewesen besonders erhebliche Vertraulichkeit ab: „Um die Vertraulichkeit zu sichern, stellt die Richtlinie 97/52/EG Spezialregelungen für die Zulassung elektronische Angebote im Vergabeverfahren auf. Diese gehen der E-Commerce-Richtlinie vor."[253]

*Mosbacher*[254] endlich sieht die Spezialität der Vergaberichtlinien begründet in den besonderen Vorschriften zur Angebotsabgabe selber und die an diese zu stellenden Anforderungen: „Es kommt hinzu, dass die bestehenden Vergaberichtlinien bereits jetzt Einzelheiten über Form und Verfahren regeln, die zum Vertragsschluss zwischen und öffentlichem Auftraggeber führen (etwa Angebotsabgabe und speziellere Anforderungen an digitale Angebote wie Verschlüsselung und Verwahrungspflicht). Daher sind die existierenden Vergaberichtlinien als leges speciales zur E-Commerce-Richtlinie zu sehen."[255]

Soweit *Müller*[256] die E-Commerce-Richtlinie für <u>generell</u> auf den Vorgang staatlicher oder staatsnaher Beschaffungsvorgänge unanwendbar hält, dürfte diese Auf-

---

251 *Malmendier*, VergabeR 2001, 178, 189
252 *Antweiler*, CR 2001, 717, 719
253 *Antweiler*, CR 2001, 717, 719
254 *Mosbacher*, DÖV 2001, 573, 579
255 *Mosbacher*, DÖV 2001, 573, 579
256 *H.-M. Müller* in Byok/Jaeger, § 15 VgV Rn 1619

fassung vor Inkrafttreten der Richtlinie über die Koordinierung der Verfahren zur Vergabe öffentlicher Bauaufträge, Lieferaufträge und Dienstleistungsaufträge[257] gut begründbar gewesen sein. Nachdem die Begründungserwägungen nunmehr jedoch eine generelle Anwendbarkeit gerade auch der E-Commerce-Richtlinie vorsehen[258] wird man eine generelle Unanwendbarkeit nicht weiter annehmen können, sondern die Unanwendbarkeit auf denjenigen Bereich der Richtlinie beschränken müssen, hinsichtlich dessen die materiellen Vergaberichtlinien speziellere Vorschriften beinhalten.

Einzig *Höfler*[259] vertritt offensichtlich eine divergierende Ansicht. Seines Erachtens verstoßen die nationalen Vergabevorschriften gegen die E-Commerce-Richtlinie, die generell auf den Vorgang öffentlicher Beschaffung anwendbar sei. Auf dem Weg zu dieser Erkenntnis wird von ihm ein Vorrang dieser Richtlinie gerade auch in Bezug auf solche Vorschriften der materiellen Vergaberichtlinien[260] unterstellt, die hinsichtlich der Form der Angebote besondere Vorschriften enthalten.
Eine Prämisse, die – wie gezeigt – nicht haltbar ist.

### 4. Zusammenfassung der Ergebnisse

Die Richtlinie über den elektronischen Geschäftsverkehr gilt im Vergaberecht nicht uneingeschränkt. Jedenfalls in Bezug auf die Form der Angebote enthalten die materiellen Vergaberichtlinien Sonderregelungen, die eine Anwendung der Richtlinie über den elektronischen Geschäftsverkehr insoweit ausschließen. Dies folgt daraus, dass diese Richtlinien als leges speciales im Bereich des Vergaberechts eingeordnet werden müssen.
Demnach muss das deutsche Vergaberecht auch nicht – anders als im Anwendungsbereich der E-Commerce-Richtlinie – eine völlige, rechtliche Gleichbehandlung elektronischer und schriftlicher Angebote vorsehen. Es ist vielmehr europarechtskonform, die Entscheidung über die Zulassung digitaler Angebote in das Ermessen der Behörde zu stellen.
Es gibt damit keinen „Anspruch auf Abgabe digitaler Angebote“, sondern die Einsatzmöglichkeit elektronischer Kommunikationsmittel ist abhängig vom Willen des öffentlichen Auftraggebers – so, wie es die Vergaberichtlinien vorsehen. Ein Umsetzungsdefizit ist damit auch nach Verabschiedung der Richtlinie über die Koordinierung der Verfahren zur Vergabe öffentlicher Bauaufträge, Lieferaufträge und Dienstleistungsaufträge nicht feststellbar.

---

257 Richtlinie 2004/18/EG
258 vgl. Begr.-Erw. 37 der Richtlinie 2004/18/EG
259 *Höfler*, NZBau 2001, 449, 449
260 Richtlinien 93/37/EWG, 93/36/EWG und 92/50/EWG i.V.m. Artt. 82, 80 Richtlinie 2004/18/EG

## Kapitel V
## Ermessensfehler bei der Entscheidung über die Zulassung elektronischer Angebote

### 1. Problemlage

Die Entscheidung über die Zulassung digitaler Angebote im Vergabeverfahren wurde der vergebenden Behörde überlassen. Diese „kann“ nach den Vorschriften der Verdingungsordnung bzw. der Vergabeverordnung die elektronische Angebotsabgabe akzeptieren.

Dafür ist es erforderlich, die Zulassung dieser Form der Angebote ausdrücklich in den Verdingungsunterlagen zu erklären[261]. Fraglich ist jedoch, ob damit diese Entscheidung auch im Belieben der Behörde steht.

Was gilt, wenn sie sowohl über die technischen Voraussetzungen, als auch über das erforderliche Fachwissen verfügt, um den Vorgang elektronischer Vergabe auch in tatsächlicher Hinsicht abzuwickeln? Was gilt, wenn die Behörde bereits mehrfach elektronische Verfahren durchgeführt hat? Kann sie dann für die Zukunft die Nutzung der elektronischen Form wieder ausschließen, diese also in den Verdingungsunterlagen ausdrücklich nicht zulassen?

Zur Klärung dieser Fragen kommt es maßgeblich auf die Bedeutung der „kann“-Vorschriften in den Verdingungsordnungen an. Fraglich ist jedoch, an welchen rechtlichen Maßstäben man die Entscheidung der vergebenden Behörde über die Zulassung digitaler Angebote überprüfen kann.

Wenn es sich bei der Entscheidung der Behörde über die Akzeptanz elektronischer Angebote um einen Verwaltungsakt handelt, wäre § 21 VOB/A i.V.m. VgV und GWB eine Ermessensnorm, auf welche die für die Überprüfung derartiger Entscheidungen entwickelte Ermessensfehlerlehre Anwendung finden kann. Soweit eine derartige Qualifikation der Entscheidung nicht in Betracht kommt, bleibt nur eine Einordnung als sonstiges öffentlich-rechtliches oder als fiskalprivatrechtliches Handeln.

Dann ist fraglich, ob und inwieweit die ursprünglich für die Überprüfung von Ermessensverwaltungsakten entwickelte Lehre von den Ermessensfehlern auf den hier in Frage stehende behördliche Entscheidung übertragen werden kann.

Wenn die Anwendung der Ermessensfehlerlehre auch für „Nichtverwaltungsakte“ wenigstes entsprechend in Betracht kommt, dann steht fest, dass der Staat die Entscheidung über die Zulassung digitaler Angebote jedenfalls nicht in freiem Belieben treffen darf.

---

[261] Vgl. für Bauvergabeverfahren § 10 Nr. 5 Abs. 2 lit. h VOB/A

## 2. Die Rechtsnatur der Entscheidung über die Zulassung digitaler Angebote gem. § 15 VgV bzw. gem. § 21 VOB/A

### 2.1 Qualifikation als Verwaltungsakt

#### 2.1.1 Verwaltungsakte im Zusammenhang mit dem Abschluss zivilrechtlicher Verträge

Allein die Tatsache, dass Behörde und Auftragnehmer am Ende des Vergabeverfahrens einen nach den Regeln des bürgerlichen Rechts zu beurteilenden Vertrag schließen, impliziert nicht zwingend, das gesamte vorherige Verhalten und sämtliche vorangehenden Akte der Behörde ebenfalls dem Privatrecht zuzuordnen. Dies folgt schon aus der einfachen Überlegung heraus, dass die Grenze zwischen „Verwaltungstätigkeit" und Beginn eines rein privatrechtlich zu beurteilenden Vergabeverfahrens nicht scharf zu ziehen ist, vielmehr in der Praxis eine Phase in die andere übergehet. Auch vor Abschluss eines zivilrechtlichen Vertrages kann eine Behörde öffentlich-rechtlich tätig werden und Verwaltungsakte erlassen.

Für die Qualifikation der Entscheidung über die Zulassung bzw. die Nichtzulassung digitaler Angebote kommt es daher nicht in Betracht, das gesamte, dem Vertragsschluss vorangehende Verhalten der Behörde durch das zu erreichende Ziel, den Abschluss des privatrechtlichen Vertrages, im Wege eines Automatismus rechtlich ebenso einzuordnen. Würde sich die Qualifikation behördlichen Handelns alleine nach der Rechtsqualität des Ergebnisses richten, so bliebe insbesondere für die mittlerweile in vielen Bereichen behördlichen Handelns allgemein anerkannte „Zwei-Stufen-Theorie" kein Raum; sie wäre schon aus Gründen der Logik ausgeschlossen. Das Gegenteil ist aber gerade der Fall: unstreitig geht der Gewährung einer Subvention im Wege des Abschlusses eines (zivilrechtlichen) Darlehensvertrages ein Verwaltungsakt voran[262]; gleiches gilt für den „Lehrbuchfall" der Zulassung zu einer öffentlich-rechtlichen Einrichtung. Vor Abschluss des zivilrechtlichen Vertrages ergeht auch hier zunächst ein Verwaltungsakt[263]. Zwar betrifft der Verwaltungsakt in den dargestellten Fällen das „ob" des Vertragsschlusses. Dafür, dass die Zwei-Stufen-Theorie sich auf diese Fälle beschränkt, sind jedoch Gründe nicht ersichtlich. Vielmehr kann ein Verwaltungsakt auch eine nur mittelbare Auswirkung auf den Vertrag haben[264].

---

[262] Vgl. statt vieler *Kopp/Ramsauer*, § 35 VwVfG Rn 41

[263] Vgl. statt vieler *Kopp/Ramsauer*, § 35 VwVfG Rn 42

[264] Darüber hinaus ist ein weiterer Umstand zu bedenken: Mit guten Gründen könnte man auch der Auffassung sein, die Entscheidung über die zugelassene Form der Angebote habe sogar eine *unmittelbare* Auswirkung auf den Vertrag, sei also hinsichtlich der Situation mit den Fällen „klassischer Anwendbarkeit" der Zwei-Stufen-Theorie identisch; praktisch wird eine Abgrenzung wohl an nicht entwickelbaren klaren Kriterien scheitern, was wiederum dafür spricht, den hier diskutierten Fall entsprechend zu behandeln.

Auch steht der Qualifikation der Entscheidung der Behörde als Verwaltungsakt nicht bereits die Tatsache entgegen, dass der unterlegene Bieter seine Rechte in einem bestimmten Verfahren vor den Vergabekammern und (im Wege der sofortigen Beschwerde) vor den Vergabesenaten der Oberlandesgerichte, also jedenfalls in zweiter Instanz innerhalb der ordentlichen Gerichtsbarkeit, geltend machen muss (vgl. §§ 102 ff. GWB).
Dem VwVfG unterliegt jede öffentlich-rechtliche Verwaltungstätigkeit, auch wenn ihre Kontrolle einem anderen Rechtsweg zugewiesen ist. Dies gilt insbesondere für solche Bereiche der Verwaltungstätigkeit, die den ordentlichen Gerichten zur Überprüfung zugewiesen sind[265].

Die Entscheidung der Behörde, digitale Angebote zuzulassen, ist daher isoliert hinsichtlich ihrer Qualität – ohne Rücksicht auf den im folgenden abzuschließenden zivilrechtlichen Vertrag und den einschlägigen Rechtsweg – zu untersuchen.
Ob die Zulassung oder Nichtzulassung digitaler Angebote ein Verwaltungsakt ist, hängt davon ab, ob das behördliche Verhalten die Merkmale des § 35 VwVfG aufweist.
Der Verwaltungsakt ist die klassische Grundfigur und ein „Eckpfeiler der verwaltungsrechtlichen Handlungsarten"[266], wenngleich es ein abschließendes „System" verwaltungsrechtlicher Handlungsformen nicht gibt. Die übrigen Handlungsformen der Verwaltung lassen sich jedoch durch das Fehlen bestimmter für den Verwaltungsakt typischer Merkmale charakterisieren[267].
Nach der Legaldefinition des § 35 VwVfG ist Verwaltungsakt „jede Verfügung, Entscheidung oder andere hoheitliche Maßnahme, die eine Behörde zur Regelung eines Einzelfalls auf dem Gebiet des öffentlichen Rechts trifft und die auf unmittelbare Rechtswirkung nach außen gerichtet ist. Allgemeinverfügung ist ein Verwaltungsakt, der sich an einen nach allgemeinen Merkmalen bestimmten oder bestimmbaren Personenkreis richtet oder die öffentlich-rechtliche Eigenschaft einer Sache oder ihre Benutzung durch die Allgemeinheit betrifft."

Für die Einordnung der Entscheidung der Behörde auf Grundlage von § 15 VgV bzw. § 21 VOB/A als Verwaltungsakt in dem genannten Sinne ist bereits fraglich, ob diese Vorschriften hinreichende Rechtsgrundlagen für einen VA-Erlass darstellen; dies kann jedenfalls dann dahinstehen, wenn schon die übrigen Merkmale eines Verwaltungsakts nicht gegeben sind.

---

265 *Ehlers* in Schoch/Schmidt-Aßmann/Pietzner, § 40 Rn 482 ff, 499ff.; *Kopp/Schenke*, § 40 Rn 48 ff; *Rennert* in Eyermann, § 40 Rn 99 ff; *Stelkens/Bonk/Sachs*, § 1 Rn 71; *Meyer* in Knack, § 1 Rn 63

266 *Wolff/Bachof/Stober*, § 45 Rn 1

267 *Kopp/Ramsauer*, § 35 Rn 13

### 2.1.2 Handeln einer Behörde

Der Definition des § 35 VwVfG ausdrücklich entnehmen lässt sich das Erfordernis behördlichen Handelns.

Der Begriff der „Behörde“ im Sinne des § 35 VwVfG richtet sich nach der entsprechenden Definition des § 1 Abs. 4 VwVfG: „Behörde im Sinne dieses Gesetzes ist jede Stelle, die Aufgaben der öffentlichen Verwaltung wahrnimmt.“

Der Begriff der öffentlichen Aufgaben in diesem Sinne ist nach herrschender Meinung weiter zu verstehen als „öffentliche Verwaltungstätigkeit“. Während die öffentliche Verwaltungstätigkeit auf die Rechtsform der Tätigkeit abstellt, werden Aufgaben öffentlicher Verwaltung verstanden als „Aufgaben auf dem Gebiet der Verwaltung“ in Abgrenzung zu Rechtsprechung und Rechtsetzung[268], ohne Rücksicht auf die Rechtsform, in welcher die Verwaltungstätigkeit durchgeführt wird. Hieraus folgt, dass Behörde sowohl eine Stelle sein kann, die öffentlich-rechtlich oder auch privatrechtlich (fiskalisch oder verwaltungsprivatrechtlich) handelt[269].

Gebietskörperschaften als „klassische öffentliche Auftraggeber“ i.S.v. § 98 Nr. 1 GWB werden regelmäßig Behörden in diesem Sinne darstellen, so dass die Einordnung der Maßnahme noch nicht an dieser Eigenschaft scheitert.

Etwas anderes gilt jedoch für private Auftraggeber, die unter bestimmten Umständen zur Anwendung und Beachtung des Vergaberechts verpflichtet sind[270]. Das deutsche Vergaberecht geht von einem funktionalen Auftraggeberbegriff aus, welcher richtlinienkonform weit auszulegen ist. Soweit juristische oder natürliche Personen des Privatrechts dem Begriff des „öffentlichen Auftraggebers“ unterfallen (wie etwa Sektorenauftraggeber), so handelt es sich dabei zweifelsfrei nicht um Behörden im Sinne des VwVfG.

Personen des Privatrechts, welche nicht zu den Beliehenen zählen, können deshalb nicht öffentlich-rechtlich handeln und erst Recht keine Verwaltungsakte erlassen[271], so dass die Ermessensausübung insoweit nicht mit der Ermessensfehlerlehre überprüft werden kann.

### 2.1.3 Hoheitliche Maßnahme auf dem Gebiet des öffentlichen Rechts

Soweit dagegen Gebietskörperschaften, mithin Behörden i.S.d. VwVfG handeln, erscheint fraglich, ob eine hoheitliche Maßnahme auf dem Gebiet des öffentlichen Rechts vorliegt.

Über die Bedeutung dieses Merkmals herrscht innerhalb der Literatur Uneinigkeit. Insbesondere ist umstritten, ob die Erwähnung des „öffentlichen Rechts“ neben

---

268 *Stelkens/Schmitz* in Stelkens/Bonk/Sachs, § 1 Rn 229

269 *Stelkens/Schmitz* in Stelkens/Bonk/Sachs, § 1 Rn 230

270 Vgl. § 98 Nr. 4, § 98 Nr. 5, § 98 Nr. 6 GWB

271 *P. Stelkens/U. Stelkens* in Stelkens/Bonk/Sachs, § 35 Rn 70a

der „hoheitlichen Maßnahme" lediglich einen Pleonasmus des Gesetzgebers darstellt, so dass dieses Merkmal keiner gesonderten Prüfung bedarf[272].

Eine hoheitliche Maßnahme ist eine Anordnung, d.h. ein Gebot, Verbot oder sonstige Rechtsgestaltung oder Feststellung sowie deren Versagung[273]. Die „Zulassung digitaler Angebote" lässt sich darunter subsumieren, weist doch dieser Akt des öffentlichen Auftraggebers jedenfalls feststellenden Charakter auf. Nach ganz herrschender Meinung muss diese Anordnung jedoch auf dem Prinzip der Über- und Unterordnung beruhen[274], die Behörde also von einer Befugnis der öffentlichen Gewalt i.S.v. Art. 19 Abs. 4 GG Gebrauch machen[275]. Zwar wird ein solches „Über- und Unterordnungsverhältnis" nicht bereits dadurch ausgeschlossen, dass eine Maßnahme auf Rechtsbeziehungen des Privatrechts einwirkt[276]. Entscheidend ist vielmehr, ob sich das Verhalten der Behörde in dieser Phase des Vergabeverfahrens von dem Verhalten einer natürlichen oder juristischen Person des Privatrechts unterscheidet.

Beim Abschluss von Verträgen zwischen Privatpersonen ohne Beteiligung der Behörden steht es den Beteiligten anerkanntermaßen frei, sich innerhalb der materiell-rechtlich vorgegebenen Grenzen über eine bestimmte Form des Vertragsschlusses zu einigen. Dies ist Ausfluss der verfassungsrechtlich garantierten Privatautonomie und somit Ausfluss des Art. 2 Abs. 1 GG. Erfasst von der Privatautonomie ist aber nicht nur die (vertragliche) Einigung über eine bestimmte Form; vielmehr steht es dem einzelnen frei, für sich selbst den Entschluss zu fassen, zukünftig nur schriftliche Angebote, digitale Angebote oder mündliche Angebote zu akzeptieren, soweit das Gesetz nicht zwingend eine bestimmte Form vorschreibt. Das bürgerliche Recht gewährt keinen Anspruch auf die Akzeptanz der vom Anbietenden gewählten Form. Es bedarf – im Gegenteil – keiner Begründung, warum ein Angebot nicht angenommen wird.

Die Tatsache, dass im Rahmen eines Vergabeverfahrens die Behörde eine Entscheidung über die akzeptierte Form der Angebote treffen kann, unterscheidet sie daher nicht von einer sonstigen natürlichen oder juristischen Person, die an Vertragsabschlüssen beteiligt ist. Diese Parallelität spricht bereits gegen eine Entscheidung unter Inanspruchnahme hoheitlicher Gewalt, mithin gegen das Vorliegen eines Über- und Unterordnungsverhältnisses.

---

272 Vgl. *P. Stelkens/U. Stelkens* in Stelkens/Bonk/Sachs, § 35 Rn 68 m.w.N., die darauf hinweisen, dass „hoheitlich" keinesfalls das Gegenteil von „privatrechtlich" sei.

273 *Hennecke* in Knack, § 35 Rn 9

274 *Janßen* in Obermayer, § 35 Rn 11 und 24; *Hennecke* in Knack, § 35 Rn 9

275 *P. Stelkens/U. Stelkens* in Stelkens/Bonk/Sachs, § 35 Rn 68

276 *Janßen* in Obermayer, § 35 Rn 24

Aber auch die Tatsache, dass öffentliche Auftraggeber eine erhebliche Nachfragemacht mit (gewollten oder ungewollten) steuernden Effekten haben[277], reicht für die Annahme eines Über- und Unterordnungsverhältnisses nicht aus. Darin unterscheidet sich der Staat beim Vorgang staatlicher Beschaffung ebenfalls nicht von Privatpersonen, die miteinander kontrahieren. Regelmäßig treten auf dem Markt private Nachfrager auf, die aufgrund ihres Einkaufsvolumens einen besonders hohen Einfluss auf die inhaltliche Ausgestaltung von Verträgen haben. Wenngleich man hier nicht wird bestreiten können, dass in vielen Fällen faktisch ein Verhältnis der Über- und Unterordnung besteht[278], so wird man nicht umhinkommen, jedenfalls juristisch von einem Gleichordnungsverhältnis zu sprechen. Behörde und Bieter treffen auf gleicher Ebene aufeinander. Dies schließt zwar nicht aus, dass das Verhalten der Behörde ein sonstiges öffentlich-rechtliches Verwaltungshandeln ist; an einem hoheitlichen Handeln der Behörde fehlt es dagegen.

Die Entscheidung und Bekanntmachung der Zulassung bzw. Nichtzulassung digitaler Angebote stellt daher auch bei Gebietskörperschaften als öffentliche Auftraggeber keinen Verwaltungsakt i.S.v. § 35 VwVfG dar.

### 2.2 Qualifikation als verwaltungsprivatrechtliches Handeln oder als Handeln im Rahmen fiskalischen Tätigwerdens

Unter Verwaltungsprivatrecht wird gemeinhin die Erledigung öffentlicher Aufgaben in privatrechtlicher Form verstanden[279]. Dies schließt nicht aus, den Vorgang staatlicher Beschaffungstätigkeit im Wege öffentlicher Ausschreibungen auf diese Weise zu qualifizieren, denn nicht selten wird die beschaffende Behörde neben der reinen Bedarfdeckung auch öffentliche Aufgaben wahrnehmen. Insbesondere ist im Einzelfalls nicht abgrenzbar, wann „schon" verwaltungsprivatrechtliches Tätigwerden, also Erfüllung öffentlicher Aufgaben in privatrechtlicher Form, oder „noch" fiskalisches Tätigwerden vorliegt, wenn man berücksichtigt, dass kaum ein Fall denkbar ist, in welchem nicht wenigstens mittelbar auch öffentliche Zwecke verfolgt werden. Nur beispielhaft sei hier der Bau öffentlicher Einrichtungen angeführt; hier sind die bei der Beschaffung mitverfolgten öffentlichen Zwecke evident.

Klassisch werden Güterbeschaffungsvorgänge dennoch von der überwiegenden Ansicht noch immer als rein fiskalische Akte der Behörde eingeordnet. Dies soll nicht nur für die nach zivilrechtlichen Grundsätzen zu führende Beurteilung des

---

277 Vgl. zu den aktuellen Zahlen Kap. II

278 Dies wird nicht zuletzt durch die Schaffung immer zahlreicherer verbraucherschützender Vorschriften sowie solcher Vorschriften, die der Sicherstellung des Wettbewerbs dienen, eindrucksvoll belegt.

279 *Meyer* in Knack, § 35 Rn 74

abzuschließenden Vertrages, sondern auch für die vorgelagerten Entscheidungen der Behörde gelten[280].

Insbesondere sei nach Ansicht des BVerwG auch die von *H.-P. Ipsen* maßgeblich mitentwickelte Zweistufenlehre[281] nicht auf den Beschaffungsvorgang anwendbar: „Der jetzt zuständige erkennende Senat hat in seinem Urteil BVerwGE 13, 47 die Zweistufenlehre für die Gewährung öffentlicher Wohnungsbaudarlehen gebilligt [...]. Er folgt aber einerseits nicht der Ansicht Ipsens, dass die Ablehnung eines Antrags auf Vergabe eines öffentlichen Auftrags gegenüber einem Angehörigen eines bevorzugten Bieterkreises ein Verwaltungsakt sei. Er hält andererseits auch die in der Entscheidung BVerwGE 7, 89 geäußerte Auffassung nicht für zutreffend, dass die Ablehnung des Angebots eines bevorzugten Bieters zwar eine bürgerlich-rechtliche Erklärung sei, jedoch neben ihrer privatrechtlichen Bedeutung einen öffentlich-rechtlichen Charakter habe."[282]

Ähnlich argumentiert auch der BGH, indem er den Bereich staatlicher Auftragsvergabe und Beschaffung nicht als „Akt der öffentlichen Gewalt" im Sinne des Art. 1 Abs. 3 GG einordnet und infolgedessen eine Fiskalbindung oder –geltung der Grundrechte ablehnt[283]:

„Bei rein fiskalischem Handeln fehlt es demgegenüber an einem öffentlichrechtlichen Rechtsverhältnis zwischen dem Verwaltungsträger und Verwaltungsgegner [...]. Die Rechtsbeziehungen der Beteiligten tragen vielmehr von vornherein und ausschließlich privatrechtlichen Charakter. Mithin können sie nicht von der unmittelbaren Bindung an die Grundrechtsnormen erfasst werden, die bei der unmittelbaren Erfüllung einer öffentlichen Aufgabe im Verhältnis des Verwaltungsträgers zu der Person, der gegenüber er diese Aufgabe wahrzunehmen hat, unabhängig von der etwaigen privatrechtlichen Gestaltung des Vollzugsgeschäfts eintritt."[284]

Der Gesetzgeber verfolgte mit der Integration vergaberechtlicher Vorschriften in das Gesetz gegen Wettbewerbsbeschränkungen diesen Weg konsequent weiter, durch welche der Staat weniger in seiner Eigenschaft als Hoheitsträger, denn als Marktteilnehmer angesprochen wird. Dass dem 4. Teil des GWB dieses Verständnis zugrunde liegt, zeigt sich in den Gesetzesbegründungen:

„Für die Umsetzung der EU-Vergaberichtlinien wurde eine Konzeption im Rahmen des Gesetzes gegen Wettbewerbsbeschränkungen gewählt, um dem gewandelten Verständnis der Vergaberegeln zu entsprechen und die wettbewerbliche Bedeutung des heutigen Vergaberechts zu betonen. [...] Mit der gesetzlichen Re-

---

280 *Motzke* in Motzke/Pietzcker/Prieß, Syst V Rn 1 m.w.N.

281 *Ipsen*, DVBl. 1956, 605 ff.

282 BVerwGE 14, 65, 68

283 BGHZ 36, 91 ff.

284 BGHZ 36, 91, 96

gelung wird zugleich das Wettbewerbsprinzip gestärkt; das führt zu wirtschaftlichem Einkauf und zu noch sparsamerer Verwendung öffentlicher Mittel."[285]

*Malmendier*[286] spricht in diesem Zusammenhang sogar von einem „vom öffentlichen Recht befreiten Beschaffungsstaat".

Dennoch ist in neueren gerichtlichen Entscheidungen ein in Teilen gewandeltes Verständnis des Vorgangs staatlicher Beschaffung erkennbar:
Kennzeichnend dafür sind die „Alcatel-Entscheidung" des EuGH[287] zum österreichischen Vergaberecht und die so genannte „Münzplättchen-Entscheidung" der 1. Vergabekammer des Bundes[288].
Bei vordergründiger Betrachtung hat der EuGH in der „Alcatel-Entscheidung" lediglich die Verpflichtung der Mitgliedstaaten, resultierend aus Art. 2 I der Rechtsmittelrichtlinie 89/665/EWG des Rates, festgestellt, ein effektives auf die Gewährung von Primärrechtsschutz abzielendes Vergabenachprüfungsverfahren zu schaffen.
Gleichzeitig zeigt sich in der genannten Entscheidung jedoch deutlich, dass der EuGH grundsätzlich ein öffentlich-rechtliches Verständnis des Beschaffungsvorganges zugrundelegt und letztlich – wenngleich auch nicht deutlich formuliert – einen öffentlich-rechtlichen Vergabeakt fordert:

„Nach den Erklärungen des vorlegenden Gerichts bedient sich nämlich der Staat als Auftraggeber in Vergabeverfahren der Regeln, Formen und Mitteln des Zivilrechts, so dass die Vergabe eines öffentlichen Auftrags durch den Abschluss eines Vertrages zwischen dem Auftraggeber und dem Bieter vollzogen wird. Da die Erteilung des Zuschlags und der Abschluss des Vertrages in der Praxis zusammenfallen, fehlt in einem solchen System ein öffentlich-rechtlicher Akt, der [...] aufgehoben werden könnte [...]."[289]

Das Gericht führt weiter aus, dass es „zweifelhaft" sei, ob die nationalen Gerichte unter diesen Umständen in der Lage seien, effektiven Rechtsschutz zu ermöglichen. Erkennbar wird in der Entscheidung der Beschaffungsvorgang einem öffentlich-rechtlichen Grundverständnis unterworfen. Schon diese Entscheidung des EuGH bietet daher Anlass genug, den Beschaffungsvorgang eher als Verwaltungshandeln, denn als fiskalisches Hilfsgeschäft zu bezeichnen.

---

285 BT-Drucks. 13/9340, S. 12, 13
286 *Malmendier*, DVBl. 2000, 963, 964
287 EuGH Rs. C-81/98 (*Alcatel Austria*), EuZW 1999, 759 ff.
288 VK 1-7/99 BauR 1999, 1284 = NJW 2000, 151 = NZBau 2000, 53
289 EuGH Rs. C-81/98 (*Alcatel Austria*), EuZW 1999, 759, 762

In der „Münzplättchen-Entscheidung" der 1. Vergabekammer des Bundes zeigt sich in Ansätzen ein ebensolches, eher öffentlich-rechtliches Verständnis, des Beschaffungsvorgangs; die Auftragsvergabe wird darin als „Akt der öffentlichen Gewalt im Sinne von Art. 19 IV GG"[290] qualifiziert. Aus dem dann geltenden Gebot effektiven Rechtsschutzes leitete die Vergabekammer Vorabinformationspflichten des Auftraggebers ab[291].

Die Literatur hat einem eher öffentlich-rechtlich ausgerichteten Grundverständnis staatlicher Auftragsvergabe weitgehend zugestimmt. Der Staat nehme gerade nicht wie „jedermann" am Privatrechtsverkehr teil, sondern unterliege erheblichen öffentlich-rechtlichen Beschränkungen[292] und verfolge „mannigfaltige öffentliche Anliegen"[293]. *Hausmann*[294] geht sogar soweit, festzustellen, dass die Fiskaltheorie oberhalb der Schwellenwerte zu Grabe getragen werden und zukünftig die Zuschlagserteilung nicht mehr als ein Akt mit Privatrechtscharakter angesehen werden könne.

Für die vorliegende Problematik bedarf es jedenfalls dann keiner endgültigen Festlegung, wenn die genaue Qualifikation der Entscheidung der Behörde über die Zu- bzw. Nichtzulässigkeit digitaler Angebote für die Anwendbarkeit der Ermessensfehlerlehre ohne Belang ist. Dies ist dann der Fall, wenn die Ermessensfehlerlehre auch außerhalb des Verwaltungsverfahrens grundsätzlich anwendbar ist.

### 3. Die Anwendbarkeit der Ermessensvorschriften des VwVfG außerhalb des Verwaltungsverfahrens

Zum Teil wird streng am Wortlaut des VwVfG orientiert jegliche Anwendbarkeit der Ermessensvorschriften außerhalb des Verwaltungsverfahrens abgelehnt[295]. Nur wenn die Behörde einen Verwaltungsakt erlasse oder einen öffentlich-rechtlichen Vertrag schließe, komme eine Anwendung der Vorschriften des VwVfG in Betracht bzw. sei zwingend. Nicht nur in der Literatur, sondern auch zunehmend in der Rechtsprechung setzt sich jedoch die Auffassung durch, dass jedenfalls eine „entsprechende" Anwendung einzelner Grundsätze auch außerhalb des Verwaltungsverfahrens Berücksichtigung finden könnten und müssten.
Vorsichtig formulierende Autoren wollen eine Anwendbarkeit nur auf das Verwaltungsprivatrecht und nur insoweit anerkennen, als es sich bei den Vorschriften

---

290 VK 1-7/99 BauR 1999, 1284 = NJW 2000, 151 = NZBau 2000, 53

291 Die Pflicht zur Vorabinformation wurde ausgehend von der zitierten Entscheidung nunmehr für Vergabeverfahren oberhalb der Schwellenwerte ausdrücklich festgelegt in § 13 VgV.

292 Vgl. auch – entgegen der Auffassung der Rechtsprechung – *Kopp/Schenke*, § 40 Rn 25a

293 *Malmendier*, DVBl. 2000, 963, 966

294 *Hausmann*, EuZW 1999, 762, 763 (Urteilsanmerkung zur Alcatel-Entscheidung des EuGH)

295 *Meyer* in Knack, § 35 Rn 73, 74

um „konkretisiertes Verfassungsrecht“[296] handelt. *Pietzcker* hält allenfalls eine „vorsichtige Ausdehnung“[297] verwaltungsverfahrensrechtlicher Grundsätze für zulässig. *Achterberg* dagegen hält es für konsequent, die Verwaltung auch bei der Wahl privatrechtlicher Organisationsformen in das Verwaltungsverfahrensrecht einzubinden[298]. Gleiches solle für Beschaffungsvorgänge gelten, welchen eine „lenkende Zielsetzung“ zugrunde liege[299].

Insbesondere hinsichtlich § 40 VwVfG wird von der überwiegenden Literatur und Rechtsprechung eines Anwendung auch über den von § 9 VwVfG umgrenzten Bereich befürwortet, und zwar auch in den Bereich rein fiskalischen Handelns hinein.
*Hennecke* hält § 40 VwVfG „wegen seines allgemeinen Charakters auch für die behördliche Tätigkeit außerhalb eines Verwaltungsverfahrens nach § 9 entsprechend anwendbar. Dies gilt einmal für die öffentlich-rechtliche Verwaltungstätigkeit [...]. Möglich ist seine Anwendung auch für bestimmte Arten privatrechtlicher Behördentätigkeit.“[300]
Auch *Ramsauer* hält einen weiten Anwendungsbereich von § 40 VwVfG für gegeben: „Nach seiner systematischen Stellung in Teil III des VwVfG gilt § 40 zwar unmittelbar nur für Verwaltungsakte; als Ausdruck eines allgemeinen Rechtsgedankens ist die Vorschrift jedoch auch auf das Verwaltungshandeln im Bereich des öffentlichen Rechts außerhalb konkreter Verwaltungsverfahren anzuwenden [...]. Trotz der insoweit missverständlichen Formulierung findet § 40 VwVfG zumindest analog auch auf Verwaltungshandeln auf nicht näher durch Gesetz geregelten Gebieten [...] Anwendung. Darüber hinaus gelten die Grundgedanken des § 40 auch für das privatrechtliche Handeln der Behörden.“[301]
Ähnlich argumentiert auch *Rothkegel*: „[...] Demgegenüber regelt § 39 VwVfG speziell die formalen und inhaltlichen Anforderungen an die Begründung von Verwaltungsakten und trifft in diesem Sachzusammenhang eine Sonderregelung für die Begründung von Ermessensentscheidungen. Hieraus darf jedoch nicht gefolgert werden, die für Ermessensentscheidungen in diesem Zusammenhang aufgestellten Regeln hätten lediglich für Verwaltungsakte Geltung; denn unbestritten enthält etwa auch die das Verwaltungsermessen betreffende Vorschrift des § 40 VwVfG, obwohl sie nach ihrem Standort nur für den Erlass von Verwaltungsakten gilt, Grundsätze, die Bedeutung für den Ermessensgebrauch der Behörde bei

296 *Achterberg*, JA 1985, 503, 509
297 *Pietzcker*, AöR 107 (1982), 61, 74
298 *Achterberg*, JA 1985, 503, 509
299 *v. Zezschwitz*, NJW 1983, 1873, 1877
300 *Hennecke* in Knack, § 35 Rn 9
301 *Ramsauer* in Kopp/Ramsauer, § 40 Rn 3 m.w.N.

allen öffentlich-rechtlichen und sogar bei privatrechtlichen Handlungen haben können."[302]
Weniger deutlich – wenngleich in der Sache identisch – befürwortet auch *Sachs* eine Anwendung von § 40 VwVfG über den Bereich des Verwaltungsverfahrensrechts hinaus: „Vergleichbare Rechtsgrundsätze wie nach § 40 greifen aber für parallele Entscheidungsspielräume auf Grund nicht abschließender normativer Bindung auch in anderen Rechtsbereichen ein, so etwa im Kartellrecht. Strukturell ähnliche Erscheinungen finden sich ferner außerhalb des Bereichs staatlicher Stellen, etwa im Arbeitsrecht, Gesellschaftsrecht und sogar im allgemeinen Privatrecht."[303]

Den Auffassungen von *Sachs* und *Rothkegel* ist zuzustimmen, so dass § 40 VwVfG jedenfalls entsprechende Anwendung auf die Entscheidung der Behörde über die Zulassung elektronischer Angebote finden kann[304].

Gestützt wird dieses Ergebnis sowohl von der verwaltungsgerichtlichen Rechtsprechung, als auch von einschlägigen Entscheidungen der Vergabenachprüfungsbehörden, welche ebenfalls zur Anwendung von verwaltungsverfahrensrechtlichen Grundsätzen – mit unterschiedlicher Begründung – tendieren
So entscheid der Bayerische Verwaltungsgerichtshof für eine behördliche Aufrechnungserklärung, welche keinen Verwaltungsakt, sondern eine öffentlich-rechtliche Willenserklärung darstellt:
„Ermessen gibt es auch im Zusammenhang mit einem Handeln der Behörde, das keinen Verwaltungsaktcharakter hat."[305]
Das OVG Lüneburg urteilte im Fall einer von der Gemeinde privatrechtlich ausgestalteten Nutzung einer öffentlichen Einrichtung bezogen auf die Nutzungsentgelte, welche allein fiskalischen Zwecken dienen:
„Im übrigen kann sich der Beklagte auch durch die „Flucht ins Privatrecht" nicht allen öffentlich-rechtlichen Bindungen entziehen, insbesondere nicht der Bindung an die Grundrecht gemäß Art. 1 III GG. Gleichwohl war der Beklagte [...] bei der Wahl und der privatrechtlichen Ausgestaltung des Nutzungsverhältnisses, insbesondere der Leistungsentgelte, nicht gänzlich frei; er konnte darüber nur nach

302 *Rothkegel*, DÖV 1982, 511, 513: Anmerkung zu VGH Baden-Württemberg DÖV 1981, 971 ff.
303 *Sachs* in Stelkens/Bonk/Sachs, § 40 Rn 50
304 *Sachs* in Stelkens/Bonk/Sachs, § 40 Rn 50 m.w.N. zur Anwendbarkeit ohne Beteiligung staatlicher Stellen; vgl. auch *Lange*, NJW 1992, 1193, 1194: „Nach § 40 VwVfG hat eine Behörde, die ermächtigt ist, nach ihrem Ermessen zu handeln, ihr Ermessen entsprechend dem Zweck der Ermächtigung auszuüben und die gesetzlichen Grenzen einzuhalten. Mit dieser Norm, die über den in § 9 VwVfG umgrenzten Bereich hinaus entsprechend anwendbar ist, ist eine Brücke zwischen außenrechtlichen Anforderungen und administrativem Innenraum [...] geschlagen [...]."
305 BayVGH BayVBl. 1997, 310, 311

pflichtgemäßem Ermessen befinden und hätte rechtswidrig gehandelt, wenn sich seine Entscheidung als ermessensfehlerhaft erwiesen hätte (§ 114 VwGO).“[306]

Geradezu exemplarisch zeigt das OLG Brandenburg im Vergabenachprüfungsverfahren („Flughafen Berlin-Schönefeld“) die Anwendbarkeit verwaltungsverfahrensrechtlicher Vorschriften – wenngleich an § 20 VwVfG – auf:
„Entgegen der Auffassung des Vergabeüberwachungsausschusses ist der aus § 20 VwVfG resultierende Rechtsgedanke auf das streitgegenständliche Vergabeverfahren anwendbar. Zutreffend ist zwar, dass Vergabeentscheidungen auf dem Gebiet des öffentlichen Auftragswesens von der herrschenden Meinung dem Privatrecht zugeordnet werden. Das bedeutet aber nicht, dass auf sie der Rechtsgedanke aus § 20 VwVfG nicht anwendbar ist. Für seine Anwendbarkeit spricht bereits, dass das bislang dem fiskalischen Bereich zugeordnete Vergabehandeln der öffentlichen Hand zunehmend gemeinschaftsrechtlich veranlassten Verfahrensregelungen unterworfen wird, die dem Verwaltungsverfahren nachgebildet sind. Zudem ist die öffentliche Hand auch in dem Bereich der Beschaffung nicht frei von öffentlichrechtlichen Verpflichtungen. Dies ergibt sich zum einen daraus, dass sie den Erfordernissen eines gesamtwirtschaftlichen Gleichgewichts Rechnung zu tragen hat, zum anderen aus dem haushaltsrechtlichen Prinzip der Wirtschaftlichkeit und Sparsamkeit, das wiederum durch die Verpflichtung zur öffentlichen Ausschreibung konkretisiert wird. Die Auftragsvergabe durch staatliche Vergabestellen ist deshalb als „Akt der öffentlichen Gewalt“ i.S.d. Art. 1 Abs. 3 GG anzusehen. Dem steht auch nicht entgegen, dass die staatliche Bedarfsdeckung aufgrund privatrechtlicher Verträge erfolgt [...].“[307]

Nach alledem ist daher auch § 40 VwVfG im Rahmen des Vergabeverfahrens anwendbar. Die Ermessensentscheidung der Behörde über die Zu- bzw. Nichtzulassung digitaler Angebote ist entsprechend überprüfbar.

### 4. Inhalt und Ausprägungen der Ermessensfehlerlehre

§ 40 VwVfG lautet:

> „Ist die Behörde ermächtigt, nach ihrem Ermessen zu handeln, hat sie ihr Ermessen entsprechend dem Zweck der Ermächtigung auszuüben und die gesetzlichen Grenzen des Ermessens einzuhalten.“

[306] OVG Lüneburg NJW 1997, 450, 451
[307] OLG Brandenburg NVwZ 1999, 1142, 1146

Diese Verpflichtung beruht auf der Bindung der Verwaltung an Recht und Gesetz aus Art. 20 Abs. 3 GG. Ein freies Ermessen ohne rechtliche Bindungen besteht nicht[308].

Gleichwohl kommt eine Zweckmäßigkeitsüberprüfung des vom öffentlichen Auftraggeber ausgeübten Ermessens nicht in Betracht; dem steht schon der Grundsatz der Gewaltenteilung entgegen. Die gerichtliche Kontrolle beschränkt sich daher auf die Feststellung, dass das Ermessen nicht fehlerhaft ausgeübt worden ist. Infolgedessen können im Einzelfall durchaus verschiedene Entscheidungen der Behörde fehlerfrei sein[309].

In Rechtsprechung und Lehre werden eine Vielzahl von Ermessensfehlern genannt und diese teilweise in Gruppen zusammengefasst[310], so dass sich als deren Ergebnis eine anerkannte Typologie der Ermessensfehler herausgebildet hat[311].

Die wesentlichen „klassischen" Ermessensfehler stellen hierbei die *Ermessensnichtgebrauch*, die *Ermessensüberschreitung* sowie der *Ermessensfehlgebrauch* dar[312].

Ein Fall des Ermessensnichtgebrauchs liegt vor, wenn die Behörde das ihr zukommende Ermessen tatsächlich nicht betätigt[313], etwa weil sie sich entweder irrig für gebunden hält oder aus sonstigen Gründen meint, von einer Ermessensausübung absehen zu können.

Eine Ermessensüberschreitung liegt vor, wenn die Behörde, aus welchem Grund auch immer, sich nicht im Rahmen des ihr vom Gesetz zugebilligten Handlungsspielraums bewegt[314].

Ein Ermessensfehlgebrauch liegt dagegen vor, wenn die Behörde von dem ihr eingeräumten Ermessen nicht im Sinne der Ermessensnorm, d.h. der in der einzelnen Vorschrift und in deren Regelungskontext insgesamt zum Ausdruck kommenden Zwecksetzungen, Gebrauch macht[315]. Dies kann etwa dann der Fall sein, wenn die Behörde solche Tatsachen nicht in ihren Entscheidungsvorgang einstellt, die bei richtiger Würdigung der Sachlage hätten berücksichtigt werden müssen

---

308 *Liebetanz* in Obermayer, § 40 Rn 21; *Sachs* in Stelkens/Bonk/Sachs, § 40 Rn 1 ff.

309 Der Inhalt des Ermessensbegriffs besteht also darin, dass der Gesetzgeber mehrere Entscheidungen als rechtmäßig ansieht; vgl. schon *Czermak*, DÖV 1966,750, 751

310 Vgl. statt vieler *Wolff/Bachof/Stober*, § 31 Rn 44 ff.; *J. Ipsen*, Allgemeines Verwaltungsrecht, S. 152 ff.

311 *Henneke* in Knack, § 40 Rn 40 weist darauf hin, dass die Nomenklatur der Ermessensfehler in den einzelnen Darstellungen zum Teil stark voneinander abweicht; vgl. auch Alexy, JZ 1986, 701

312 Vgl. *Wolff/Bachof/Stober*, § 31 Rn 45; Alexy, JZ 1986, 701; eine andere Einteilung und eine andere Terminologie – ohne ersichtliche inhaltliche Abweichung - verwendet *Liebetanz* in Obermayer VwVfG § 40 Rn 23 ff.

313 *Ramsauer* in Kopp/Ramsauer, § 40 Rn 60

314 *Ramsauer* in Kopp/Ramsauer, § 40 Rn 64

315 *Ramsauer* in Kopp/Ramsauer, § 40 Rn 61

(Heranziehungsdefizit), oder wenn sie solche Tatsachen berücksichtigt, die gerade nicht hätten berücksichtigt werden dürfen (Heranziehungsüberhang).
Einen (scheinbaren[316]) Sonderfall stellt die Ermessensreduktion auf Null dar. Eine solche ist anzunehmen, wenn von den der Behörde eröffneten Handlungsmöglichkeiten alle bis auf eine ermessensfehlerhaft und damit rechtswidrig sind[317].

## 5. Ermessensfehler bei der Entscheidung über die Zulassung digitaler Angebote am Beispiel ausgewählter Situationen

Nicht endgültig absehbar ist, welche Ermessensfehler staatlichen Stellen bei der Entscheidung über die Zulassung elektronischer Angebote zukünftig unterlaufen können. Die nachfolgend dargestellten Situationen haben insoweit einen exemplarischen Charakter.

### 5.1 Ermessensausfall / Ermessensnichtgebrauch

Denkbar ist zum einen, dass die Behörde nachweislich über die erforderliche technische Ausstattung sowie das erforderliche Fachwissen bei ihren Mitarbeitern verfügt, um den Vorgang elektronischer Beschaffung in tatsächlicher und rechtlicher Hinsicht fehlerfrei abzuwickeln.
Dennoch akzeptiert sie elektronische Angebote nicht und schließt diese pauschal und dauerhaft von der Teilnahme aus, etwa weil sie der Auffassung ist, eine derartige Angebotsform niemals zulassen zu müssen oder zulassen zu dürfen.

Die Konstellation legt die Annahme eines Ermessensausfalls bzw. Ermessensnichtgebrauchs nahe.
Ein Ermessensnichtgebrauch[318] liegt vor, wenn die Behörde sich deshalb an eine bestimmte Entscheidung gebunden hält, weil sie verkannt hat, dass ihr die anzuwendende Vorschrift überhaupt einen Ermessensspielraum eingeräumt hat[319], diese mithin überhaupt kein Ermessen ausübt. Die administrativen Fehlvorstellungen können auf unterschiedlichen Ursachen, etwa einer Fehlinterpretation der Vorschrift selbst oder auch einer falschen Sicht des Sachverhalts, beruhen.
Lässt die Behörde bei ihrer Entscheidung darüber, in welcher Form Angebote zugelassen werden, erkennen, dass sie der Auffassung ist, ausschließlich Angebote in herkömmlicher Form zulassen zu müssen oder gar elektronische Angebote nicht berücksichtigen zu dürfen, so verkennt sie das ihr in § 21 Nr. 1 Abs. 1

---

316 Bei genauerer Betrachtung stellt auch die „Ermessensreduktion auf Null" lediglich einen Fall des Ermessensfehlgebrauchs dar, soweit die Behörde eine andere, als die einzige ermessensfehlerfreie Entscheidung trifft.

317 *Sachs* in Stelkens/Bonk/Sachs, § 40 Rn 55; vgl. insb. auch J. Ipsen, Allgemeines Verwaltungsrecht, S. 158

318 Ebenfalls gebräuchlich ist die Bezeichnung als „Ermessensmangel" oder „Ermessensunterschreitung".

319 *Ossenbühl* in Erichsen, § 10 Rn 16

VOB/A eingeräumte Ermessen. Sie tritt nicht in das Stadium der Zusammenstellung der für die Entscheidung relevanten Fakten sowie eine anschließende Wertung ein. Die Behörde muss vielmehr das ihr zukommende Ermessen tatsächlich betätigen und darf nicht entsprechende Überlegungen unterlassen[320]. Hält sich die Behörde, aus welchen Gründen auch immer, irrig für gebunden, so ist ihre Entscheidung stets ermessensfehlerhaft[321].

Um nicht dem Vorwurf ausgesetzt zu sein, das von § 21 VOB/A eingeräumte Ermessen in seiner Bedeutung verkannt zu haben, ist es daher erforderlich, Ermessen tatsächlich auszuüben, d.h. bei jedem Vergabeverfahren erneut eine Entscheidung darüber zu treffen, ob elektronische Angebote zugelassen werden. Keinesfalls darf sich der öffentliche Auftraggeber darauf beschränken, einmal für sämtliche zukünftigen Vergabeverfahren zu entscheiden, die elektronische Form nicht zu akzeptieren.

## 5.2 Ermessensreduktion auf Null

In einigen Jahren könnte eine weitere Konstellation von besonderer praktischer Bedeutung sein.
Fraglich ist, wie Fälle zu beurteilen sind, in welchen die Behörde bereits über einen bestimmten Zeitraum regelmäßig Angebote in elektronischer Form akzeptiert hat, nunmehr aber beschließt, bei einem weiteren Vergabeverfahren diese besondere Form nicht – und statt dessen nur Angebote in herkömmlicher Form – zuzulassen.

Unter bestimmten Voraussetzungen kann eine so genannte Ermessensreduktion auf Null anzunehmen sein.
Wenngleich auch hier die verwendete Terminologie wiederum uneinheitlich ist, so werden unter dem Begriff der Ermessensreduktion im wesentlichen zwei Fallgruppen zusammengefasst: Zum einen die Fälle, in welchen durch die besonderen Situationen des Einzelfalls nur eine einzige Entscheidung der Behörde ermessensfehlerfrei getroffen werden kann, zum anderen die, in welcher sich die Behörde durch eigenes Entscheidungsverhalten „Fesseln anlegt und Entscheidungsfreiheit einbüßt“[322]. Nur der letztgenannte Unterfall der Ermessensreduktion auf Null soll an dieser Stelle betrachtet werden, da eine „Reduktion auf Null aufgrund der besonderen Umstände des Einzelfalls“ insbesondere wegen der singulären Situation bei Großvorhaben vernachlässigt werden kann.

---

[320] *Ramsauer* in Kopp/Ramsauer VwVfG § 40 Rn 60

[321] *Ossenbühl* in Erichsen, § 10 Rn 16;

[322] *Ossenbühl* in Erichsen, § 10 Rn 21; *Ossenbühl*, S. 522 ff. weist darauf hin, dass eine „Zementierung“ der Verwaltungspraxis unter diesem Grundsatz nicht drohe, da die Selbstbindung der Verwaltung anders wirke, als die Gesetzesbindung im herkömmlichen Sinne.

„Namentlich unter dem Einfluss der Grundrechte kann der Entscheidungsspielraum der Verwaltung sich bis zur Gebundenheit verflüchtigen."[323]

Diese Aussage *Ossenbühls* kennzeichnet in kappen Worten den zentralen Ausgangspunkt dieser besonderen Konstellation bei der Ausübung von Ermessen. Normativer Ausgangspunkt für die Selbstbindung der Verwaltung ist demnach vor allem der Gleichheitssatz des Art. 3 Abs. 1 GG. Daneben sind besondere Aspekte des Vertrauensschutzes zu berücksichtigen.
Die Selbstbindung tritt nach Art. 3 Abs. 1 GG aufgrund einer ständigen gleichmäßigen Übung der Verwaltungspraxis ein[324]. Durch längere gleichmäßige Handhabung des Ermessens kann eine Behörde den ihr zustehenden Ermessensspielraum derart eingeschränkt haben, dass sie sich ohne zureichenden Grund nicht in Widerspruch zu ihrem früheren Verhalten setzen darf[325]. In jedem Fall kommt eine Selbstbindung nur bei rechtmäßigem Verwaltungshandeln in Betracht[326]; auf eine „Gleichheit im Unrecht" kann sich der Betroffene in nicht berufen.
Soweit eine wirksame Selbstbindung der Verwaltungsbehörde anzunehmen ist, ist eine im Einzelfall davon abweichende Entscheidung aufgrund des Vorliegens von Ermessensfehlern rechtswidrig[327]. Grundsätzlich ist es ohne Bedeutung, ob die Bindung der Verwaltung an ihre bisherige Praxis bewusst oder unbewusst vernachlässigt wird[328].

Legt man diese von Rechtsprechung und Literatur entwickelten Grundsätze bei der Beantwortung der eingangs aufgeworfenen Fragestellung zugrunde, so ist das „Risiko" der Behörde, sich durch mehrmalige Zulassung der elektronischen Form selbst gebunden zu haben, hoch – oder, andersherum formuliert, ist es ebenso nahe liegend, dass Bieter nach der Zulassung der elektronischen Form in vorangegangenen Vergabeverfahren ebenfalls mit elektronischen Angeboten zugelassen werden müssen.
Wenngleich das Zeitmoment umstritten ist, ab welchem eine Selbstbindung eintreten soll[329], so wird man diese bereits nach mehrfacher Zulassung digitaler Angebote annehmen müssen. Eine Einzelfallentscheidung bleibt an dieser Stelle abzuwarten. Zutreffend betont *Scholz*[330] jedoch, dass der Gleichheitssatz selbst es

323 *Ossenbühl* in Erichsen, § 10 Rn 21
324 *Sachs* in Stelkens/Bonk/Sachs, § 40 Rn 105
325 *von Oertzen* in *Redeker/von Oertzen* § 42 Rn 148
326 *Sachs* in Stelkens/Bonk/Sachs, § 40 Rn 117
327 Ein besonderes praktisches Problem stellt in diesem Zusammenhang jedoch die Beweislastverteilung für die Selbstbindungsvoraussetzungen dar; vgl. *Ewer/Rapp*, NVwZ 1991, 549 ff. m.w.N.
328 Vgl. etwa VGH Mannheim NVwZ 1999, 547
329 Vgl. speziell zum Zeitmoment *Scholz* in Maunz-Dürig, Art. 3 Abs. 1 GG Rn 439
330 *Scholz* in Maunz-Dürig, Art. 3 I GG Rn 439

nicht gebiete, eine längere, gleichmäßige Verwaltungspraxis zu fordern; vielmehr werde die Behörde bereits nach der ersten Verwaltungsentscheidung gebunden, die einen Ermessensspielraum zu füllen beginne.
Unter Zugrundelegung dieser Auffassung wird der Diskussion über das Zeitmoment erheblich ihre Bedeutung genommen.

Dies bedeutet freilich nicht, dass es damit der Behörde nach mehrmaliger Zulassung der elektronischen Form verwehrt wäre, in zukünftigen Einzelfällen nur Angebote in herkömmlicher Form zuzulassen. Eine Selbstbindung der Behörde kann vielmehr nur innerhalb bestimmter Grenzen angenommen werden.
Nach ganz herrschender Auffassung der Literatur hindert Art. 3 Abs. 1 GG die Behörde nicht, eine ständige Verwaltungspraxis aus sachgerechten Erwägungen umzustellen und damit ihre Selbstbindung für die Zukunft nicht nur für den Einzelfall, sondern sogar allgemein, aufzuheben[331].
Davon geht in ständiger Rechtsprechung auch das Bundesverwaltungsgericht aus:
„Es ist zwar richtig, dass in der widersprechenden Ausübung des Ermessens durch dieselbe Behörde ein Verstoß gegen den Gleichheitsgrundsatz des Art. 3 GG liegen kann. Jedoch geht die Verpflichtung der Behörde zur gleichmäßigen Behandlung aller gleichliegenden Sachen nicht so weit, dass sie nun ständig bei der einmal geübten Praxis bleiben müsste. Sie muss die Möglichkeit haben, von ihrer bisherigen Übung abzuweichen, sofern sachliche Gründe es rechtfertigen."[332]
An anderer Stelle führt das Bundesverwaltungsgericht aus:
„Eine spätere abweichende Ermessensausübung ist generell zulässig, wenn sie sachgerecht ist und nicht nachträglich abändernd in abgewickelte, der Vergangenheit angehörende Tatbestände eingreift. In Fällen, in denen neue Ermessenserwägungen auf noch nicht abgeschlossene Sachverhalte und Rechtsbeziehungen für die Zukunft einwirken, sind sie nur dann rechtlich bedenklich, wenn der Gesichtspunkt des Vertrauensschutzes im einzelnen Fall der abweichenden Ausübung des Ermessens Schranken setzt. Das ist nicht bereits dann der Fall, wenn der Betroffene lediglich in seinen Erwartungen enttäuscht wird. Hierzu kommen muss, dass er im Hinblick auf den Bestand der Ermessensbindung Dispositionen getroffen hat und billigerweise darauf vertrauen durfte, die Ermessensbindung werde auf Dauer Bestand haben."[333]

Berücksichtigt man dies, so kann der öffentliche Auftraggeber nach mehrfacher Zulassung elektronischer Angebote diese jedenfalls dann in neuen Vergabeverfahren nicht zulassen, wenn sachliche Gründe dafür sprechen, nur Angebote in der herkömmlichen Form zu akzeptieren. Einen denkbaren sachlichen Gesichtspunkt

---

[331] Vgl. statt vieler *Sachs* in Stelkens/Bonk/Sachs, § 40 Rn 124a
[332] BVerwG DVBl. 1963, 65, 66
[333] BVerwGE 46, 89, 90

könnte etwa eine gewünschte Beteiligungsmöglichkeit kleinerer und mittlerer Unternehmen darstellen, die keine elektronischen Angebote abgeben können.

Mit zunehmender Verbreitung der erforderlichen technischen Voraussetzungen zur Teilnahme an einem elektronischen Vergabeverfahren dürfte für sachliche Gründe jedoch kaum mehr Raum verbleiben.

## 6. Zusammenfassung der Ergebnisse

Während juristische Personen des Privatrechts in den Grenzen des Bürgerlichen Rechts bei der Wahl der Form frei sind, und es ihnen insbesondere freisteht, bei einer privaten Ausschreibung nur eine bestimmte Form zu akzeptieren, gilt dies für öffentliche Auftraggeber im Rahmen eines Vergabeverfahrens nicht.
Im Gegensatz zu Privatpersonen, die für sich Privatautonomie in Anspruch nehmen können, scheidet bei öffentlichen Auftraggebern eine willkürliche Entscheidung über die Zulassung der elektronischen Form aus. Die Entscheidung muss vielmehr ermessensfehlerfrei getroffen werden. Zwar ist die Entscheidung über die Zulassung digitaler Angebote kein Verwaltungsakt im Sinne von § 35 VwVfG, auf welche die Ermessensfehlerlehre direkt anwendbar wäre. Es ist jedoch sachlich geboten und von Literatur und Rechtsprechung anerkannt, dass auch auf verwaltungsprivatrechtliches oder rein fiskalisches Tätigwerden der Behörde einzelne Grundsätze des Verwaltungsverfahrensgesetzes – jedenfalls entsprechend – Anwendung finden können. Dies gilt insbesondere für § 40 VwVfG.
Bei der Entscheidung über die Zulassung der elektronischen Form bei Angeboten hat der öffentliche Auftraggeber daher sein „Ermessen entsprechend dem Zweck der Ermächtigung auszuüben und die gesetzlichen Grenzen des Ermessens einzuhalten", mithin ermessensfehlerfrei zu entscheiden.
Ermessensfehlerhafte Entscheidungen der Behörde sind zukünftig insbesondere dann denkbar, wenn sich die Behörde irrig für gebunden hält, oder wenn sie nach der Zulassung elektronischer Angebote diese für weitere Vergabeverfahren ausschließt.
In ersterem Fall liegt ein Ermessensfehler in der Form des Ermessensfehlgebrauchs vor, da die Behörde insgesamt verkennt, einen Ermessenspielraum bei ihrer Entscheidung zu haben.
Die zweite Konstellation zeichnet sich dadurch aus, dass die Behörde durch eine gleichmäßige Verwaltungspraxis eine Selbstbindung geschaffen hat, die das ihr durch § 21 VOB/A eingeräumte Ermessen auf Null reduziert. Eine solche Selbstbindung wird bereits nach wenigen gleichartigen Ermessensentscheidungen anzunehmen sein. Nur besondere sachliche Gründe rechtfertigen in diesem Fall ein Abgehen von der bisherigen Ermessensausübung.

## Kapitel VI
## Die ausschließliche Akzeptanz elektronischer Angebote

### 1. Problemlage

Fraglich ist, ob der öffentliche Auftraggeber Angebote in der herkömmlichen Form von einem Vergabeverfahren ausschließen, also die alleinige Akzeptanz elektronischer Angebote in der Ausschreibung und in den Verdingungsunterlagen vorschreiben darf.
Es kann – insbesondere nach mehrfacher erfolgreicher Durchführung von Vergabeverfahren (auch) auf elektronischem Wege – für den öffentlichen Auftraggeber reizvoll sein, allein elektronische Angebote zuzulassen. Dies könnte auf einer vom öffentlichen Auftraggeber festgestellten Vereinfachung des Verfahrens mit den damit verbundenen Einsparpotentialen hinsichtlich der erforderlichen Zeit und der Mittel beruhen. Darüber hinaus könnte das „Nebeneinander" von herkömmlichen, schriftlich abgefassten Angeboten und digitalen Angeboten einen erheblichen Mehraufwand der öffentlichen Auftraggeber verursachen, so dass auch aus diesem Grund Auftraggeber bestrebt sein könnten, Angebote in unterschiedlichen Formen zu vermeiden.

Der Wortlaut der entsprechenden Vorschriften, insbesondere von § 15 VgV, lässt die eindeutige Beantwortung der aufgeworfenen Frage nicht zu; des weiteren könnte es zu Kollisionen mit anderen vergaberechtlichen Grundsätzen kommen, wenn allein digitale Angebote akzeptiert werden. Bereits an dieser Stelle sei auf die Gefahren verwiesen, welche sich für kleine und mittelständische Unternehmen aus einer solchen Praxis ergeben könnten. Nach einer Studie der IT-Budget 2001 wird E-Procurement[334] in den nächsten Jahren für viele derartige Unternehmen kein Investitionsziel sein. Allein große Firmen mit mehr als 500 Beschäftigten beabsichtigen, in die für die Teilnahme an elektronischer Auftragsvergabe erforderliche Infrastruktur zu investieren. Damit wäre kleinen und mittleren Unternehmen faktisch der Zugang zum Markt staatlicher oder staatsnaher Beschaffung verwehrt.

Die nachfolgende Betrachtung beschränkt sich dabei auf die Rechtslage bei Vergaben oberhalb der nach § 2 VgV maßgeblichen Schwellenwerte, d.h. auf Vergabeverfahren, bei welchen öffentliche Auftraggeber zu Anwendung von GWB, VgV sowie des zweiten Abschnitts der im Einzelfall maßgeblichen Verdingungsordnung verpflichtet sind.

---

334 http://193.26.250.8/deutsch/press/2001/01infoweek0908.html

## 2. Die Rechtslage nach der VOB/A

Gemäß § 21 Nr. 1 Abs. 1 VOB/A gilt:

> „Die Angebote müssen schriftlich eingereicht und unterzeichnet sein. Daneben kann der Auftraggeber mit digitaler Signatur im Sinne des Signaturgesetzes versehene digitale Angebote zulassen, die verschlüsselt eingereicht werden müssen. Die Angebote sollen nur den Preis und die geforderten Erklärungen enthalten. Änderungen des Bieters an seinen Eintragungen müssen zweifelfrei sein."

Diese Vorschrift ist auch im zweiten Abschnitt der VOB/A enthalten und daher ebenfalls oberhalb der Schwellenwerte anzuwenden.

Fraglich ist, ob § 21 Nr. 1 Abs. 1 VOB/A dem Auftraggeber damit die Wahl zwischen den beiden möglichen Formen der Angebote überlässt, oder ob nur die Möglichkeit geschaffen werden sollte, im Ermessen des Auftraggebers zusätzlich zur schriftlichen Angebotseinreichung auch digitale Angebote zuzulassen.

Über den Norminhalt herrscht innerhalb der rechtswissenschaftlichen Diskussion Uneinigkeit.
Beide Auffassungen werden vertreten. Nur beispielhaft sei auf *Antweiler*[335] verwiesen, der feststellt, dass der Auftraggeber die Wahl habe, ob er die Schriftform, die digitale Form oder beide Formen zulassen wolle.
Zur Beantwortung der Frage ist zunächst der Wortlaut der Vorschrift heranzuziehen: Der Gesetzgeber hat zur Beschreibung der Zulässigkeit digitaler Angebote die Formulierung „daneben" und nicht „statt" oder „anstelle" gewählt. Dies deutet bereits in erheblichem Maße darauf hin, dass die digitale Angebotsabgabe nur eine zusätzliche Möglichkeit für den Bieter, keineswegs aber einen Zwang für diesen darstellen soll.
Darüber hinaus verbietet sich eine isolierte Betrachtung des § 21 Nr.1 Abs. 1 Satz 2 VOB/A; der Teil ist vielmehr in den Gesamtzusammenhang der Vorschrift einzuordnen, so dass insbesondere auch Satz 1 Berücksichtigung zu finden hat. Danach „müssen" Angebote schriftlich eingereicht werden.
Die schriftliche Angebotseinreichung stellt ganz offensichtlich den Grundsatz und Regelfall dar. Bei der digitalen Angebotsabgabe handelt es sich somit um eine Ausnahme dazu. Keineswegs legt es der Wortlaut der Norm nahe, daraus den Schluss zu ziehen, Satz 2 könne Satz 1 ersetzen. Vielmehr ist der Grundsatz schriftlicher Angebotsabgabe nicht durch Entscheidungen des Auftraggebers aufhebbar. Seine Entscheidungsbefugnis ist dahingehend begrenzt, eine weitere Op-

---

335 *Antweiler*, CR 2001, 717, 721; ganz offensichtlich wird *Prieß* in Motzke/Pietzcker/Prieß, § 21 VOB/A Rn 20, auf welchen in der Darstellung Bezug genommen wird, mißverstanden.

tion zu schaffen, stellt somit also eine „fakultative Zusatzmöglichkeit“[336] dar. Die Formulierung „daneben“ ist schon bei alleiniger Berücksichtigung des Wortlauts im Sinne von „alternativ zu Satz 1“ zu verstehen[337].
Im Ergebnis bedeutet dies, dass öffentliche Auftraggeber die Wahl haben, entweder nur schriftliche Angebote, oder schriftliche und elektronische Angebote nebeneinander zuzulassen[338].

Daneben liegt es nahe, dass die alleinige Akzeptanz elektronischer Angebote jedenfalls zum jetzigen Zeitpunkt zu Kollisionen mit elementaren vergaberechtlichen Grundsätzen, namentlich dem Wettbewerbsgrundsatz, dem Diskriminierungsverbot und dem Gebot der Mittelstandsförderung, führen würde.
§ 97 Abs. 1 GWB sieht vor, dass Waren im Wettbewerb und im Wege transparenter Vergabeverfahren zu beschaffen sind. § 97 Abs. 2 GWB statuiert die Verpflichtung des öffentlichen Auftraggebers, die Teilnehmer an einem Vergabeverfahren gleich zu behandeln. Damit beinhaltet § 97 GWB „eine Zusammenfassung elementarer Prinzipien des europäischen und deutschen Vergaberechts und kann damit als Grundsatznorm des neuen Kartellvergaberechts bezeichnet werden“[339].
Mit Stärkung des Wettbewerbsgrundsatzes vollzieht der Gesetzgeber gemeinschaftsrechtliche Vorgaben nach[340]. Alle Richtlinien betonen in ihren Erwägungsgründen die Zielsetzung, einen echten Wettbewerb zu ermöglichen[341]. Ein wichtiges Element bei der Schaffung von Wettbewerb ist es, möglichst vielen Bietern die Teilnahme an einem Vergabeverfahren zu ermöglichen. So liegt der Betonung des Wettbewerbsprinzips die Erkenntnis des Gesetzgebers zugrunde, dass gerade die Beteiligung vieler Bieter an einem Vergabeverfahren und der Wettbewerb unter diesen den öffentlichen Auftraggebern ermöglicht, Verträge zu den bestmöglichen Konditionen abzuschließen[342].
Zur Zeit verfügen viele potentiell auf Bieterseite beteiligte Unternehmen nicht über die erforderliche Infrastruktur und die erforderlichen Fachkenntnisse, um an elektronischen Ausschreibungen teilzunehmen. Allein die – wenigen – größeren Unternehmen beabsichtigen, mittelfristig die Voraussetzungen zur Teilnahme an elektronischen Vergabeverfahren zu schaffen[343]. Jedenfalls zur Zeit und auch in

---

336 *Malmendier*, VergabeR 2001, 178, 184
337 *Kratzenberg* in Ingenstau/Korbion, § 21 Rn 2d; ebenso *Höfler*, NZBau 2000, 449, 455, der dieses Regel-Ausnahme-Verhältnis kritisiert
338 *Prieß* in Motzke/Pietzcker/Prieß, § 21 VOB/A Rn 20; so auch *Müller* in Byok/Jaeger, § 15 VgV Rn 1622
339 *Boesen*, § 97 Rn 1
340 *Hailbronner* in Byok/Jaeger, § 97 Rn 133
341 Vgl. statt vieler RiLi 92/50/EWG, Erwägungsgrund 20, ABl. 1992, L 209, 2
342 *Stickler* in Reidt/Stickler/Glahs, § 97 Rn 5
343 Vgl. die Studie IT-Budget 2001, im Internet abrufbar unter: http://193.26.250.8/deutsch/press/2001/01infoweek0908.html

der näheren Zukunft würde durch die Zulassung allein digitaler Angebote zur Teilnahme am Vergabeverfahren daher der Wettbewerbsgrundsatz ausgehöhlt.
Selbst wenn Großunternehmen in die technische Ausstattung und das benötigte Fachwissen investieren wollen und – was vielleicht ebenso wichtig ist – können, besteht in erheblichem Maße die Gefahr, dass insbesondere kleine und mittlere Unternehmen diskriminiert werden.
Die Chancengleichheit, als Element des Diskriminierungsverbots gem. § 97 Abs. 2 GWB, ist ein zentrales Gebot des Vergabeverfahrens[344] und somit in jeder seiner Phasen zu beachten. Das Gleichbehandlungs- oder Nichtdiskriminierungsgebot wird durch zahlreiche Einzelvorschriften in VgV und Verdingungsordnungen näher konkretisiert, so dass die Grundsatzvorschrift des § 97 GWB insbesondere zur Auslegung von Vorschriften oder zur Lückefüllung herangezogen werden muss.
Berücksichtigt man also § 97 Abs. 2 GWB bei der Auslegung von § 21 Nr. 1 Abs. 1 VOB/A, so ist die Vorschrift so auszulegen, dass es nicht zu Benachteiligungen einzelner Bietergruppen kommt. Lässt aber der öffentliche Auftraggeber allein elektronische Angebote zu, so kommt es schon allein aufgrund dieser Einzelentscheidung im Rahmen des gesamten Vergabeverfahrens zu einer erheblichen Benachteiligung weiter Teile der interessierten Bieter. Trotz möglicherweise wirtschaftlicher Angebote wird denjenigen Unternehmen, die noch nicht über die erforderliche Technik verfügen, jedenfalls zum heutigen Zeitpunkt die Teilnahme am Vergabeverfahren faktisch unmöglich gemacht.

Eine Beschränkung des Vergabeverfahrens ausschließlich auf elektronische Angebote könnte endlich einen Verstoß gegen die Verpflichtung zur Berücksichtigung mittelständischer Interessen i.S.v. § 97 Abs. 3 GWB darstellen.
Der Begriff der „mittelständischen Interessen" knüpft an die spezifische Wettbewerbssituation der kleineren und mittleren Unternehmen an[345]. § 97 Abs. 3 enthält insoweit einen Förderauftrag für diese Unternehmen. Diese werden regelmäßig nicht in der Lage sein, komplexe Bauvorhaben im eigenen Betrieb auszuführen, so dass die Gefahr besteht, dass derartige Aufträge nur an Großbetriebe vergeben werden können. Das GWB sieht daher vor, Mittelstandsförderung „vornehmlich" durch die Aufteilung der Aufträge in Teil- und Fachlose zu betreiben, also den kleineren Unternehmen die Gelegenheit zu geben, sich für die Ausführung von Teilen des Bauvorhabens zu bewerben.

Solange insbesondere der Mittelstand sich aus technischen Gründen nicht an elektronischen Vergabeverfahren beteiligen kann, etwa weil die Investitionskosten zu hoch sind, würde die alleinige Zulassung elektronischer Angebote dem Gedan-

---

344 *Boesen*, § 97 Rn 30
345 *Hailbronner* in Byok/Jaeger, § 97 Rn 220

ken des § 97 Abs. 3 GWB zuwiderlaufen, denn gerade das Gegenteil von „Mittelstandsförderung" würde betrieben. Da § 97 Abs. 3 GWB ein subjektives einklagbares Bieterrecht darstellt[346], müssen öffentliche Auftraggeber schon deshalb schriftliche Angebote auch weiterhin akzeptieren, um nicht dem Vorwurf ausgesetzt zu sein, dem Förderungsauftrag nicht hinreichend nachgekommen zu sein. Insoweit kann Mittelstandsförderung gerade auch bedeuten, diesen Bieterkreis durch die Akzeptanz der Schriftform zu fördern. Dass dies nicht ausgeschlossen ist, zeigt die Formulierung des Gesetzgebers: So soll die Förderung „vornehmlich" durch losweise Vergabe erfolgen. Daneben sind freilich weitere Förderungsformen denkbar.

Dieses Auslegungsergebnis entspricht im übrigen auch den Zielen, die der Deutsche Verdingungsausschuss für Bauleistungen mit der Regelung bezweckt, nämlich der Berücksichtigung mittelständischer Interessen im Bauvergabeverfahren. Die VOB trage den Bedenken vor allem kleinerer Betriebe der Bauwirtschaft Rechnung, die noch nicht über eine entsprechende Ausstattung verfügten; auf absehbare Zeit solle es daher bei einem Parallelverfahren aus Papierform und EDV bleiben[347].

Sowohl der Wortlaut als auch die Beachtung elementarer vergaberechtlicher Prinzipien gebieten daher eine Auslegung von § 21 Nr. 1 Abs. 1 VOB/A dahingehend, dass der öffentliche Auftraggeber nur die Wahl hat zwischen Akzeptanz allein schriftlicher, oder schriftlicher und elektronischer Angebote. Die alleinige Akzeptanz digitaler Angebote verstößt gegen § 21 Nr. 1 Abs. 1 VOB/A[348].

### 3. Die Rechtslage nach VOL/A i.V.m. § 15 VgV

Für Vergaben oberhalb der Schwellenwerte enthält die VOL in ihrem zweiten Abschnitt eine Regelung über die Form der Angebote nicht, so dass sich diese nach der subsidiär anzuwendenden, entsprechenden Vorschrift der Vergabeverordnung bestimmt.

---

346 *Hailbronner* in Byok/Jaeger, § 97 Rn 222

347 *Kratzenberg* in Ingenstau/Korbion, VOB-Komm., § 21 VOB/A Rn 2d

348 In diesem Sinne – wenngleich bezugnehmend allein auf den Wortlaut der Vorschrift – auch *Mosbacher,* DÖV, 2001, 573, 574: „Dem öffentlichen Auftraggeber bleibt es verwehrt, ausschließlich digitale Angebote zu verlangen. In der Praxis ist daher mit einem **Nebeneinander** von verkörperten, in Papierform vorliegenden Angeboten und digitalen Angeboten zu rechnen."

§ 15 VgV bestimmt:

> „Soweit die Bestimmungen, auf die die §§ 4 – 7 verweisen, keine Regelungen über die elektronische Angebotsabgabe enthalten, können die Auftraggeber zulassen, dass die Abgabe in anderer Form als schriftlich per Post oder direkt erfolgen kann, sofern sie sicherstellen, dass die Vertraulichkeit der Angebote gewährt ist. Digitale Angebote sind mit Signatur im Sinne des Signaturgesetzes zu versehen und zu verschlüsseln; die Verschlüsselung ist bis zum Ablauf der für die Einreichung der Angebote festgelegten Frist aufrechtzuerhalten."

Auch hier ist fraglich, ob nur ein Nebeneinander von schriftlicher und digitaler Form vorgesehen ist, oder ob öffentliche Auftraggeber die ausschließliche Akzeptanz digitaler Angebote vorschreiben können.
Bei Betrachtung des Wortlauts lässt sich feststellen, dass der Verordnungsgeber offener formuliert hat, als dies beispielsweise die VOB/A vorsieht. Dass nur ein Nebeneinander der beiden Formen zulässig sein soll, ist aufgrund der Formulierung kein zwingender Schluss[349].
Eine gegensätzliche Auffassung vertritt hierzu *Mosbacher*[350]. Seines Erachtens sei es „einem Auftraggeber auch nach dieser Norm verwehrt, ausschließlich eine digitale Angebotsabgabe zuzulassen; sonst hätte der Verordnungsgeber „statt dessen" anstelle von „daneben" verwendet."[351]
Ganz offenkundig geht der Autor von einer unrichtigen Rechtslage aus; die aktuell geltende Vergabeverordnung zeichnet sich dadurch aus, dass im Gegensatz etwa zu § 21 Nr. 1 Abs. 1 VOB/A gerade auf Formulierungen wie „daneben" oder „statt dessen" verzichtet wurde[352].
Der Wortlaut der Vorschrift spricht insoweit eher dafür, dass auch ausschließlich digitale Angebote zugelassen werden können[353].

Bei der Auslegung der Vorschrift sind jedoch – wie schon bei § 21 Nr. 1 Abs. 1 VOB/A – in besonderer Weise die im GWB normierten Grundsätze des Kartellvergaberechts zu berücksichtigen.
Auch hier gilt, dass der Auftraggeber bei Durchführung des Vergabeverfahrens Wettbewerb ermöglichen (§ 97 Abs. 1 GWB), die Bieter gleichbehandeln (§ 97 Abs. 2 GWB) und den Mittelstand fördern (§ 97 Abs. 3 GWB) muss. Die Bedenken, die der alleinigen Akzeptanz elektronischer Aufträge entgegengebracht wer-

349 So auch *Malmendier*, VergabeR 2001, 178, 181. Vor diesem Hintergrund hält auch *Müller* in Byok/Jaeger, § 15 VgV Rn 1621 die ausschließliche Akzeptanz digitaler Angebote für zulässig.
350 *Mosbacher*, DÖV 2001, 573, 576
351 *Malmendier*, VergabeR 2001, 178, 181
352 Vgl. insoweit den eingangs vollständig zitierten Wortlaut von § 15 VgV.
353 So *Müller* in Byok/Jaeger, § 15 VgV Rn 1621

den müssen, unterscheiden sich insoweit nicht von denen bei Bauvergaben nach VOB/A.
Auch hier besteht die Gefahr, dass kleine und mittlere Unternehmen faktisch vom Zugang zu öffentlichen Aufträgen ausgeschlossen würden, was gegen die vorstehend genannten Grundsätze verstieße. Dies gilt jedenfalls, solange gerade der Mittelstand über die erforderliche Infrastruktur nicht verfügt.
Zwar gilt § 15 VgV nur oberhalb der Schwellenwerte, mithin bei Aufträgen größeren Umfangs. Keineswegs kann jedoch daraus die Schlussfolgerung gezogen werden, dass insoweit ohnehin nur eine Beteiligung von Großbetrieben, die in der Regel infrastrukturell besser als Kleinbetriebe ausgestattet sein dürften, in Betracht komme.
Vielmehr muss sichergestellt werden, dass gerade auch kleinere und mittlere Unternehmen eine Teilnahmemöglichkeit besitzen. Würde man es als ausreichend erachten, bei „Großaufträgen" nur auf die Belange von tatsächlich teilnahmefähigen Unternehmen Rücksicht zu nehmen, so hieße dies in der Konsequenz, § 97 GWB nicht anzuwenden. § 97 GWB gilt aber gerade für Vergaben oberhalb der Schwellenwerte und schreibt für diesen Bereich vor, dass etwa Mittelstandsförderung zu betreiben ist. Der Gesetzgeber ging ganz offensichtlich nicht davon aus, dass bei Vergaben oberhalb der Schwellenwerte etwas anderes gelten soll, als bei „Kleinaufträgen". Das Gegenteil ist der Fall. Je größer die Investitionssumme, desto strenger ist – bewusst – der rechtliche Rahmen ausgestaltet worden, um Chancengleichheit zwischen allen potentiellen Bietern zu gewährleisten[354].
Überdies ist zu bedenken, dass im Regelfall bei Vergaben im Bereich der VOL ein Schwellenwert von nur 200.000 EUR gilt[355]. Es ist nahe liegend, dass sich um derartige Lieferaufträge – die noch nicht als „Großaufträge" bezeichnet werden können – auch und gerade kleinere und mittelständische Untenehmen bewerben.

Die Frage, ob öffentliche Auftraggeber allein elektronische Angebote zulassen können, hängt demnach davon ab, ob von echtem „Wettbewerb" i.S.v. § 97 Abs. 1 GWB gesprochen werden kann. Dieser wiederum wird maßgeblich von den tatsächlichen Verhältnissen beeinflusst. Sobald sichergestellt ist, dass die Alleinzulassung elektronischer Angebote nicht zu einer Ungleichbehandlung der Bieter führt, indem bestimmte Bieterkreise schon dadurch systematisch von Vergabeverfahren ausgeschlossen werden, stehen rechtliche Gesichtspunkte dem nicht entge-

---

354 a.A. *Müller* in Byok/Jaeger, § 15 VgV Rn 1621, der zur Begründung ausschließlich auf den Wortlaut von § 15 VgV abstellt, ohne die Frage nach einer möglichen Diskriminierung einzelner Anbieter durch die ausschließliche Zulassung digitaler Angebote und damit nach einem Verstoß gegen vergaberechtliche Grundsätze zu stellen.

355 Art. 7 a) Richtlinie 2004/18/EG legt den Schwellenwert für bei öffentlichen Liefer- und Dienstleistungsaufträgen, die von bestimmten zentralen Regierungsbehörden als öffentlichen Auftraggebern vergeben werden, nunmehr sogar auf nur € 162.000,- € fest.

gen. Insbesondere lässt der im Gegensatz zur VOB/A offenere Wortlaut der Formvorschrift der Vergabeverordnung dies auch zu.
Unter Berücksichtigung der heutigen Verhältnisse sind jedoch bei Vergaben im Anwendungsbereich der VOL zwingend auch schriftliche Angebote zu akzeptieren.

### 4. Rechtslage nach VOF i.V.m. § 15 VgV

Die VOF regelt die Angebotsabgabe nicht. Eine der VOB/A oder VOL entsprechende Vorschrift fehlt.
Dies resultiert daraus, dass hier regelmäßig das Verhandlungsverfahren Anwendung findet, der Inhalt der Angebote somit durch Gespräche zwischen öffentlichem Auftraggeber und Bieter festgelegt wird. Das Verfahren ist wenig formalisiert, so dass insbesondere die digitale Abgabe „verhandelter Angebote" ungeregelt geblieben ist.
Insoweit dürfte für die Abgabe des endgültig ausgehandelten Angebots § 15 VgV gelten, der praktische Anwendungsbereich indes gegen Null tendieren[356], insbesondere deshalb, weil Vorteile dieser Kommunikationsform weder für den Kreis der zur Abgabe eines Angebotes aufgeforderten Bieter, noch für den öffentlichen Auftraggeber erkennbar sind.

### 5. Zusammenfassung der Ergebnisse

Die Beantwortung der Frage nach der Zulässigkeit ausschließlich digitaler Angebote hängt stark ab von den vorhandenen tatsächlichen Rahmenbedingungen. Dies gilt im besonderen Maße für mögliche Verstöße gegen das Wettbewerbsprinzip, das Gleichbehandlungsgebot und das Gebot der Mittelstandsförderung. Dadurch, dass zur Zeit relevante Teile interessierter Unternehmen über die erforderliche technischen Ausstattung (noch) nicht verfügen, mithin nur ein sehr begrenzter Teil von (Groß-)Unternehmen sich um Aufträge bewerben könnte, missachtet die ausschließliche Akzeptanz elektronischer Angebote elementare Prinzipien des Vergaberechts.
Die Rechtslage wird anders zu beurteilen sein, wenn die erforderliche Infrastruktur in weitaus größerem Maße auf Auftraggeber- und Unternehmerseite zur Verfügung steht und somit nicht allein durch das Vorschreiben einer bestimmten Form ein Ausschluss von Teilen der Bietern vorgenommen wird. Dies gilt in jedem Fall für Vergaben im Anwendungsbereich der VOL oder der VOF. Bei Vergaben im Anwendungsbereich der VOB/A liefert indes der Wortlaut von § 21 Nr. 1 Abs. 1 VOB/A ein beachtliches Argument gegen die alleinige Zulässigkeit elektronischer Angebote. Hier wird unabhängig von der tatsächlichen Verbreitung der erforderlichen Infrastruktur stets nur ein Parallelverfahren zulässig sein.

---

[356] In diesem Sinne auch *Malmendier*, VergabeR 2001, 178, 187

**KAPITEL VII**
**RECHTSFOLGEN FEHLERHAFTER ODER FEHLENDER DIGITALER SIGNATUREN**

## 1. Problemlage

Fehler öffentlicher Auftraggeber bei der Vergabe öffentlicher Aufträge sind in vielfacher Hinsicht denkbar und stete Realität. Dies zeigt die hohe Zahl der Vergabenachprüfungsverfahren, welche nach Inkrafttreten des Vergaberechtsänderungsgesetzes durchgeführt wurden.

Aus der Schaffung der digitalen Angebotsabgabe resultiert gleichzeitig die Möglichkeit, auf diesem Wege formunwirksame Angebote abzugeben. Formale Mängel der Angebot sind in vielerlei Hinsicht denkbar. Zutreffend stellt *Mosbacher*[357] fest, dass sich mangelnde oder abgelaufene Zertifizierung der Bietersignaturen, Anfälligkeiten gegen Viren oder Hackerangriffe „ohne große Phantasie" vorstellen ließen, mithin die Einreichung formunwirksamer Angebote im Vergleich zu herkömmlichen Formen häufiger vorkommen könne[358].
Nur beispielhaft sei an dieser Stelle auf die Gefahr ungültiger digitaler Signaturen verwiesen. Eine qualifizierte digitale Signatur ist nur dann gültig, wenn durch das Zertifikat einer Zertifizierungsstelle die digitale Signatur einer bestimmten Person zugeordnet ist, die mittels des ihr zugeteilten Schlüssels ein verschlüsseltes Dokument signieren und damit eine verschlüsselte Kurzfassung der Daten absetzen kann[359]. Dies wiederum muss von dem öffentlichen Auftraggeber mittels öffentlichen Schlüssels hinsichtlich der Signatur überprüft werden. Die digitale Signatur kann damit als „verschlüsselte Kurzfassung"[360] der signierten Daten bezeichnet werden. Keineswegs reicht es daher aus, wenn Bieter – möglicherweise aus Unkenntnis – auf ein auf dem Markt befindliches nicht reguliertes Verfahren zurückgreifen.

Die aus der Ungültigkeit resultierenden Rechtsfolgen sind in der VOB/A eindeutig geregelt; gemäß § 25 Nr. 1 Abs. 1 lit. b) VOB/A sind „Angebote, die dem § 21 Nr. 1 Abs. 1 und 2 nicht entsprechen" auszuschließen. Bereits auf der ersten Wertungsebene, bei der Prüfung der formalen Richtigkeit der Angebote, sind die

---

357 *Mosbacher*, DÖV 2001, 573, 578

358 Vgl. dazu auch www.tecchannel.de/internet/909/10.html: „Während die Sache mit der digitalen Signatur juristisch im Lot ist, hat die praktische Umsetzung noch mit Kinderkrankheiten zu kämpfen. [...] Wird hier ein Fehler begangen, etwa indem ein Betrüger die Signatur für eine gefälschte Identität erhält oder Hacker Zugriff auf die Computersysteme in der Zertifizierungsstelle bekommen, lassen sich die Folgen ausmalen."

359 Vgl. eingehender zur Basistechnologie sowie zum europäischen Rechtsrahmen digitaler Signaturen *Roßnagel*, K&R 2000, 313 ff.; eine Betrachtung aus datenschutzrechtlicher Sicht findet sich bei *Herchenbach*, K&R 2000, 235 ff.

360 *Eberstein* in Daub/Eberstein, § 21 Rn 19b

betreffenden Bieter zwingend aus dem weiteren Verfahren auszuschließen, ohne dass der öffentliche Auftraggeber noch inhaltlich in die Wertung einsteigen dürfte. Ein Ermessen des Auftraggebers besteht nicht.

Bei Angeboten in herkömmlicher Schriftform war die Prüfung der Formwirksamkeit der abgegebenen Angebote mit wenig Aufwand für die am Entscheidungsprozess beteiligten Mitarbeiter des öffentlichen Auftraggebers möglich. In der Regel reichte hier ein Blick auf das Angebotsschreiben, etwa um zu erkennen, dass die erforderliche Unterschrift fehlte.

Diese Feststellungen werden künftig bei digitalen Angeboten schwerer zu treffen sein, da eine erheblich höhere Fachkenntnis erforderlich ist. Es ist jedenfalls denkbar, dass Formfehler digitaler Angebote durch den öffentlichen Auftraggeber übersehen werden, so dass eine Zuschlagserteilung auf ein nicht den formalen Anforderungen der Verdingungsordnungen entsprechendes Angebot bevorsteht.

Von besonderer praktischer Relevanz wird daher für die übrigen Bieter sein, welche Rechtsbehelfe ihnen in dieser Situation zur Verfügung stehen, um die geplante Zuschlagserteilung zu verhindern.

Die nachfolgende Darstellung beschränkt sich dabei auf Vergabeverfahren, bei welchen die nach § 2 VgV maßgeblichen Schwellenwerte erreicht oder überschritten werden, so dass die gesamte Regelungskaskade aus GWB, Vergabeverordnung und Verdingungsordnungen zu beachten ist, da unterhalb der Schwellenwerte zur Zeit ein spezifisch vergaberechtlicher Rechtsschutz nicht besteht, und Bieter daher vielmehr allein auf die Geltendmachung von Schadensersatzansprüchen beschränkt sind[361].

### 2. Systematik des vergaberechtlichen Primärrechtsschutzes bei Vergaben oberhalb der Schwellenwerte nach § 2 VgV

Oberhalb der nach § 2 VgV für die einzelnen Arten der Vergabe maßgeblichen Schwellenwerte steht dem Bieter ein System primären Rechtsschutzes zur Verfügung, mit welchem er die Einhaltung der vergaberechtlichen Bestimmungen erzwingen kann.

Sobald der öffentliche Auftraggeber die Entscheidung getroffen hat, einem bestimmten Bieter den Zuschlag zu erteilen, hat er dies unter Angabe der wesentlichen Gründe den unterlegenen Bietern mitzuteilen (so genannte Vorabinformationspflicht gem. § 13 VgV). Sinn dieser Informationspflicht ist es, den unterlegenen Bietern rechtzeitig, d.h. vor Zuschlagserteilung, die Einleitung eines Verga-

---

361 *Boesen*, Einl. Rn 157 bezeichnet die allein an der wirtschaftlichen Bedeutung orientierte Zweiteilung als „aus rechtspolitischen Gründe fragwürdig". Dies ändert freilich nichts daran, dass die aktuelle Rechtslage effektiven Primärrechtsschutz unterhalb der Schwellenwerte nicht ermöglicht. *Dreher* in Immenga/Mestmäcker, Vor §§ 97 ff. Rn 53 spricht in diesem Zusammenhang von „faktischer Rechtsschutzlosigkeit".

benachprüfungsverfahrens zu ermöglichen. Dies entsprach schon vor Inkrafttreten von § 13 VgV der Rechtsprechung der 1. Vergabekammer beim Bundeskartellamt. In der Entscheidung „Münzplättchen 2"[362] hatte die Vergabekammer mit nicht unerheblichem Begründungsaufwand entschieden, dass die Auftragsvergabe als Akt der öffentlichen Gewalt i.S.v. Art. 19 IV GG anzusehen sei, gegen welchen effektiver Rechtsschutz ermöglicht werden müsse. Angesichts dieser Feststellungen legte das Gericht im konkreten Fall § 27a VOL/A verfassungskonform dahingehend aus, dass die nichtberücksichtigten Bieter rechtzeitig vor Zuschlagserteilung über die Nichtberücksichtigung und die dafür erheblichen Entscheidungsgründe zu informieren seien, damit die Zuschlagserteilung selbst verhindert werden könne.

Da ein einmal wirksam abgeschlossener Vertrag nicht ohne weiteres wieder aufgehoben werden kann, kommt der rechtzeitigen Kenntnis der unterlegenen Bieter von der beabsichtigten Zuschlagserteilung an einen anderen Teilnehmer am Vergabeverfahren besondere Bedeutung zu. Die Vergabestelle kann die Kenntnis der Bieter von der beabsichtigten Nichterteilung des Zuschlags auch nicht durch ein Unterlassen der Vorinformation umgehen, um die rechtzeitige Stellung eines Nachprüfungsantrags zu verhindern. Gemäß § 13 S.3 und 4 VgV gilt:
„Ein Vertrag darf [...] ohne dass die Information erteilt worden [...] ist, nicht geschlossen werden. Ein dennoch abgeschlossener Vertrag ist nichtig."
Der wirksame Abschluss eines Vertrages zwischen dem öffentlichen Auftraggeber und dem ausgewählten Unternehmen kommt damit unter Umgehung von § 13 VgV nicht in Betracht[363].

Im Einklang mit der 1. Vergabekammer beim Bundeskartellamt entschied der EuGH – wenngleich für das österreichische Vergaberecht – in der Folgezeit, dass die dem Vertragsschluss vorhergehende (interne) Entscheidung der Vergabestelle über die Zuschlagserteilung in jedem Fall auf mitgliedstaatlicher Ebene einer Nachprüfung zugänglich sein müsse[364].

Sobald der unterlegene Bieter von der Nichtberücksichtigung bei der Zuschlagserteilung durch die Vorabinformation Kenntnis erlangt, kann und muss er Primärrechtsschutz suchen, wenn er sich aufgrund von Verstößen gegen vergaberechtliche Vorschriften in seinen Rechten verletzt glaubt. Einen solchen Verstoß kann

[362] VK 1-77/99 NJW 2000, 151 = BB 1999, 1076 („Münzplättchen 2")

[363] Die Nichtigkeitsfolge ergibt sich unmittelbar aus der Vergabeverordnung, ohne dass es auf § 134 BGB ankäme. Wie *Mayer-Maly/Armbrüster* in MüKo § 134 Rn 3 zutreffend anmerken, kommt § 134 BGB dann nicht zum Zuge, wenn ein Verbotsgesetz die Rechtsfolgen seiner Verletzung – wie § 13 S. 4 VgV – selbst regelt; insoweit ungenau in ähnlicher Konstellation BGHZ 108, 147, 150

[364] EuGH Rs. C-81/98 (*Alcatel Austria*), EuZW 1999, 759 ff. mit Anmerkungen *Hausmann*

auch die geplante Zuschlagserteilung auf ein nicht formwirksam i.S.v. § 21 Nr. 1 Abs. 1 VOB/A abgegebenes Angebot darstellen.
Die Einleitung eines Nachprüfungsantrags hat gem. § 115 GWB aufschiebende Wirkung. Die Vorschrift enthält insoweit „Anklänge"[365] von § 80 VwGO. Ein dennoch erteilter Zuschlag hat die Nichtigkeit des Vertrages gem. § 134 BGB zur Folge[366].

Das zweistufige Vergabenachprüfungsverfahren findet in erster Instanz vor der Vergabekammer gem. §§ 102 ff. GWB statt. Es handelt sich dabei um ein „justizförmig ausgestaltetes Verwaltungsverfahren, das durch den Erlass eines Verwaltungsaktes gem. § 114 Abs. 3 GWB seinen Abschluss findet"[367].
Gegen die Entscheidung der Vergabekammer ist die sofortige Beschwerde gem. §§ 116 ff. GWB zu den Oberlandesgerichten zulässig, bei welchen i.d.R. spezielle Vergabesenate gebildet werden. Über die Form der Entscheidung des Oberlandesgerichts enthält der 4. Teil des GWB keine eindeutigen Aussagen; durch die Verweisung von § 120 Abs. 2 GWB insbesondere auf die Vorschriften des Kartellbeschwerdeverfahrens ergibt sich jedoch, dass durch Beschluss entschieden wird. Da die Oberlandesgerichte einen Verwaltungsakt der Vergabekammer überprüfen, und nicht – wie üblich – ein Urteil unterer Instanz, nimmt die sofortige Beschwerde insoweit eine prozessrechtliche Sonderstellung[368] ein.

Die Zulässigkeitsvoraussetzungen für die Einleitung eines Nachprüfungsverfahrens vor der Vergabekammer sind im 4. Teil des GWB normiert. Erforderlich ist neben der Stellung eines Antrags (vgl. § 107 Abs. 1 GWB), der Antragsbefugnis (vgl. § 107 Abs. 2 GWB), der vorherigen Wahrnehmung der Rügepflicht (vgl. § 107 Abs. 3 GWB) und der Beachtung der Form und des Begründungserfordernisses (vgl. § 108 GWB) die Geltendmachung der Verletzung von „Bestimmungen über das Vergabeverfahren" gem. § 97 Abs. 7 GWB. Wie auch bei § 42 Abs. 2 VwGO reicht es für die Zulässigkeit des Nachprüfungsantrags aus, dass die Möglichkeit[369] der Verletzung von „Bestimmungen über das Vergabeverfahren" besteht. Ob eine Rechtsverletzung tatsächlich vorliegt, ist dagegen Frage der Begründetheit des Antrags.

365 *Braun*, BB 1999, 1069, 1071
366 *Byok* in Byok/Jaeger, § 115 Rn 1097
367 *Boesen*, § 102 Rn 4
368 *Boesen*, § 123 Rn 3
369 *Marx* in Motzke/Pietzcker/Prieß, § 107 Rn 24 a.E.

## 3. Die „Bestimmungen über das Vergabeverfahren" i.S.v. § 97 Abs. 7 GWB

### 3.1 Einleitung

In § 97 Abs. 7 GWB heißt es:

> „Die Unternehmen haben Anspruch darauf, dass der Auftraggeber die Bestimmungen über das Vergabeverfahren einhält."

§ 97 Abs. 7 GWB nimmt den Schwerpunkt der rechtswissenschaftlichen Diskussion innerhalb derjenigen Vorschriften ein, die durch das Vergaberechtsänderungsgesetz geschaffen worden sind. Die hierbei streitigen Fragen haben bereits auf der Ebene der Zulässigkeit des Antrags Bedeutung.
Das besondere Augenmerk, das dieser Vorschrift von verschiedener Seite gewidmet wird, resultiert daraus, dass ein „Anspruch" auf Einhaltung bestimmter vergaberechtlicher Vorschriften eine erhebliche Neuerung zu der lange Zeit geltenden Rechtslage war, während der vergaberechtliche Vorschriften im Rahmen des Haushaltsrechts lediglich eine verwaltungsinterne Wirkung entfalteten, die Bieter sich daher mangels Außenwirkung nicht effektiv gegen eine Verletzung wehren konnten.
§ 97 GWB wird daher vereinzelt als „Vergabe-Verfassungsrecht"[370], und speziell Abs. 7 der Vorschrift als „*das* Vergabe-Grundrecht schlechthin"[371] bezeichnet. Die Vorschrift „revolutioniere"[372] das Vergaberecht. Ob dieser euphorischen Beschreibung zu folgen ist, mag dahinstehen und die Praxis zeigen. Unbestritten aber hat § 97 Abs. 7 GWB eine zentrale Stellung im System des Vergaberechtsschutzes inne.

In höchstem Maße ist umstritten, wie die eingangs zitierte Formulierung des § 97 Abs. 7 GWB („Bestimmungen über das Vergabeverfahren") auszulegen ist.

So stellt beispielsweise *Marx*[373] fest:

> „Das objektiv am Auftrag interessierte Unternehmen muss über das eigene Interesse hinaus geltend machen können, durch Nichtbeachtung von Vergabevorschriften in seinen, d.h. eigenen Rechten nach § 97 Abs. 7 GWB verletzt zu sein. Da nach § 97 Abs. 7 GWB jedes an einem Auftrag objektiv interessierte Unternehmen einen Anspruch auf Einhaltung der Vergabevorschriften hat, ist mit der Behauptung, bestimmte Vergabevorschriften seien vom Auftraggeber verletzt worden, zugleich auch die Rechtsverletzung vorgetragen. § 97 Abs. 7 GWB unterscheidet nicht nach einzuhaltenden Vergabevorschriften und solchen, die nicht

---

370 *Gröning*, ZIP 1999, 52, 54
371 *Gröning*, ZIP 1999, 52, 54
372 *Marx* in Motzke/Pietzcker/Prieß, § 97 GWB Rn 4
373 *Marx* in Motzke/Pietzcker/Prieß, § 107 GWB Rn 24 a.E.

> dem Schutze des Unternehmens dienen. Eine Untersuchung, ob diese oder jene Vergabevorschrift dem Schutze des Unternehmens dient oder etwa zu anderen Zwecken in Gesetz, Vergabeverordnung oder Verdingungsordnung aufgenommen wurde, erübrigt sich deshalb."

Vom Gegenteil geht dagegen unter anderem *Boesen*[374] aus:

> „Ein Anspruch auf Einhaltung der Vergaberegeln besteht gemäß § 97 Abs. 7 nur hinsichtlich solcher Vorschriften, die bieterschützenden Charakter haben. Das bedeutet, dass es [...] nicht genügt, *irgendeine* Rechtsverletzung geltend zu machen. Der Antragsteller muss vielmehr – in Anlehnung an die Voraussetzungen der Klagebefugnis nach § 42 Abs. 2 VwGO – die konkrete Möglichkeit einer Verletzung in eigenen *subjektiven* Rechten, die ihm durch § 97 Abs. 7 GWB eingeräumt werden, substantiiert behaupten."

Dieser Streit ist gerade dann von entscheidungserheblicher Bedeutung, wenn der Bieter geltend macht, dass der Auftraggeber beabsichtige, den Zuschlag auf ein nicht formwirksam abgegebenes Angebot zu erteilen. Folgte man der Auffassung *Boesens* u.a., so wäre zu entscheiden, ob Formvorschriften als bieterschützend oder als bloße Ordnungsvorschriften im Interesse des öffentlichen Auftraggebers zu qualifizieren wären.
Nach erstgenannter Ansicht käme es gerade darauf nicht an. Vielmehr wäre der Bieter bei Verletzung jeglicher vergaberechtlicher Vorschrift antragsbefugt.

### 3.2 Erfassung jeglicher Vorschrift durch § 97 Abs. 7 GWB

Neben der eingangs bereits zitierten Ansicht von *Marx*[375] spricht sich insbesondere *Dreher*[376] für eine weite Auslegung von § 97 Abs. 7 GWB aus. Unter die „Bestimmungen über das Vergabeverfahren", auf deren Einhaltung die Bieter einen Anspruch hätten, seien all diejenigen Vorschriften zu subsumieren, bei denen ein Bezug zur Durchführung konkreter Vergabeverfahren bestehe[377]. Nicht zu den Bestimmungen über das Vergabeverfahren zählten Vorschriften des Vergaberechts, die – wie etwa Statistikpflichten der Auftraggeber gegenüber dem Staat – Rechtspflichten der Vergabestelle ohne Bezug zum Vergabeverfahren, oder solche, die – wie z.B. § 2 Nr. 3 VOB/A – noch nicht einmal Rechtspflichten der Vergabestellen schafften[378].
Es komme jedenfalls nicht auf Schutzzweckerwägungen an.

---

374 *Boesen*, § 107 Rn 44
375 *Marx* in Motzke/Pietzcker/Prieß, § 107 GWB Rn 24 a.E.
376 *Dreher* in Immenga/Mestmäcker, § 97 Rn 190 ff. m.w.N.
377 *Dreher* in Immenga/Mestmäcker, § 97 Rn 187 f.
378 *Dreher* in Immenga/Mestmäcker, § 97 Rn 188 a.E.

Zur Begründung dieser Auffassung werden Umsetzungsverpflichtungen hinsichtlich gemeinschaftsrechtlicher Richtlinien angeführt.
Zur Verdeutlichung des argumentativen Ausgangspunktes ist eine kurze Betrachtung der Gesetzgebungsgeschichte des Vergaberechtsänderungsgesetzes erforderlich. In seinem Urteil vom 11.08.1995 hat der EuGH[379] im Rahmen einer gegen die Bundesrepublik Deutschland erhobenen Vertragsverletzungsklage festgestellt, dass diese deshalb gegen Verpflichtungen aus dem EG-Vertrag verstoßen habe, weil sie in nicht hinreichendem Maße die Richtlinien für Bau- und Lieferaufträge im Wege der so genannten „haushaltsrechtlichen Lösung" umgesetzt habe. Den Bietern würden durch die haushaltsrechtliche Lösung keine „Ansprüche des einzelnen" eingeräumt.

Im Einzelnen führte der EuGH aus:

> „Nach ständiger Rechtsprechung verlangt die Umsetzung einer Richtlinie in innerstaatliches Recht nicht notwendigerweise, dass ihre Bestimmungen förmlich und wörtlich in einer ausdrücklichen besonderen Gesetzesvorschrift wiedergegeben werden. [...] Sodann ist festzustellen, dass die in den Richtlinien [...] enthaltenen Vorschriften über die Teilnahme und Publizität den Bieter vor Willkür des öffentlichen Auftraggebers schützen sollen. Ein solcher Schutz kann nicht wirksam werden, wenn der Bieter sich nicht gegenüber dem Auftraggeber auf diese Vorschriften berufen und gegebenenfalls deren Verletzung vor den nationalen Gerichten geltend machen kann."[380]

Um dieses Umsetzungsdefizit abzuschaffen, beschloss die Bundesregierung, Vorschriften über das Vergabeverfahren in das GWB zu integrieren, gesetzliche Ansprüche durch § 97 Abs. 7 GWB zu schaffen und somit den vom EuGH aufgestellten Anforderungen nachzukommen.
§ 97 Abs. 7 GWB stellt insoweit einen Teil der Umsetzung der Vergaberichtlinien unter Berücksichtigung der Rechtsprechung des EuGH dar[381].

Eine gemeinschaftsrechtskonforme Umsetzung der Vergaberichtlinien verbiete es aber, § 97 Abs. 7 GWB auf „bieterschützende Vorschriften" zu begrenzen. Denn die Entscheidung darüber, *welche* vergaberechtlichen Vorschriften aus GWB, Vergabeverordnung und Verdingungsordnungen, bieterschützenden Charakter hätten, bliebe der Verwaltung und der Rechtsprechung überlassen, wobei letztere in der Vergangenheit bei der Prüfung zivilrechtlicher Ansprüche mit der Aner-

---

379 EuGH, Rs. C-433/93 (*Kommission/Bundesrepublik Deutschland*), EuZW 1995, 635 ff.; mit Anmerkung *Dreher*

380 EuGH Rs. C-433/93 (*Kommission/Bundesrepublik Deutschland*), EuZW 1995, 635, 636

381 *Dreher*, EuZW 1998, 197, 199 betont, dass es trotz der klaren Aussage des EuGH lange gedauert habe, bis sich die Ansicht vom Bestehen subjektiver Rechte im Vergabeverfahren durchgesetzt habe.

kennung bestimmter vergaberechtlicher Vorschriften als Schutzgesetze zurückhaltend gewesen sei[382].
Richtlinienumsetzung durch Verwaltungspraxis oder durch gerichtliche Entscheidungspraxis sei jedoch nach ständiger Rechtsprechung des EuGH nicht ausreichend[383]. Insbesondere komme es auf gegenteilige Erwägungen des Normgebers nicht an. Dies zeige die Rechtsprechung des BGH zu § 97 Abs. 4 GWB. Der BGH bringe klar zum Ausdruck, dass Erwägungen des Gesetzgebers für die Auslegung einer Norm jedenfalls dann nicht maßgeblich seien, wenn sie in der Vorschrift keinen hinreichenden Ausdruck gefunden hätten[384].

Nach alledem sei nach dieser Auffassung aus gemeinschaftsrechtlicher Sicht eine „weite Auslegung zu präferieren, denn auch scheinbar geringfügige Verletzungen von Form- und Ordnungsvorschriften können in den nicht ohne Grund stark formalisierten Ausschreibungsverfahren schnell zu Verstößen insbesondere gegen den Gleichbehandlungsgrundsatz führen."[385]

### 3.3 Erfassung nur „hinreichend konkreter und bestimmter" Vorschriften durch § 97 Abs. 7 GWB

Einen anderen Ansatz vertritt *Erdl*[386].
Auch sie geht davon aus, dass Sinn und Zweck des Vergaberechts und insbesondere von § 97 Abs. 7 GWB die Umsetzung der Vergaberichtlinien unter Berücksichtigung der Rechtsprechung des Gerichtshofes zum Rechtsschutz bei öffentlichen Aufträgen durch Schaffung einklagbarer Rechte sei[387].

Im Gegensatz zu der von *Marx*[388] und *Dreher*[389] vertretenen Auffassung würden aber durch die Vorschrift des § 97 Abs. 7 GWB nicht schlechthin alle Vorschriften aus GWB, Vergabeverordnung und Verdingungsordnungen zu subjektiven Bieterrechten erhoben, wie es eine auf den Wortlaut gestützte Auslegung von § 97 Abs. 7 GWB durchaus zulasse. Der Gesetzgeber habe zwar „aus Praktikabilitätsgründen einen gewissen Rechtsüberschuss in Kauf genommen"[390], damit aber keineswegs beabsichtigt, dass – ohne entsprechende gemeinschaftsrechtliche Vorgaben – sämtliche Vergaberegeln zu subjektiven Rechten erhoben würden.

---

382 *Dreher*, EuZW 1997, 522, 522
383 *Dreher*, EuZW 1997, 522, 523
384 BGH JZ 2000, 514, 517
385 *Noch*, ZfBR 1997, 221, 222
386 *Erdl* Rn 457 ff.
387 *Erdl* Rn 464
388 *Marx* in Motzke/Pietzcker/Prieß, § 107 GWB Rn 24 a.E.
389 *Dreher* in Immenga/Mestmäcker, § 97 Rn 190 ff. m.w.N.
390 *Erdl* Rn 464

Aus den genannten Gründen sei daher § 97 Abs. 7 GWB teleologisch zu reduzieren. Die Analyse der Rechtsprechung des EuGH zeige, dass (nur) alle hinreichend genau bestimmten Verpflichtungen der Koordinierungsrichtlinien gerichtlicher Überprüfung zugänglich sein müssten[391].
§ 97 Abs. 7 GWB sei daher entsprechend dem gesetzgeberischen Ziel einer ordnungsgemäßen Umsetzung dahingehend auszulegen, „dass alle Regelungen in den Verdingungsordnungen, die hinreichend genau bestimmte Verpflichtungen der Koordinierungsrichtlinien umsetzen, zu subjektiven Rechten erhoben werden“[392].
Auf eine Auslegung der einzelnen Vorschriften nach ihrem Schutzzweck komme es demnach nicht an; vielmehr wären die Vorschriften der Verdingungsordnungen daraufhin zu untersuchen, ob sie eine „hinreichend genau bestimmte“ Richtlinienvorschrift umsetzten.

Dies bringt jedoch praktische Probleme mit sich, die auch *Erdl* nicht verkennt. Die Basisparagraphen der Verdingungsordnungen dienen gerade nicht der Umsetzung gemeinschaftsrechtlicher Vorgaben. *Erdl* schlägt vor, sie unabhängig davon selbst dahingehend zu untersuchen, ob sie „hinreichend genau bestimmt“ sind.
Ein sich daraus ergebender Rechtsüberschuss sei in Kauf zu nehmen.

### 3.4 Erfassung nur solcher Vorschriften, die der Umsetzung europäischer Richtlinien dienen

Eine weitere Auslegungsmöglichkeit wäre es, von § 97 Abs. 7 GWB nur solche Bestimmungen erfasst zu sehen, die der Umsetzung einzelner Vorschriften der Vergaberichtlinien dienen, ohne dass es dabei – wie bei der Ansicht *Erlds* – auf das Merkmal „hinreichend genau bestimmt“ ankäme.
Unabhängig davon könnte man all diejenigen Vorschriften der Verdingungsordnungen, die ihren Ursprung in gemeinschaftsrechtlichen Vorgaben haben, als „Bestimmungen über das Vergabeverfahren“ i.S.v. § 97 Abs. 7 GWB ansehen.

Auch die Bundesregierung hat im Rahmen des Gesetzgebungsverfahrens zum Erlass der Vergaberechtsänderungsgesetzes diesen Weg als denkbar erachtet und ein entsprechendes Rechtsgutachten in Auftrag gegeben. Dies sollte klären, ob es aus gemeinschaftsrechtlicher Sicht möglich sei, den Rechtsschutz nur auf solche Vorschriften zu erstrecken, die das Ergebnis der Umsetzung von Bestimmungen der Vergaberichtlinien sind.

---

391 *Erdl* Rn 466
392 *Erdl* Rn 466 a.E.

Das von *Hailbronner*[393] verfasste Gutachten kommt zu dem Ergebnis, dass in zweifacher Hinsicht gemeinschaftsrechtskonform eine Beschränkung in Betracht komme: Zum einen könne der Rechtsweg über § 97 Abs. 7 GWB nur für EG-rechtliche Vorgaben eröffnet werden, zum anderen reiche es aus, dass das zuständige Oberlandesgericht nur über die Beachtung EG-rechtlicher Vorgaben entscheide.
Aus praktischen Gründen sei dies aber abzulehnen. Die Abgrenzung zwischen EG-rechtlichen Vergabebestimmungen und anderweitiger Vergaberegeln sei mit erheblichen Unsicherheiten und Abgrenzungsschwierigkeiten verbunden[394].

## 3.5 Erfassung nur „bieterschützender" Vorschriften durch § 97 Abs. 7 GWB

Der ganz überwiegende Teil insbesondere der Kommentarliteratur vertritt dagegen die Auffassung, dass von § 97 Abs. 7 GWB nur „bieterschützende" Vorschriften erfasst seien.
Zur Abgrenzung zwischen bloßen im öffentlichen Interesse bzw. im Interesse des Auftraggebers stehenden Ordnungsvorschriften und „bieterschützenden" Vorschriften werden unterschiedliche Kriterien vorgeschlagen, die aber in der Sache auf die von § 42 Abs. 2 VwGO her bekannte „Schutznormtheorie" – wenngleich mit wenigen durch die Anwendung im vergabe- und nicht im verwaltungsrechtlichen Bereich bedingten Modifikationen – hinauslaufen.

Die Auffassungen werden allesamt gestützt auf die Begründungen der Bundesregierung zum Vergaberechtsänderungsgesetz, in welcher es heißt:
„Mit der grundsätzlichen Anerkennung von subjektiven Rechten für Teilnehmer an einem Vergabeverfahren wird der jüngeren Rechtsprechung des EuGH zum Vergaberecht Rechnung getragen. Der Rechtsschutz kann jedoch nur soweit gehen, soweit eine bestimmte vergaberechtliche Vorschrift gerade auch den Schutz des potentiellen Auftragnehmers bezweckt. Auf die Vorschriften die anderen Zwecken dienen, z.B. von reinen Ordnungsvorschriften, kann sich der Auftragnehmer nicht berufen."[395]

---

393 *Hailbronner*, Juristische Fakultät der Universität Konstanz, abgedruckt als Anlage 1 zur Regierungsbegründung zum Vergaberechtsänderungsgesetz, BT-Drs. 13/9340, S. 25 ff.

394 Beispiele dazu finden sich im Nachtrag zum Gutachten von *Hailbronner*, BT-Drs. 13/9340, S. 26 - 28

395 BT-Drs. 13/9340, S. 14

Ein besonderes Augenmerk verdient in diesem Zusammenhang die Tatsache, dass der Text des Referentenentwurfs zu der hier in Frage stehenden Vorschrift noch lautete:

> „Die Unternehmen haben Anspruch darauf, dass der Auftraggeber **die ihren Schutz bezweckenden Bestimmungen** über das Vergabeverfahren einhält.“[396]

Daraus, dass der Passus „die ihren Schutz bezweckenden Bestimmungen“ in der endgültigen Fassung wegfiel, könnte man zunächst den Schluss ziehen, dass es nunmehr auch nicht mehr darauf ankommt, mithin jede vergaberechtliche Vorschrift der Nachprüfung zugänglich ist.
Da die Gesetzesbegründung jedoch unverändert in dem vorstehend zitierten Wortlaut belassen wurde, ist durch das Streichen der Formulierung nicht zwingend eine entgegenstehender Wille des Gesetzgebers zum Ausdruck gebracht worden[397].

In diesem Sinne geht daher etwa *Niebuhr*[398] davon aus, dass bloße Ordnungsvorschriften keinen subjektiven Anspruch der einzelnen Unternehmen begründeten. Auch *Stickler*[399] hält derartige Vorschriften für nicht überprüfbar. Insbesondere sei der Gedanke, dass Rechtsnormen existierten, deren Einhaltung nicht im Einzelinteresse durchgesetzt werden könnte, weder dem Gemeinschafts- noch dem deutschen Recht fremd.
*Boesen*[400] und – wenngleich etwas unklarer – ebenso *Hailbronner*[401] halten die „Bestimmungen über das Vergabeverfahren“ ebenso auf bieterschützende Vorschriften beschränkt, wenngleich insbesondere letzterer den Kreis bieterschützender Vorschriften weit ziehen und § 97 Abs. 7 GWB weit auslegen will.

### 3.6 Stellungnahme

Zunächst ist festzustellen, dass der Wortlaut von § 97 Abs. 7 GWB jede der vorstehend genannten Ansichten zulässt.
Allein die offene Formulierung ist zwar Indiz, aber nicht maßgebliches Argument für eine weite Auslegung. Gleichfalls ist der subjektive Wille des Gesetzgebers, wie er sich aus den Gesetzesbegründungen ergibt, nicht zwingend für die Ausle-

---

396 Vgl. § 106 Abs. 6 des Referentenentwurfs zum Vergaberechtsänderungsgesetz vom 20.04.1997

397 Etwas weitgehend erscheint an dieser Stelle die Auffassung *Jebens*, DB 1999, 1741, 1742: „Erst aus den Materialien wird erkennbar, dass hier ein Redaktionsversehen vorliegt und die noch im Diskussions- und Referentenentwurf des Vergaberechtsänderungsgesetzes enthaltene Einschränkung im Regierungsentwurf **unbeabsichtigt entfallen** ist.“

398 *Niebuhr* in Niebuhr/Kulartz/Kus/Portz, § 97 Rn 259

399 *Stickler* in Reidt/Stickler/Glahs, § 97 Rn 38

400 *Boesen*, § 97 Rn 187 ff.

401 *Hailbronner* in Byok/Jaeger, § 97 Rn 274

gung der Norm, insbesondere dann nicht, wenn er nicht ausreichend in der Gesetzesformulierung Ausdruck gefunden hat.

Betrachtet man aber die unterschiedlichen Auffassungen, so sprechen gute Gründe dafür, § 97 Abs. 7 GWB mit der überwiegenden Literatur auf bieterschützende Vorschriften zu beschränken und insoweit enger auszulegen, als es der Wortlaut zuließe.
Dafür spricht nicht allein – wie vielfach angeführt – die insoweit eindeutige Gesetzesbegründung. Mit gutem Recht wird dagegen eingewandt, dass diese bei der Auslegung der Norm nicht bindend sei.
Für eine Beschränkung von § 97 Abs. 7 GWB auf bieterschützende Vorschriften spricht aber, dass eine erweiterte Auslegung, wie sie *Dreher* und *Marx* befürworten, gerade nicht zwingend geboten und zur richtlinienkonformen Auslegung erforderlich ist.
Nach ständiger Rechtsprechung des EuGH dienen die Vergaberichtlinien dem Schutz des Teilnehmers an einem Vergabeverfahren vor Willkür des Auftraggebers. Der Gerichtshof betont, dass dies gerade für die Vorschriften „über die Teilnahme und die Publizität"[402] gelte und geht ersichtlich davon aus, dass nicht jeder Verstoß gegen Bestimmungen der Vergaberichtlinien schützenswerte Interessen des Bieters beeinträchtige[403]. Wäre es Auffassung des EuGH, dass jede Vorschrift der Richtlinien dem Schutz des Bieters zu dienen bestimmt sei, so hätte es in dem bereits zitierten Urteil des Zusatzes „Vorschriften über die Teilnahme und Publizität" nicht bedurft. Der EuGH hätte vielmehr formuliert, dass „die in den Richtlinien über die Koordination der Verfahren zur Vergabe öffentlicher Aufträge enthaltenen Vorschriften den Bieter vor Willkür des Auftraggebers schützen sollen". Indem der EuGH wiederholt den Kreis der Vorschriften eingrenzt[404], gibt er unmissverständlich zu erkennen, dass er den einzelnen Richtlinienbestimmungen eine unterschiedliche Qualität beimisst.
Aber auch die weiteren Argumente dafür, jede vergaberechtliche Vorschrift unter § 97 Abs. 7 GWB subsumieren zu müssen, greifen zu kurz. Insbesondere die Bedenken hinsichtlich möglicher Umsetzungsdefizite sprechen nicht gegen eine Beschränkung von § 97 Abs. 7 GWB auf bieterschützende Vorschriften. Es ist nämlich keineswegs so, wie die Vertreter dieser Auffassung behaupten, dass sich ein Umsetzungsmangel daraus ergebe, dass die Richtlinienumsetzung nicht in Gesetzesform, sondern durch Verwaltungspraktiken und Rechtsprechung erfolge.

---

402 EuGH Rs. C-433/93 (*Kommission/Bundesrepublik Deutschland*), EuZW 1995, 635, 636
403 Vgl. auch *Gröning*, ZIP 1999, 52, 54
404 Vgl. in diesem Zusammenhang auch die gleichlautende Formulierung in EuGH Rs. 31/87 (*Beentjes*), Slg. 1988, 4635 = NVwZ 1990, 353, 355

Zutreffend ist, dass nach ständiger Rechtsprechung des EuGH eine Umsetzung von Richtlinien i.d.R. durch den Gesetzgeber erfolgen muss. Nur in engen Grenzen lässt Art. 249 Abs. 3 EG andere Formen der Umsetzung zu[405].
Unzutreffend ist dagegen, dass die Umsetzung des sich aus den Vergaberichtlinien ergebenden subjektiven Bieterschutzes tatsächlich durch Verwaltungspraktiken oder durch Rechtsprechung erfolge. Diese Ansicht verkennt die Bedeutung von gerichtlichen Entscheidungen im Nachprüfungsverfahren.
Nicht die Rechtsprechung oder eine Verwaltungspraxis *machen* Vorschriften der Verdingungsordnungen zu subjektiven Bieterrechten und haben insoweit konstitutiven Charakter für diese Qualifikation. Ob eine Vorschrift auch dem Schutz des Bieters dient, ergibt sich *aus ihr selbst*, gegebenenfalls durch entsprechende Auslegung und ist daher objektiv und vorab bestimmbar.
Nicht durch vergaberechtliche Entscheidungen oder besondere Handhabungen durch öffentliche Auftraggeber *wird* eine Vorschrift subjektives Bieterrecht. Das Tätigwerden der Vergabekammern und der Vergabesenate beschränkt sich allein darauf, diese Vorschriften aus den Verdingungsordnungen herauszuarbeiten, d.h. den bieterschützenden Charakter im Einzelfall festzustellen. Dass es – wie in anderen Rechtsgebieten auch – zu Auslegungsschwierigkeiten kommen kann, ist hinzunehmen und stellt für sich alleine betrachtet jedenfalls aus europarechtlichem Blickwinkel keineswegs einen Gemeinschaftsrechtsverstoß dar. Mit zunehmender Dichte der vergaberechtlichen Rechtsprechung in diesem Bereich wird insoweit auch eine Einheitlichkeit der Qualifikation der Vergabevorschriften erzielt werden, so dass auch das Argument der Rechtssicherheit für die Bieter im Ergebnis nicht – und erst Recht nicht in fernerer Zukunft – überzeugen kann. Insbesondere die Divergenzvorlagen der Vergabesenate bei den einzelnen Oberlandesgerichten gem. § 124 Abs. 2 GWB werden ihren Beitrag dazu leisten, dass die Frage des Bieterschutzes in allen Gerichtsbezirken einheitlich beurteilt werden wird.
Zwar ist es nicht ausgeschlossen, dass einzelne Senate der Oberlandesgerichte oder einzelne Vergabekammern Vorschriften im Einzelfall falsch auslegen. Wie in anderen Rechtsgebieten aber auch, müssen Rechtssuchende mit unzutreffenden Entscheidungen leben, wenn Rechtsmittel gegen eine Entscheidung nicht mehr vorgesehen sind. Dies lässt unbestritten Art. 19 Abs. 4 GG zu, so dass auch verfassungsrechtliche Bedenken nicht angebracht sind.

Mögliche Auslegungsschwierigkeiten ließen sich nur dadurch vermeiden, dass der Gesetzgeber in einzelne Vorschriften ausdrücklich eine Formulierung aufnimmt, die den Bieterschutz betont oder eine zusätzliche Vorschrift schafft, in welcher die

[405] Vgl. *Schroeder* in Streinz, Art. 249 Rn 90; *Schmidt* in Ehlermann/Bieber, I A 89 Rn 39; *Grabitz* in Grabitz/Hilf, Art. 189 [a.F.] Rn 59

bieterschützenden Vorschriften abschließend aufgezählt werden. Wie *Gröning*[406] anmerkt, verlangt dies auch das Transparenzgebot nicht.

Endlich ist nicht erkennbar, welches Interesse Unternehmen an der Nachprüfung einer jeglichen – weder sie selbst, noch vergaberechtliche Grundsätze aus § 97 GWB konkretisierenden – Vorschrift haben sollten. Zutreffend bemerkt schon *Hertwig*[407], dass die Bieter nicht die Rechtsaufsicht über die öffentlichen Auftraggeber hätten und das Nachprüfungsverfahren diesen Zweck auch nicht verfolge. Diese Auffassung entspricht auch den vom Bundesrat in seiner Stellungnahme zum Vergaberechtsänderungsgesetz vorgetragenen Bedenken. Dieser verlangte bei § 97 Abs. 7 GWB die Hinzufügung eines Zusatzes, durch welchen die eingeschränkte Nachprüfbarkeit deutlich werde. Eine solche Regelung sei erforderlich, um „das [...] gewährte öffentliche Recht auf Einhaltung der Grundsätze für die Auftragsvergabe [...] auf die Fälle zu begrenzen, wo das Unternehmen durch eine Rechtsverletzung betroffen sein könnte, und um das Nachprüfungsverfahren nicht zu einer allgemeinen Rechtmäßigkeitskontrolle der öffentlichen Auftragsvergabe ausufern zu lassen, selbst wenn die behauptete Verletzung von Bestimmungen über die Auftragvergabe ohne eine Relevanz für die Entscheidung über den Zuschlag ist."[408]

Auch die Rechtsprechung der Oberlandesgerichte problematisiert die Frage, ob es auf einen „bieterschützenden Charakter" der Vergabevorschriften ankomme, soweit ersichtlich, nicht weiter[409]. Sie wendet sich vielmehr direkt der Frage zu, welche vergaberechtlichen Vorschriften als bieterschützend zu qualifizieren sind. Unverkennbar ist jedoch die Tendenz, den Begriff der „Bestimmungen über das Vergabeverfahren" i.S.v. § 97 Abs. 7 GWB weit auszulegen und den Kreis der bieterschützenden Vorschriften insbesondere aus den Verdingungsordnungen weit zu fassen.

Exemplarisch macht dies eine Entscheidung des OLG Düsseldorf[410] deutlich: "Was nun die konkrete Anwendung des § 97 Abs. 7 GWB [...] im vorliegenden Vergabeverfahren anbelangt, ist darauf hinzuweisen, dass die Vorschrift des § 97 Abs. 7 GWB in Folge der grundlegenden Bedeutung der Prinzipien der Gleichbehandlung und des Wettbewerbs für das gesamte Vergaberecht weit auszulegen ist. Es ist daher eher als eine Ausnahme anzusehen, dass auf die Einhaltung einer „Bestimmung über das Vergabeverfahren" von Seiten der Bieter kein Anspruch,

---

406 *Gröning*, ZIP 1998, 370, 373

407 *Hertwig*, Rn 196

408 BT-Drs. 13/9340, S. 36 - 37

409 *Jaeger*, NZBau 2001, 427, 430 mit zahlreichen Rechtsprechungsnachweisen

410 OLG Düsseldorf (*EURO-Münzplättchen III*), NZBau 2000, 440 ff.

mithin kein eigenes Recht besteht. Am ehesten kommen für solche Ausnahmen noch „bloße Ordnungsvorschriften" in Betracht."[411]

Auch die Oberlandesgerichte Jena[412], Celle[413] sowie das BayObLG[414] stellen in ihren Beschlüssen unmittelbar auf den bieterschützenden Charakter der Vorschriften ab, wenngleich, ohne sich mit der Frage auseinanderzusetzen, ob es dieses Kriteriums bedarf, um eine Vorschrift als „Bestimmung über das Vergabeverfahren" zu qualifizieren.

Den heftigen Auseinandersetzungen um die Bedeutung von § 97 Abs. 7 GWB mit – jedenfalls auf den ersten Blick – tief greifenden Auffassungsunterschieden wird im übrigen erheblich ihre Schärfe genommen, wenn man die Konsequenzen für den Rechtsschutz der Bieter bedenkt.
Liest man die Argumente all jener, die dafür plädieren, jede Vorschrift als „Bestimmung über das Vergabeverfahren" anzusehen, so drängt sich die Befürchtung auf, der Bieter werde etwa bei der hier präferierten Auslegung von § 97 Abs. 7 GWB nahezu rechtlos gestellt.
Dem ist – wie spätestens der zweite Blick zeigt – freilich nicht so. Vielmehr gleichen sich in fast allen Fällen die Ergebnisse, denn nahezu die gesamten Vorschriften der Verdingungsordnungen sind von der Rechtsprechung in zutreffender Weise bereits als bieterschützend qualifiziert worden.
Soweit ersichtlich ist einzig umstritten zwischen den Oberlandesgerichten noch die Qualifikation von § 25 Nr. 3 Abs. 1 VOB/A sowie der inhaltlich entsprechenden Vorschrift von § 25 Nr. 2 Abs. 3 i.V.m. Abs. 2 Satz 1 VOL/A[415]. Auch hier ist jedoch zu erwarten, dass in absehbarer Zeit der bieterschützende Charakter der Vorschrift anerkannt wird.

Ein echter Unterschied bestünde mithin nur bei der Rüge der Verletzung von solchen Vorschriften wie etwa § 2 Nr. 3 VOB/A, welche unter keinem Gesichtspunkt als bieterschützend bezeichnet werden können, da sie jeden Bezug zu einem konkreten Vergabeverfahren vermissen lassen, und bei welchen es sich vielmehr um „Programmsätze im Sinne einer Empfehlung an die öffentlichen Auftraggeber"[416] handelt. Hier ist im übrigen auch nicht ersichtlich, aus welchen Gründen es erforderlich sein sollte, dass Bieter sich auf eine solche Verletzung berufen können.

---

411 OLG Düsseldorf (*EURO-Münzplättchen III*), NZBau 2000, 440, 442
412 OLG Jena (*Talsperre*), NZBau 2000, 349, 352
413 OLG Celle (*Bio-Tonnen*), NZBau 2000, 105 f.
414 BayObLG, NZBau 2000, 165, 167 mit Bezugnahme auf ein obiter dictum der Vergabekammer A des Bundes
415 Vgl. zu den unterschiedlichen Auffassungen: *Jaeger*, NZBau 2001, 427, 431
416 *Prieß* in Motzke/Pietzcker/Prieß, § 2 VOB/A Rn 105

Nachvollziehbare Gründe für eine „Popularklagebefugnis“ gibt es im Vergaberecht nicht.

Insgesamt ist daher in Übereinstimmung mit der gesamten Rechtsprechung davon auszugehen, dass als „Bestimmungen über das Vergabeverfahren“ nur diejenigen Vorschriften anzusehen sind, die jedenfalls (auch) dem Schutz der Bieter zu dienen bestimmt sind.

## 4. Beabsichtigte Zuschlagserteilung auf ein nicht formwirksam abgegebenes digitales Angebot als Verletzung bieterschützender Vorschriften i.S.v. § 97 Abs. 7 GWB

### 4.1 Problemlage

Beabsichtigt der öffentliche Auftraggeber, den Zuschlag auf ein nicht formwirksam abgegebenes Angebot zu erteilen, so liegt darin ein Verstoß gegen § 21 Nr. 1 Abs. 1 VOB/A.
Nach hier vertretener Ansicht ist es erforderlich, dass es sich dabei um eine Vorschrift handelt, die (auch) dem Schutz der Mitbieter dient.
§ 21 VOB/A ist eine Formvorschrift, deren Qualifikation als bieterschützend umstritten ist.
Die Literatur bezeichnet § 21 VOB/A zum Teil als nicht bieterschützend. Beispielhaft erwähnt sei an dieser Stelle die Auffassung von *Prieß*[417]:
„Ob eine Vorschrift den Charakter einer Schutznorm hat, bestimmt sich danach, ob sie darauf abzielt, einen gerechten und fairen Wettbewerb zu garantieren und damit zumindest auch Interessen der Bieter oder der Auftraggeber zu schützen. An diesem Maßstab gemessen handelt es sich bei den Regelungen des § 21 VOB/A nicht um Schutznormen. Vielmehr werden hier in erster Linie Obliegenheiten der Bieter niedergelegt, [...]“.

Will man klären, ob Formvorschriften im allgemeinen oder § 21 VOB/A im speziellen einen bieterschützenden Charakter aufweisen, so gilt es zuvor, die Kriterien zu entwickeln, nach welchen diese Frage entschieden werden kann. Der Wortlaut von § 97 Abs. 7 GWB liefert insoweit keinen Anhaltspunkt.

### 4.2 Schutznormtheorie

Der Gesetzgeber stellte in seiner Begründung für die Unterscheidung „objektiver“ und „subjektiv-begünstigender“ Regelungen ausdrücklich auf die zunächst im verwaltungsrechtlichen Bereich entwickelte Schutznormtheorie ab.
Nach dieser liegt ein subjektives Recht des Einzelnen dann vor, wenn eine objektiv-rechtliche Bestimmung für den Betroffenen günstige Rechtswirkungen entfal-

---

417 *Prieß* in Motzke/Pietzcker/Prieß, § 21VOB/A Rn 2

tet und – nach einer nicht zuletzt an den Grundrechten der Betroffenen orientierten Auslegung – zumindest auch den Zweck hat, den Betroffenen zu begünstigen, und es ihm ermöglichen soll, sich auf diese Begünstigung zu berufen[418].
Erforderlich ist demnach, dass die in Frage stehenden Rechtssätze ausschließlich oder doch jedenfalls neben dem mit ihnen verfolgten allgemeinen Interesse zumindest auch dem Schutz von Individualinteressen zu dienen bestimmt sind[419], was im Ergebnis allein eine Frage der Auslegung mittels der üblichen juristischen Methoden ist.
Soweit ein individualschützender Charakter der Norm nicht gegeben ist oder nur „reflexartig“ für den Betroffenen begünstigend wirkt, kann dieser sich auf ihre Verletzung im Rahmen eines Vergabenachprüfungsverfahrens nicht darauf berufen.

### 4.3 Kriterien des EuGH

Die Rechtsprechung des EuGH zu dieser Frage ist bisher trotz ihrer besonderen praktischen Bedeutung eher unscharf geblieben. Zwar stellte der EuGH wiederholt fest, dass die Vergaberichtlinien dazu dienten, den Bieter vor Willkür zu schützen; klare Abgrenzungskriterien lassen sich daraus aber nicht gewinnen.
Erkennbar in der Rechtsprechung des EuGH ist jedoch die Tendenz, auf den individualschützenden Charakter der Richtlinien oder einzelner Bestimmungen daraus abzustellen. Dies zeigt sich auch an der bereits zitierten Passage aus der Entscheidung vom 11.08.1995[420]:
„Ein solcher Schutz kann nicht wirksam werden, wenn der Bieter sich nicht gegenüber dem Auftraggeber auf diese Vorschriften berufen und gegebenenfalls ihre Verletzung vor den nationalen Gerichten geltend machen kann.“

Unter Verwendung einer anderen Terminologie grenzt der EuGH damit in der Sache im wesentlichen mit Elementen der nationalen Schutznormlehre ab[421], wobei diese gegenüber der „reinen“ nationalen Schutznormlehre abgeschwächte Züge aufweist[422].
Damit eine nationale Umsetzungsbestimmung dem Einzelnen die Möglichkeit bietet, ihre Einhaltung gerichtlich einzuklagen, müssen nach Rechtsprechung der Gerichtshofes zwei Voraussetzungen erfüllt sein:
Die Richtlinienbestimmung, auf welche die nationale Umsetzungsvorschrift zurückgeht, muss einen individualschützenden Charakter aufweisen, und derjenige,

418 *Sachs* in Stelkens/Bonk/Sachs, § 40 Rn 134
419 *Schenke* in Kopp/Schenke, § 42 Rn 83
420 EuGH Rs. C-433/93 (*Kommission/Bundesrepublik Deutschland*), EuZW 1995, 635 ff.
421 Vgl. – wenn auch in der Folgerung weitergehend - *Triantafyllou*, NVwZ 1994, 943, 944
422 *Boesen*, § 97 Rn 194

der sich auf eine Verletzung der Bestimmung beruft, muss von diesem tatsächlich betroffen sein[423].

Damit besteht im Ergebnis hinsichtlich der hier zu qualifizierenden Vorschrift des § 21 VOB/A zwischen den dargestellten Abgrenzungskriterien kein Unterschied; im Ergebnis entscheidend ist, ob die Vorschrift neben den Interessen des Auftraggebers auch die des Bieters schützen soll.

### 4.4 Qualifikation von § 21 VOB/A

Will man § 21 VOB/A dahingehend untersuchen, ob die Vorschrift allein im Interesse der Allgemeinheit oder des Aufraggebers, oder auch im Interesse der Bieter besteht, so ist es erforderlich, sie in den Gesamtzusammenhang einzuordnen, in welchem sie innerhalb des Vergabeverfahrens steht, und bei ihrer Qualifikation zu berücksichtigen, ob und in wieweit es sich bei der Norm um eine Konkretisierung elementarer vergaberechtlicher Grundsätze aus § 97 GWB handelt.

Die Aussage, dass Formvorschriften nicht bieterschützend seien, da diese nur eine Obliegenheit des Bieters begründeten[424], berücksichtigt in nicht hinreichendem Maße ihre Bedeutung für das Vergabeverfahren.
Bei vielen Vergabevorschriften ergibt sich bereits aus dem Wortlaut und dem sonstigen Inhalt der Norm, dass diese auch dem Schutz des einzelnen Bieters zu dienen bestimmt sind[425].
In Fällen – wie bei § 21 VOB/A – in welchen dies nicht auf derart eindeutige Weise feststellbar ist, zeigt erst die Auslegung, die sich an einem der drei oder an allen drei Grundprinzipien des Vergaberechts (Wettbewerbs-, Transparenz- und Gleichbehandlungsgrundsatz, § 97 Abs. 1 und 2 GWB) zu orientieren hat[426], ob die Vorschrift bieterschützend ist.

§ 21 Nr. 1 VOB/A und damit auch der Teil der Vorschrift über die elektronische Angebotsabgabe, ist eine „wichtige Bestimmung im Hinblick auf ein dem ordnungsgemäßen Wettbewerb dienendes Vergabeverfahren“[427].
Der Wettbewerb wiederum leitet sich als grundlegendes Prinzip aus den Marktfreiheiten des EGV ab[428], die im wesentlichen dazu dienen, potentiellen Bewer-

---

[423] *Boesen*, § 97 Rn 196
[424] *Prieß* in Motzke/Pietzcker/Prieß, § 21 VOB/A Rn 2
[425] Vgl. etwa § 9 Nr. 1 VOB/A: „Die Leistung ist eindeutig und so erschöpfend zu beschreiben, dass **alle Bewerber** die Beschreibung im gleichen Sinne verstehen müssen [...]“ oder § 17 Nr. 7 Abs. 1 VOB/A: „Erbitten **Bewerber** zusätzliche sachdienliche Aufklärungen über die Vergabeunterlagen, so sind die Auskünfte unverzüglich zu erteilen.“
[426] *Jaeger*, NZBau 2001, 427, 431
[427] *Kratzenberg* in Ingenstau/Korbion, Vorbem. zu § 21 VOB/A
[428] *Boesen*, § 97 Rn 6

bern einen freien Zugang zu den Beschaffungsmärkten zu sichern[429]. Der Begriff des „Wettbewerbs“ ist im GWB nicht definiert. In einer Entscheidung vom 10. Januar 1963 hat der BGH[430] jedoch Grundsätze zum Wettbewerbsprinzip wie folgt definiert:
„Die Verwaltung hat darauf zu achten, dass für alle Wettbewerber gleiche Wettbewerbsbedingungen bestehen und erhalten bleiben. Sie darf ohne sachliche Gründe keine Wettbewerber bevorzugen oder benachteiligen [...].“

Wettbewerb innerhalb eines Vergabeverfahrens kann mithin nur dann bestehen, wenn alle Bewerber und Bieter gleichbehandelt werden und eine faire Chance erhalten, ein vollständiges Angebot abzugeben[431]. Das Wettbewerbsprinzip ist eng verzahnt mit dem Grundsatz der Gleichbehandlung. Beide Grundsätze bedingen sich gegenseitig[432]. Trifft die Vergabestelle Maßnahmen nur gegenüber einem Bieter oder zugunsten eines Bieters, so gerät sie regelmäßig in Widerspruch zum Gleichbehandlungsgrundsatz[433].
Insoweit verbieten bereits diese vergaberechtlichen Grundsätze die Berücksichtigung eines nicht formwirksam abgegebenen Angebots. Die Berücksichtigung eines nicht verschlüsselten oder nicht mit digitaler Signatur im Sinne des Signaturgesetzes versehenen Angebotes greift bereits deshalb in das Wettbewerbsprinzip ein, weil es einem Bieter ermöglichen würde, an einem Vergabeverfahren unter Einsatz geringerer Kosten als konkurrierende Bieter teilzunehmen. Der Bieter, der die Aufwendungen für Verschlüsselung und Erwerb der Infrastruktur für die qualifizierte digitale Signatur nicht auf sich nehmen muss, kann diese Einsparungen gegebenenfalls auf der Preisebene als seinen Vorteil in den Wertungsprozess einfließen lassen. Des weiteren muss berücksichtigt werden, dass ein nicht rechtsverbindlich unterzeichnetes oder nicht mit qualifizierter digitaler Signatur versehenes Angebot schon nicht hinreichend den ernstlichen Willen des Bieters erkennen lässt, ein verbindliches Angebot abzugeben. Es liegt aber gerade im Interesse eines jeden Bieters, dass die Zahl seiner Konkurrenten eindeutig bestimmbar ist[434].
Dass die Berücksichtigung formfehlerhafter Angebote einen Verstoß gegen den Wettbewerbsgrundsatz darstellen kann, zeigt darüber hinaus eine in anderem Zusammenhang ergangene Entscheidung des OLG Naumburg[435]. Darin wurde es als Verstoß gegen das Wettbewerbsprinzip angesehen, dass das Angebot „unvollständig, unübersichtlich und nicht nachvollziehbar präsentiert“ wurde.

---

[429] *Boesen*, § 97 Rn 6
[430] BGH NJW 1963, 644, 645
[431] *Stickler* in Reidt/Stickler/Glahs, § 97 Rn 6
[432] *Dreher* in Motzke/Pietzcker/Prieß, § 97 Rn 11
[433] *Dreher* in Motzke/Pietzcker/Prieß, § 97 Rn 71
[434] *Mosbacher*, DÖV, 2001, 573, 578
[435] OLG Naumburg IBR 2000, 105 = Europa kompakt 2000, 8

Daneben dient § 21 VOB/A auch der Transparenz des Vergabeverfahrens, welches mit dem Wettbewerbsprinzip in einem Komplementärverhältnis steht[436], und welches verlangt, dass alle Bieter im Zeitpunkt der Erstellung ihrer Angebote über die gleichen Chancen verfügen müssen[437]. Letzteres ist nicht gewährleistet, wenn auch Angebote von Bietern gewertet werden, die nicht die Anforderungen der Verschlüsselung und der digitalen Signierung erfüllen.
Auch insoweit konkretisieren § 21 VOB/A und insbesondere die Vorschriften über die digitale Angebotsabgabe ein vergaberechtliches Grundprinzip. Eine Entscheidung des OLG Schleswig zeigt, dass § 21 VOB/A nicht lediglich den Charakter einer bloßen Ordnungsvorschrift aufweist, sondern dass Formvorschriften auch darüber hinausgehenden Zwecken dienen können. So entschied das Gericht, dass die Vorschrift des § 21 Nr. 4 VOB/A dem Normgeber als „Vehikel" für die Verbesserung der Transparenz und der Manipulationssicherheit im Vergabeverfahren diene[438].
Gleiches gilt für § 21 Nr. 1 Abs. 1 VOB/A. Auch diese Vorschrift transportiert vergaberechtliche Grundsätze aus dem GWB auf die Ebene der Verdingungsordnungen[439].

§ 21 Nr. 1 Abs. 1 VOB/A ist daher nicht lediglich eine bloße Ordnungsvorschrift, sondern weist einen deutlichen bieterschützenden Charakter auf. Beabsichtigt der öffentliche Auftraggeber, den Zuschlag auf ein nicht formwirksam abgegebenes digitales Angebot zu erteilen, so verletzt er damit „Bestimmungen über das Vergabeverfahren" i.S.v. § 97 Abs. 7 GWB, auf deren Einhaltung die Bieter einen Anspruch haben. Diese Ergebnis wird so auch der von der Rechtsprechung favorisierten „weiten Auslegung"[440] von § 97 Abs. 7 GWB gerecht.

Selbst aber, wenn man § 21 VOB/A – wie *Prieß*[441] – nicht als bieterschützend ansehen und lediglich als Ordnungsvorschrift, auf deren Einhaltung ein Anspruch nicht bestünde, qualifizieren wollte, änderte sich an dem soeben erzielten Ergebnis nichts.

---

436 *Boesen*, § 97 Rn 16

437 EuGH Rs. C-87/94 (*Kommission/Belgien*), Slg. 1996 I-2043

438 OLG Schleswig IBR 2001, 689 mit Anmerkung *van Dyk*

439 Vgl. – wenn auch ungenau in der Formulierung – *Ulbrich/Waldner*, BauR 1999, 1082, 1084: „Auch reine Ordnungsvorschriften können unter Umständen bieterschützende Funktion haben, insbesondere, wenn sie unmittelbar oder mittelbar der Wahrung des Gleichbehandlungsgrundsatzes dienen." *Ulbrich/Waldner* verkennen, dass reine Ordnungsvorschriften nicht bieterschützend sein können. Festzustellen ist vielmehr, dass eine reine Ordnungsvorschrift im Einzelfall zu einem subjektiven Bieterrecht *werden* kann. Dann handelt es sich in der konkreten Situation aber gerade nicht mehr um eine reine Ordnungsvorschrift.

440 OLG Düsseldorf (*EURO-Münzplättchen III*), NZBau 2000, 440, 442

441 *Prieß* in Motzke/Pietzcker/Prieß, § 21 VOB/A Rn 2

Durch die beabsichtigte Zuschlagserteilung auf ein Angebot, dass den von § 21 Nr. 1 Abs. 1 VOB/A normierten Anforderungen nicht entspricht, verstieße der öffentliche Auftraggeber gleichzeitig gegen § 25 Nr. 1 Abs. 1 lit. b) VOB/A. Demnach sind solche Angebote, die dem § 21 Nr. 1 Absätze 1 und 2 nicht entsprechen, auszuschließen.
Die Wertung der Angebote stellt „eines der Kernelemente“[442] des Vergabeverfahrens dar. Bei der Vorschrift des § 25 Nr. 1 lit. b) VOB/A handelt es sich um einen Ausschlussgrund, der dazu führt, dass das Angebot vom Zuschlag fernzuhalten ist, ohne dass es auf dessen Inhalt ankäme. Insbesondere verbleibt dem öffentlichen Auftraggeber in diesem Fall kein Ermessensspielraum[443], der diesem die Möglichkeit eröffnen würde, ein solches Angebot dennoch zu werten.
Grund dafür ist, dass ein nicht ordnungsgemäß unterschriebenes oder nicht mit qualifizierter digitaler Signatur versehenes Angebot nicht rechtsverbindlich ist, der Auftraggeber daher nicht darauf vertrauen darf[444].
§ 25 Nr. 1 Abs. 1 lit. b) VOB/A ist aber nach ganz herrschender Auffassung der Literatur bieterschützend im Sinne von § 97 Abs. 7 GWB[445]. Die bieterschützende Intention der Vorschriften ist bereits vom EuGH ausdrücklich bejaht worden[446] und wurde vom BGH[447] - wenngleich im Zusammenhang mit der Geltendmachung von Sekundäransprüchen - deutlich hervorgehoben:
„Dies [= ein Verstoß gegen § 21 Nr. 1 Abs. 1 VOB/A] führt zwingend dazu, dass das Angebot der Klägerin von der Wertung ausgeschlossen werden musste, wie sich aus § 25 Nr. 1 Abs. 1 lit. b) VOB/A ergibt. Hieran ändert auch der Umstand nichts, dass die Beklagte diesen Ausschlussgrund nach den Feststellungen des Berufungsgerichts nicht ausdrücklich in ihrem Ablehnungsschreiben [...] genannt hat. Bei § 25 Nr. 1 Abs. 1 lit. b) VOB/A handelt es sich um eine zwingende Vorschrift, die dem Schutz des korrekten Wettbewerbs, vor allem der redlichen Mitbieter, die Angebote entsprechend der Ausschreibung abgegeben haben, dient.“
§ 25 Nr. 1 Abs. 1 lit. b) VOB/A ist daher bieterschützend.
Beabsichtigt also der öffentliche Auftraggeber, den Zuschlag auf ein nicht formwirksam abgegebenes digitales Angebot zu erteilen, so sind in zweifacher Hinsicht „Bestimmungen über das Vergabeverfahren“ i.S.v. § 97 Abs. 7 GWB verletzt.
Zum einen liegt ein Verstoß gegen § 21 Nr. 1 Abs. 1 VOB/A vor. Bereits diese Formvorschrift wird, da sie – dem Wettbewerbs- und Gleichbehandlungsgrund-

---

442 *Brinker/Ohler* in Motzke/Pietzcker/Prieß, § 25 VOB/A Rn 1
443 OLG Jena BauR 2000, 396, 402
444 *Brinker/Ohler* in Motzke/Pietzcker/Prieß, § 25 VOB/A Rn 13
445 Vgl. die Aufzählung bieterschützender Vorschriften bei *Stickler* in Reidt/Stickler/Glahs, § 97 Rn 44 sowie bei *Boesen*, § 97 Rn 203
446 EuGH Rs. C-433/93 (*Kommission/Bundesrepublik Deutschland*), EuZW 1995, 635 ff.
447 BGH BauR 1998, 1249, 1251

satz dienend – bieterschützenden Charakter aufweist, von § 97 Abs. 7 GWB erfasst, so dass Bieter einen Anspruch auf ihre Einhaltung haben.
Zum anderen verwirklicht der öffentliche Auftraggeber mit der beabsichtigten Zuschlagserteilung einen Verstoß gegen § 25 Nr. 1 Abs. 1 lit. b) VOB/A. Diese Vorschrift ist nach allseitiger Ansicht eine „Bestimmung über das Vergabeverfahren" i.S.v. § 97 Abs. 7 GWB.

Damit sind Nachprüfungsanträge von Bietern, deren Angebot nicht angenommen werden soll, zulässig, wenn das Angebot des bevorzugten Mitbewerbers formale Mängel aufgrund fehlender Verschlüsselung oder fehlender oder fehlerhafter digitaler Signatur aufweist.

## 5. Der Anspruchsinhalt

### 5.1 Leistungs- und Unterlassungsansprüche

§ 97 Abs. 7 GWB begründet einen Anspruch des Bieters darauf, dass der öffentliche Auftraggeber die Bestimmungen über das Vergabeverfahren einhält, wobei sich dieser Anspruch – wie soeben dargelegt – auf die Einhaltung bieterschützender Vorschriften beschränkt.
Umgekehrt hat der Bieter einen Anspruch darauf, dass der Zuschlag nicht auf ein solches digitales Angebot erteilt wird, das nicht ordnungsgemäß verschlüsselt und nicht mit qualifizierter elektronischer Signatur im Sinne des Signaturgesetzes versehen ist. Mit anderen Worten ist Anspruchsinhalt die Möglichkeit der Auftragnehmerseite, „das Vergabeverfahren in die vorgeschriebenen Bahnen zwingen zu können"[448].

### 5.2 Anspruch auf Zuschlagserteilung

Fraglich ist, ob dem rechtsschutzsuchenden Bieter im Einzelfall sogar ein Anspruch auf Zuschlagserteilung innerhalb des Primärrechtsschutzes zustehen kann. Bei der Beantwortung dieser Frage sind die beweisrechtliche Seite und die materiell-rechtlichen Probleme strikt auseinander zuhalten
Gemäß § 97 Abs. 5 GWB ist der Zuschlag auf das wirtschaftlichste Angebot zu erteilen. Der Bieter müsste nachweisen, dass sein Angebot das wirtschaftlichste gewesen ist, d.h. zwingend den Zuschlag bei (ordnungsgemäßer) Nichtberücksichtigung des formunwirksamen digitalen Angebotes hätte erhalten müssen.
*Erdl*[449] merkt hier zu Recht an, dass ein solcher Anspruch wegen des unbestimmten Gehalts der Vorschrift nur in Ausnahmefällen in Betracht kommen wird.

Soweit der Nachweis jedoch geführt werden kann, könnten einem solchen Anspruch materiell-rechtliche Erwägungen entgegenstehen.

---

448 *Marx* in Motzke/Pietzcker/Prieß, § 97 Rn 15
449 *Erdl*, Rn 488

Zwar könne nach Auffassung *Niebuhrs*[450] ein solcher Anspruch durchaus gegeben sein. Es handele sich bei einer Ausschreibung nicht lediglich um eine invitatio ad offerendum. Insbesondere durch die weitgehende öffentlich-rechtliche Überlagerung des Vergabeverfahrens sei hier eine Systemdurchbrechung des bürgerlichen Rechts anzunehmen, so dass sich der Bieter nicht auf Sekundäransprüche verweisen lassen müsse[451].

Indes kann an dieser Stelle auf etwaige öffentlich-rechtliche Überlagerungen des Vergabeverfahrens nicht ankommen.
Der Vertrag zwischen dem öffentlichen Auftraggeber und dem Bieter – und nur auf diesen ist abzustellen – kommt allein durch Angebot und Annahme zustande[452], wobei Zuschlagserteilung und Annahme in einem Akt zusammenfallen.
Man mag dies kritisieren und unter Rechtsschutzgesichtspunkte für bedenklich halten; auch nach Inkrafttreten des Vergaberechtsänderungsgesetzes hat sich an der rein zivilrechtlichen Einordnung des abzuschließenden Vertrages jedoch nichts geändert.

Entgegen der eingangs zitierten Auffassung *Niebuhrs* kommt es auch gar nicht darauf an, ob die Ausschreibung eine „klassische“, rein zivilrechtlich zu beurteilende invitatio ad offerendum darstellt, oder durch die besonderen Bestimmungen über das Vergabeverfahren modifiziert ist.
Unstreitig gibt der Bieter das Angebot ab; entscheidend ist daher allein, unter welchen Voraussetzungen ein Anspruch auf Zuschlagserteilung, mithin ein Kontrahierungszwang, angenommen werden kann.
Ein solcher Kontrahierungszwang wird jedoch im Bürgerlichen Recht nur unter engen Voraussetzungen anerkannt[453].
So hat der BGH[454] folgerichtig entschieden, dass ein Anspruch auf Zuschlagserteilung nicht in Betracht komme:
„Der VOB kann nach ihrem Wortlaut und Regelungszusammenhang ein allgemeiner Anspruch auf Erteilung des Zuschlags [...] nicht entnommen werden. Die Ausschreibung löst einen solchen Anspruch nicht aus. [...] Die Ausschreibung betrifft die Stadien im Vorfeld der Auftragsvergabe, in dem es jedem Beteiligten unbenommen bleibt, von der Vergabe des in Aussicht genommenen Auftrags ab-

450 *Niebuhr* in Niebuhr/Kulartz/Kus/Portz, § 97 Rn 273 ff.
451 *Niebuhr* in Niebuhr/Kulartz/Kus/Portz, § 97 Rn 273
452 Dieser vertragsrechtliche Grundsatz gilt im übrigen auch für den öffentlich-rechtlichen Vertrag; auch hier bedarf es zweier kongruenter Erklärungen, Angebot und Annahme.
453 Vgl. zu den einzelnen hier offensichtlich nicht einschlägigen Beispielen: *Heinrichs* in Palandt, Einf v § 145 Rn 8 ff.
454 BGH BauR 1998, 1232 ff.

zusehen. Dass diese Freiheit durch die Regelungen der VOB/A vollständig entfallen sollte, ist nicht zu erkennen [...].“[455]

Der BGH folgt hier der von *Broß*[456] schon vor dem Inkrafttreten des Vergaberechtsänderungsgesetzes vertretenen Auffassung, dass die Dispositionsfreiheit des öffentlichen Auftraggebers bis zur Aufhebung der Ausschreibung – ob fehlerhaft oder nicht – größer sei; denn man müsse wohl jedem Auftraggeber und deshalb auch dem öffentlichen zugestehen, dass er vor Erteilung des Zuschlags noch von einem Vorhaben Abstand nehme.

Dieser Auffassung ist zuzustimmen.
Der Bieter kann von dem öffentlichen Auftraggeber zwar verlangen, dass dieser die geplante Erteilung des Zuschlags auf ein formunwirksames digitales Angebot unterlässt; keineswegs kann er daraus jedoch den Anspruch ableiten, den Zuschlag selbst erhalten zu müssen. Vielmehr steht es dem öffentlichen Auftraggeber frei, beispielsweise auch das Vergabeverfahren aufzuheben und gänzlich von einem Vertragsschluss abzusehen.
Soweit die Aufhebung vergaberechtswidrig aufgrund eines Verstoßes gegen § 26 VOB/A erfolgt, kommen Sekundäransprüche des geschädigten Bieters in Betracht.
Darüber hinaus gilt es zu berücksichtigen, dass der Bieter durch die Verweisung auf Sekundäransprüche auch nicht schlechter gestellt wird.
Bei Verletzung vergaberechtlicher Vorschriften kommt insbesondere ein Schadensersatzanspruch aus c.i.c. in Betracht. Die Anwendbarkeit dieses Haftungsinstitutes neben den spezialgesetzlichen Sekundäransprüchen des GWB ordnet § 126 S. 2 GWB ausdrücklich an. Erteilt nun der öffentliche Auftraggeber den Auftrag nicht an den Bieter, der diesen hätte erhalten müssen, so ist ihm ein Schaden in Höhe des positiven Interesses zu ersetzen[457], welcher neben den durch die Teilnahme am Vergabeverfahren entstandenen Kosten auch den entgangenen Gewinn umfasst.
Bei wirtschaftlicher Betrachtung besteht somit kein Unterschied zu der Situation, in welcher der Zuschlag erteilt und das Bauvorhaben zur Ausführung gekommen wäre. Einzig unberücksichtigt bliebe das „ideelle“ Interesse des Bauunternehmers, das Vorhaben tatsächlich auszuführen, etwa weil dies als Referenzobjekt zukünftig nutzbar wäre.

---

455 BGH BauR 1998, 1232, 1237

456 *Broß*, ZfBR 1990, 255, 264

457 *Stockmann* in Immenga/Mestmäcker, § 126 Rn 24 mit Verweis auf die ständige Rechtsprechung; *Gronstedt* in Byok/Jaeger, § 126 Rn 1319; *Schnorbus*, BauR 1999, 77, 87 weist besonders nachdrücklich darauf hin, dass ein solcher Anspruch nur dann in Betracht komme, wenn der Bieter hätte den Auftrag ohne den vergaberechtlichen Verstoß hätte erhalten müssen.

Als Argument gegen die Nichtanerkennung eines Anspruchs auf Zuschlagserteilung im Wege des Primärrechtsschutzes ist dies jedoch nicht brauchbar; auch das Bürgerliche Gesetzbuch räumt dem rein ideellen Interesse an der Durchführung eines (Bau-)Vertrages keine berücksichtigenswerte Rechtsposition ein. Dies zeigt exemplarisch die Regelung des § 649 BGB. Danach kann der Besteller eines Werkes den Werkvertrag jederzeit ohne Angabe von Gründen kündigen, mit der Folge, dass der Werkunternehmer die vereinbarte Vergütung verlangen kann. Erkennbar sollen nach der Intention des Gesetzgebers nur die unmittelbar aus der Kündigung resultierenden wirtschaftlichen Nachteile ausgeglichen werden. Ein darüber hinausgehendes Interesse des Werkunternehmers bleibt unberücksichtigt.

Ein Anspruch auf Erteilung des Zuschlags ist daher abzulehnen und der Bieter insoweit auf den Sekundärrechtsschutz zu verweisen.
Im Rahmen des hier erörterten primären Rechtsschutzes bei beabsichtigter Zuschlagserteilung auf ein nicht formwirksam abgegebenes digitales Angebot beschränken sich die Ansprüche der übrigen Bieter darauf, die Zuschlagserteilung selbst zu verhindern.

## 6. Wirksamkeit des Vertrages bei Zuschlagserteilung auf ein Angebot, das den Voraussetzungen des § 21 Abs. 1 Nr. 1 VOB/A nicht entspricht

### 6.1 Problemlage

Neben den – für die unterlegenen Bieter – in erster Linie interessanten Primär- und Sekundäransprüchen, stellt sich die Frage, welche Folgen es für den Vertrag zwischen dem öffentlichen Auftraggeber und dem ausgewählten Bieter hat, wenn dessen Angebot den Voraussetzungen des § 21 Nr. 1 Abs. 1 VOB/A nicht entspricht, etwa weil digitale Signatur oder Verschlüsselung fehlen bzw. fehlerhaft sind.

Die Fragestellung erlangt vor allem dann Bedeutung, wenn ein Nachprüfungsverfahren von einem unterlegenen Bieter nicht eingeleitet, der Zuschlag daher auf das formunwirksame Angebot erteilt wurde. Ob zwischen dem öffentlichen Auftraggeber und dem ausgewählten Unternehmen ein wirksamer Vertrag zustandegekommen ist, wird spätestens dann praktisch relevant, wenn während oder nach der Erbringung der Leistung Gewährleistungsansprüche vom öffentlichen Auftraggeber geltend gemacht werden. Sowohl die VOB/B als auch das Werkvertragsrecht des BGB setzen jeweils wirksame Verträge voraus. Fehlt es daran, bleibt in der Regel nur eine Rückabwicklung über Bereicherungsrecht. Selbst wenn den unterlegenen Bietern die Fehlerhaftigkeit des Angebots des ausgewählten Bieters nicht zur Kenntnis gelangt, muss sich das zuständige Gericht im Gewährleistungsrechtsprozess von Amts wegen mit den hier in Betracht kommenden rechtshindernden Einwendungen befassen.

Zwei Ergebnisse sind denkbar, wenn der öffentliche Auftraggeber den Zuschlag auf ein Angebot erteilt hat, das hinsichtlich seiner Form nicht den Anforderungen von § 21 Nr. 1 Abs. 1 VOB/A entspricht:
Entweder liegt ein wirksamer Vertrag vor, bei welchem im vorvertraglichen Stadium vergaberechtswidrig gehandelt wurde, oder der Vertrag ist aufgrund bestimmter bürgerlich-rechtlicher Vorschriften nichtig.
Der nachfolgenden Betrachtung wird, wie schon oben, eine Überschreitung der durch die Vergabeverordnung festgelegten Schwellenwerte zugrunde gelegt, so dass sowohl GWB, VgV als auch Verdingungsordnungen berücksichtigt werden müssen.

### 6.2 Nichtigkeit des Vertrages gem. § 134 BGB

In Betracht kommt zunächst eine Nichtigkeit des zwischen dem öffentlichen Auftraggeber und dem ausgewählten Unternehmen bestehenden Vertrages nach § 134 BGB.
Gemäß § 134 BGB ist ein Rechtsgeschäft, das gegen ein gesetzliches Verbot verstößt, nichtig, wenn sich nicht aus dem Gesetz ein anderes ergibt. Eine Vertragsnichtigkeit in diesem Sinne könnte sich bei einer Zuschlagserteilung auf ein Angebot, das den Anforderungen des § 21 Nr. 1 Abs. 1 VOB/A nicht entspricht, aus dem Verstoß des Auftraggebers gegen § 25 Nr. 1 Abs. 1 lit. b) VOB/A ergeben.
Bei der Lösung dieses Problems sind zwei Fragestellungen auseinander zuhalten: Zum einen gilt es, zu klären, ob § 25 Nr. 1 Abs. 1 lit. b) VOB/A überhaupt ein „Gesetz“ im Sinne von § 134 BGB darstellt. Soweit dies der Fall ist, ist zu prüfen, ob es sich dabei auch um ein „Verbotsgesetz“ mit der rigiden Nichtigkeitsfolge des § 134 BGB handelt.

#### 6.2.1 Gesetzesqualität von § 25 Nr. 1 Abs. 1 lit. b) VOB/A

Der Begriff des Gesetzes in § 134 BGB deckt sich mit dem in Art. 2 EGBGB[458]. Jedes Gesetz im materiellen Sinne, also neben einem Parlamentsgesetz auch eine Rechtsverordnung der Exekutive, kann demnach „Gesetz“ i.S.v. § 134 BGB sein.
Zwar werden die Verdingungsordnungen von den Verdingungsausschüssen in Zusammenarbeit mit Staat und Wirtschaft erarbeitet, so dass diesem Teil der Regelungskaskade isoliert betrachtet Rechtsnormqualität unter keinem Gesichtspunkt zukommen kann.
§ 6 VgV enthält jedoch eine statische Verweisung[459] auf die Teile A der Verdingungsordnungen und erklärt deren Beachtung für öffentliche Auftraggeber für

---

[458] *Mayer-Maly/Armbrüster* in MüKo, § 134 Rn 30; *Heinrichs* in Palandt § 134 Rn 2

[459] Vgl. *Pietzcker* in Motzke/Pietzcker/Prieß, Syst II Rn 32; *Motzke* in Motzke/Pietzcker/Prieß, Syst III Rn 6

verbindlich, so dass die Verdingungsordnungen bei Vergaben oberhalb der Schwellenwerte Rechtsverordnungscharakter erhalten[460].
Bei europaweit auszuschreibenden Auftragsvergaben ist daher insbesondere § 25 Nr. 1 Abs. 1 lit. b) VOB/A als Gesetz im Sinne von § 134 BGB zu qualifizieren.

### 6.2.2 Anordnung der Nichtigkeit

Nicht immer ergibt sich – wie etwa bei § 13 S. 4 VgV – die Nichtigkeitsfolge eindeutig aus dem Wortlaut der Norm. In den meisten Fällen ist vielmehr im Wege der Gesetzesauslegung zu ermitteln, ob es sich um ein gesetzliches Verbot im Sinne von § 134 BGB handelt.
Verstößt ein Rechtsgeschäft gegen ein gesetzliches Verbot, so tritt die Folge der Nichtigkeit nur dann ein, „wenn sich nicht aus dem Gesetz ein anderes ergibt". Darin liegt nicht etwa ein Vorbehalt für gesetzliches Sonderregelungen; deren Vorrang ergibt sich bereits daraus, dass § 134 BGB als eine „Blankettbestimmung"[461] hinter alle anderen ausdrücklichen Regelungen zurücktritt. Der Vorbehalt bringt vielmehr zum Ausdruck, dass die jeweilige Verbotsnorm daraufhin zu überprüfen ist, ob sie nach ihrem Sinn und Zweck die zivilrechtliche Nichtigkeit des Rechtsgeschäfts anordnet[462].
Zwar ordnet § 25 Nr. 1 Abs. 1 lit. b) VOB/A an, dass Angebote, die den von § 21 VOB/A normierten Anforderungen nicht entsprechen, auszuschließen sind; ob damit jedoch auch die zivilrechtliche Wirksamkeit eines unter Missachtung dieser Vorschrift geschlossenen Vertrages angeordnet wird, ist fraglich.
Zutreffend stellen *Mayer-Maly/Armbrüster*[463] fest, dass eine als Schema zu handhabende Formel, durch welche Verbotsgesetze i.S.v. § 134 BGB von anderen Rechtsnormen abgegrenzt werden könnten, nicht existiere.
Die bei einer Einzelfallbetrachtung gebotene Auslegung nach Sinn und Zweck der potentiellen Verbotsnorm muss sich daher daran orientieren, ob die Norm den rechtlichen oder wirtschaftlichen Erfolg des Rechtsgeschäfts verhindern will, also ein Geschäft aus besonderen Gründen missbilligt[464].

Sinn und Zweck der Vorschriften der Verdingungsordnungen, insbesondere der zentralen Vorschrift des § 25 VOB/A ist es, „dem Vergebenden eine nach allgemeiner Erfahrung anzuerkennende Richtlinie für die Auswahl desjenigen Anbieters an die Hand zu geben, der am ehesten die Gewähr dafür bietet, dass die je-

---

[460] Verfassungsrechtliche Bedenken an dieser Verweisungstechnik äußern *Noch*, S. 96 f. sowie *Dreher*, NVwZ 1999, 1265; a.A. *Pietzcker* in NZBau 2000, 64, 65

[461] *Hefermehl* in Soergel, § 134 Rn 4

[462] *Hefermehl* in Soergel, § 134 Rn 4 mit zahlreichen Rechtsprechungsnachweisen

[463] *Mayer-Maly/Armbrüster* in MüKo § 134 Rn 41 ff. mit zahlreichen Beispielen für nicht handhabbare Abgrenzungskriterien

[464] *Hefermehl* in Soergel, § 134 Rn 14

weils gewünschte Bauleistung ordnungsgemäß und pünktlich zu einer der Sache nach vertretbaren Vergütung erbracht wird“[465].
Betrachtet man § 25 VOB/A im Zusammenhang mit § 97 GWB, so dient sie der Konkretisierung des Erfordernisses, den Zuschlag auf das wirtschaftlichste Angebot zu erteilen. Der hier relevante Ausschlussgrund des § 25 Nr. 1 Abs. 1 lit. b) VOB/A findet seine Rechtfertigung in der Tatsache, dass der Auftraggeber bei Angeboten, die nicht rechtsverbindlich unterschrieben oder nicht verschlüsselt und mit digitaler Signatur versehen sind, nicht von ihrer Verbindlichkeit ausgehen kann und darf[466]. Aus diesem Grund ordnet die Vorschrift den zwingenden Ausschluss an.

Erkennbar verfolgt die Vorschrift den Zweck, ein einheitliches Bewertungsverfahren bei der Auswahl des wirtschaftlichsten Angebots sicherzustellen, und die Mitbieter vor Willkürentscheidungen des öffentlichen Auftraggebers zu bewahren.
Sinn und Zweck der Vorschrift ist es aber gerade nicht, einen zivilrechtlich wirksamen Vertragsschluss zu verhindern. Die Vorschrift verbietet nicht die Vornahme des Rechtsgeschäftes oder dessen Inhalt. Durchaus können Verträge unter grober Missachtung dieser oder anderer Vorschriften der Verdingungsordnungen zustande kommen und dadurch Bieter in ihren subjektiven Bieterrechten verletzt werden. In diesen Fällen sind diese jedoch gehalten, Primär- oder Sekundärrechtsschutz zu suchen. Da allein eine Verpflichtung zu einem bestimmten Verhalten des Auftraggebers im vorvertraglichen Bereich begründet wird, wirkt ein Verstoß gegen diese Pflichten nicht in die Wirksamkeit des Vertrages hinein.
Dieses Ergebnis wird auch durch die gesamte Systematik des auf europarechtliche Vorgaben zurückgehenden Primärrechtsschutzes belegt. Ziel aller Änderungen des Vergaberechts der letzten Jahre ist es, dem Bieter zu ermöglichen, die Zuschlagserteilung zu verhindern, da ein geschlossener Vertrag nicht ohne weiteres aufgehoben werden kann, und der unterlegene Bieter in diesem Fall auf Schadensersatzansprüche verwiesen wäre.
Soweit bereits der Verstoß gegen eine Vorschrift der Verdingungsordnung die zivilrechtliche Nichtigkeit des Vertrages gem. § 134 BGB zur Folge hätte, bedürfte es des komplexen Nachprüfungsverfahrens nicht. Der geschlossene Vertrag wäre ohnehin nichtig, d.h. der Zuschlag könnte erneut – diesmal unter Beachtung des Vergaberechts – erteilt werden.
Endlich wäre insbesondere die Vorschrift des § 115 Abs. 1 GWB (gesetzliches Zuschlagsverbot) überflüssig; diese soll effektiven Primärrechtsschutz ermöglichen[467], indem sie verhindert, dass der öffentliche Auftraggeber durch die Zu-

---

465 *Kratzenberg* in Ingenstau/Korbion, Vorbem. § 25 VOB/A
466 Vgl. zu den einzelnen Funktionen der Formvorschrift des § 21 VOB/A *Kratzenberg* in Ingenstau/Korbion, § 21 VOB/A Rn 2
467 *Dreher* in Immenga/Mestmäcker, § 115 GWB Rn 3

schlagserteilung „Fakten schafft“ und somit jegliche Nachprüfung ad absurdum führt.

Diese Auffassung entspricht auch der Rechtsprechung des Bundesgerichtshofs[468], welche zwar unter Berücksichtigung der alten Rechtslage[469] erging, im Ergebnis aber auf die Zeit nach dem Inkrafttreten des Vergaberechtsänderungsgesetzes übertragbar ist.
Verstöße im Vergabeverfahren gegen Vorschriften der Verdingungsordnungen haben damit grundsätzlich nicht die Nichtigkeit des Vertrages zur Folge[470].

Gibt daher ein Bieter ein digitales Angebot ab, das den Anforderungen der VOB/A hinsichtlich digitaler Signatur und Verschlüsselung nicht entspricht und erteilt der öffentliche Auftraggeber darauf den Zuschlag, so hindert jedenfalls § 134 BGB die Wirksamkeit des Vertrages nicht. Mit der Erteilung des Zuschlags auf ein nicht den Voraussetzungen des § 21 Nr. 1 Abs. 1 VOB/A entsprechendes Angebot verstößt der Auftraggeber nicht gegen ein gesetzliches Verbot.

### 6.3 Nichtigkeit des Vertrages gem. § 125 BGB

Die Nichtigkeit des Vertrages könnte sich jedoch aus § 125 BGB ergeben. Danach ist ein solches Rechtsgeschäft nichtig, welches „der durch Gesetz vorgeschriebenen Form ermangelt“.
Ob sich dabei das gesetzliche Formerfordernis auf das gesamte Rechtsgeschäft oder nur auf eine Willenserklärung bezieht, ergibt sich aus den Formvorschrift selbst[471], nicht dagegen aus § 125 BGB.

Gemäß § 21 Nr. 1 Abs. 1 VOB/A sind digitale Angebot mit einer digitalen Signatur zu versehen und verschlüsselt einzureichen.
Für die Wirksamkeit des Vertrages ist daher von Bedeutung, ob die hier relevante Vorschrift aus der Verdingungsordnung ein gesetzliches Formerfordernis i.S.v. § 125 BGB darstellt, was *Prieß*[472] ohne Angabe von Gründen schlicht unterstellt.
Dies ist nicht nur in Schadensersatzprozessen des öffentlichen Auftraggebers gegen den ausgewählten Unternehmer entscheidend und als rechtshindernde Ein-

---

468 BGH NJW 1997, 61 f. zur Nichtigkeit nach § 134 BGB aufgrund eines Verstoßes gegen § 9 VOB/A

469 Gemeint ist hier die Rechtslage vor Inkrafttreten des Vergaberechtsänderungsgesetzes und der aktuell geltenden Vergabeverordnung. Zu dieser Zeit hatten die Verdingungsordnungen nur die Qualität von Verwaltungsvorschriften ohne Außenwirkung, so dass die Nichtigkeit nach § 134 BGB bereits aufgrund fehlender Rechtsnormqualität nicht in Betracht kam.

470 Vgl. auch *Mayer-Maly/Armbrüster* in MüKo, § 134 Rn 28; *Heinrichs* in Palandt, § 134 Rn 24 bestreitet gar die Nichtigkeit des Vertrages bei einem Verstoß gegen § 115 Abs. 1 GWB

471 *Einsele* in MüKo, § 125 Rn 10 und Rn 30

472 *Prieß* in Motzke/Pietzcker/Prieß, § 21 VOB/A Rn 6

wendung von Amts wegen zu beachten[473]. Auch unterlegene Bieter können ein wirtschaftliches oder rechtliches Interesse an der Feststellung der Nichtigkeit des Vertrages haben. Da sich jeder Dritte auf die Nichtigkeit des Vertrages aufgrund eines Verstoßes gegen eine gesetzliche Formvorschrift berufen kann[474], kommt grundsätzlich auch eine entsprechende Feststellungsklage – soweit die Zulässigkeit im übrigen gegeben ist – in Betracht.

### 6.3.1 Gesetzesqualität von § 21 Nr. 1 Abs. 1 lit. b) VOB/A

Wie bereits im Zusammenhang mit § 134 BGB ausgeführt, erlangen die Vorschriften der Verdingungsordnungen durch die entsprechenden statischen Verweisungen in der Vergabeverordnung nach allgemeiner Ansicht Rechtsverordnungscharakter und stellen somit Gesetze im materiellen Sinne dar.
Auch bei § 125 BGB reicht der Verstoß gegen ein Gesetz im materiellen Sinne aus; der Gesetzesbegriff unterscheidet sich insoweit nicht von dem in § 134 BGB. Was „Gesetz" ist, bestimmt sich nach Art. 2 EGBGB[475].

### 6.3.2 Anordnung der Nichtigkeit

Dass § 21 Nr. 1 Abs. 1 VOB/A damit Gesetz i.S.v. § 125 BGB ist, reicht jedoch für sich betrachtet nicht aus, um bei einem Verstoß dagegen unmittelbar zur Nichtigkeitsfolge zu gelangen. Auch reicht es nicht, dass die Norm allein eine Aussage zur Form enthält.
Erforderlich ist vielmehr, dass die Norm ihrem Sinn und Zweck nach die *Gültigkeit* des Rechtsgeschäfts von der Einhaltung der Form abhängig machen will[476]. In einer jüngeren Entscheidung, führte der Bundesgerichtshof[477] dazu aus:
„Nicht jedes Gesetz, das die Form eines Rechtsgeschäfts regelt, ist aber als Formvorschrift i.S.v. § 125 BGB einzuordnen. Es kommt vielmehr darauf an, ob das Gesetz die Gültigkeit des in Rede stehenden Rechtsgeschäfts nur für den Fall anerkennen will, dass dieses die gesetzlich vorgeschriebene Form einhält. Davon, dass ein Rechtsgeschäft der durch Gesetz vorgeschriebenen Form ermangelt, kann mithin nur gesprochen werden, wenn nach dem Gesetz das Rechtsgeschäft erst und nur dadurch zu Stande kommt, dass seine sämtlichen Teile in einer von den Vertragsparteien aufgenommenen Urkunde aufgenommen werden."[478]

---

473 Vgl. dazu auch *Hefermehl* in Soergel, § 125 Rn 26
474 *Hefermehl* in Soergel, § 125 Rn 26
475 *Heinrichs* in Palandt, § 125 Rn 6
476 *Heinrichs* in Palandt, § 125 Rn 6
477 BGH NJW 2001, 600 ff.
478 BGH NJW 2001, 600, 601

Der BGH führt damit seine Rechtsprechung fort, wonach ein Gesetz, welches Aussagen zur „Form" eines Rechtsgeschäfts enthält, nicht zwingend auch Formvorschrift i.S.v. § 125 BGB sein muss[479].

§ 21 Nr. 1 Abs. 1 VOB/A ist damit unter besonderer Berücksichtigung des Normzwecks auszulegen, um festzustellen, ob die Nichtbeachtung gleichfalls die Nichtigkeit des Rechtsgeschäfts nach sich zieht. Dabei gilt zu es klären, ob die typischerweise mit Schriftformerfordernissen verfolgten Zwecke auch mit der entsprechenden Regelung der VOB/A verfolgt werden.

Die Motive zum BGB fassen höchst plastisch die Formzwecke zusammen:
„Die Notwendigkeit der Beobachtung einer Form ruft bei den Beteiligten eine geschäftsmäßige Stimmung hervor, weckt das juristische Bewusstsein, fordert zu besonnener Überlegung heraus und gewährleistet die Ernstlichkeit der gefassten Entschließung. [...]"[480]
Mit Formvorschriften verfolgt der Gesetzgeber also das Ziel, die Beteiligten vor übereilten Entschlüssen zu bewahren (Warnfunktion), den Vertragsschluss von unverbindlichen Vorverhandlungen zu trennen (Klarstellungsfunktion) oder den Beweis für dessen Inhalt zu erleichtern (Beweisfunktion). Die Klarstellungs- und Beweisfunktion kann dabei auch zugunsten Dritter bestehen[481].

Es erscheint bereits fraglich, ob mit § 21 VOB/A Warnfunktionen verfolgt, der Bieter also vor übereilten Entschlüssen bewahrt werden soll.
Dagegen spricht deutlich ein Vergleich mit sonstigen, privatrechtlich geschlossenen Werkverträgen ohne Beteiligung eines öffentlichen Auftraggebers im Sinne des GWB. Im Werkvertragsrecht des BGB herrscht Formfreiheit. Ein Angebot zur Herstellung eines Werkes kann daher – sowohl durch den Besteller als auch durch den Werkunternehmer – formfrei abgegeben werden. Der Gesetzgeber hat sich bewusst für eine Formfreiheit entschieden, trotz der Tatsache, dass auch bei dem Abschluss von Werkverträgen gerade im Bereich von Bauvorhaben Sachverhalte betroffen sind, die für die Beteiligten eine enorme wirtschaftliche Bedeutung haben. Dies trifft auch und gerade für den Werkunternehmer zu, der unter Umständen erhebliche (Vor-)Leistungen erbringen muss und der Gefahr von Baumängelprozessen ausgesetzt ist, die nicht selten zur Insolvenz führen können.

---

479 Vgl. dazu insbesondere auch die Qualifikation der Formvorschriften der Gemeindeordnungen durch den BGH. Diese seien nicht etwa Formvorschriften i.S.v. § 125 BGB, sondern gesetzliche Vertretungsregeln. Rechtsgeschäfte, die unter Mißachtung dieser Vorschriften geschlossen wurden, würden nicht von der Nichtigkeitsfolge des § 125 BGB erfaßt; BGH NJW 1994, 1528 m.w.N. = BauR 1994, 364.

480 Mot. I S. 179 = Mugdan I S. 451 f.

481 *Einsele* in MüKo, § 125 Rn 7; zu den einzelnen Formzwecken auch schon *Heldrich*, AcP 147 (1941), 89, 91

Es ist nicht ersichtlich, weshalb gerade bei Beteiligung eines öffentlichen Auftraggebers etwas anderes gelten sollte. Vielmehr kann davon ausgegangen werden, dass gerade Unternehmen, die sich an öffentlichen Ausschreibungen beteiligen, nicht übereilt Angebote abgeben, sondern erst nach gründlicher Kalkulation am Vergabeverfahren teilnehmen werden.
Damit bedarf es einer Warnung der Anbietenden durch Unterschrift oder digitale Signatur nicht.

Auch Klarstellungsfunktionen werden durch § 21 VOB/A nicht verfolgt. Das Stadium der Vorverhandlungen wird gerade nicht durch die Einreichung eines in bestimmter Form verfassten Angebotes von dem eigentlichen Vertragsschluss getrennt; dies gilt um so mehr, als der Zuschlag formfrei erteilt werden kann[482].

So verbleibt nur die Beweisfunktion, um zu rechtfertigen, dass § 21 Nr. 1 Abs. 1 VOB/A ein gesetzliches Formerfordernis sei. Hier gilt es jedoch zu trennen zwischen dem vorvertraglichen Stadium sowie dem später abzuschließenden Vertrag. Zweifelsfrei soll mit der Anordnung, dass schriftliche Angebote unterschrieben und digitale Angebote mit digitaler Signatur im Sinne des Signaturgesetzes versehen sein sollen, sichergestellt werden, dass der Bieter identifiziert und damit ein transparentes Vergabeverfahren durchgeführt werden kann. Das Gebot der Transparenz, das insbesondere für die Mitbieter von Bedeutung ist, erschöpft sich jedoch in dem Moment, in welchem der Zuschlag erteilt worden ist.
Weder im Hinblick auf die Mitbieter, noch im Hinblick auf die Vertragspartner selbst, weist der abgeschlossene Vertrag eine über das übliche Maß hinausgehende Beweisbedürftigkeit auf; auch in anderen Rechtsbereichen besteht regelmäßig das Bedürfnis, den Inhalt eines Vertrages aufzuklären. Trotzdem hat der Gesetzgeber davon abgesehen, für Kauf- oder Werkverträge – und sind sie auch noch so wirtschaftlich bedeutsam – ein grundsätzliches Formerfordernis in das BGB aufzunehmen.
Das besondere Beweisinteresse unterlegener Bieter beschränkt sich damit allein auf den Bereich bis zur Zuschlagserteilung.

Ein weiterer Vergleich spricht abschließend dagegen, § 21 Nr. 1 Abs. 1 VOB/A als gesetzliche Formvorschrift i.S.v. § 125 BGB zu qualifizieren:
Sobald die in der Vergabeverordnung festgelegten Schwellenwerte überschritten sind, ist der öffentliche Auftraggeber bei der Vergabe an die Vorschriften des GWB, der VgV sowie der Verdingungsordnungen gebunden und muss sie beachten.
Schreibt der öffentliche Auftraggeber nun nicht aus, obwohl dies erforderlich gewesen wäre, so kann er, ohne dass dies – soweit ersichtlich – ernsthaft bestritten

---

482 *Kratzenberg* in Ingenstau/Korbion, § 21 VOB/A Rn 2; BGH BauR 1975, 274

würde, formfrei einen Werkvertrag mit einem Unternehmen schließen. Dieses Verhalten wäre massiv vergaberechtswidrig, da sämtliche vergaberechtlichen Vorschriften einschließlich § 21 VOB/A nicht beachtet worden wären.
Führt der öffentliche Auftraggeber dagegen ein Vergabeverfahren durch und erteilt den Zuschlag auf ein Angebot, das beispielsweise nicht mit digitaler Signatur im Sinne des Signaturgesetzes versehen ist, so verhält er sich nur in begrenztem Maße vergaberechtswidrig, wenn man unterstellt, die sonstigen Vorschriften der VOB/A, der VgV und des GWB seien beachtet worden.
Wäre § 21 VOB/A gesetzliche Formvorschrift im Sinne von § 125 BGB, so hätte dies zur Konsequenz, dass Verträge, die unter besonders grober Missachtung der Vergabevorschriften (nämlich ohne jegliches Vergabeverfahren und damit aller Vorschriften) geschlossen werden, wirksam sind.
Verhält sich dagegen der Auftraggeber – abgesehen von der Missachtung der §§ 21 und 25 VOB/A – rechtmäßig, wäre der Vertrag aufgrund des Formverstoßes gem. § 125 BGB nichtig.

Dass dies nicht richtig sein kann, liegt auf der Hand und bestätigt, dass § 21 Nr. 1 Abs. 1 VOB/A eben nur eine Teilnahmevorschrift ist.
Wie schon bei der vorab erörterten Nichtigkeit nach § 134 BGB gilt auch hier, dass die Rechtswidrigkeit des Vergabeverfahrens nicht in den vertraglichen Bereich hineinwirkt, sondern nur im Rahmen von Primär- und Sekundärverfahren von unterlegenen Bietern angegriffen werden kann. Die Bedeutung von § 21 Nr.1 Abs. 1 VOB/A ist damit begrenzt auf den Zeitraum bis zum Vertragsschluss.

Endlich wird dieses Ergebnis bestätigt durch § 29 VOB/A bzw. die gleichlautenden Vorschriften der VOL/A bzw. VOF. Demnach braucht eine besondere Urkunde über den Vertrag nur unter bestimmten Voraussetzungen angefertigt werden. Dies spricht dafür, dass auch im vergaberechtlichen Bereich grundsätzlich an der Formfreiheit des Werkvertrages festgehalten wird.

Wird ein Angebot nicht den Anforderungen des § 21 Nr. 1 Abs. 1 VOB/A entsprechend abgegeben, so ist dies für den später geschlossenen Vertrag daher ohne Auswirkung. Es besteht vielmehr ein wirksamer Werkvertrag zwischen dem öffentlichen Auftraggeber und dem ausgewählten Bieter.

### 7. Zusammenfassung der Ergebnisse

Formale Mängel bei der Angebotsabgabe haben nachhaltige Auswirkungen auf das gesamte Vergabeverfahren. Derartige Mängel können etwa in einer fehlenden oder fehlerhaften digitalen Signatur oder in einer fehlenden oder fehlerhaften Verschlüsselung liegen.
Bei einer Verletzung der Vorschriften über die digitale Angebotsabgabe kann der unterlegene Bieter diesen Verstoß im Wege eines Nachprüfungsverfahrens vor der

Vergabekammer sowie im Wege einer sofortigen Beschwerde gegen die Entscheidung der Vergabekammer vor den Oberlandesgerichten geltend machen. Schon für die Zulässigkeit ist erforderlich, dass die Möglichkeit der Verletzungen von „Bestimmungen über das Vergabeverfahren“ i.S.v. § 97 Abs. 7 GWB besteht. Ob ein solcher Verstoß tatsächlich vorliegt, ist allein Frage der Begründetheit.

§ 97 Abs. 7 GWB erfasst lediglich „bieterschützende“ Vorschriften. Für eine Ausweitung auf jede vergaberechtliche Vorschrift besteht auch unter Berücksichtigung des Gemeinschaftsrechts kein Erfordernis.
Für die Abgrenzung zwischen bloßen Ordnungsvorschriften, auf deren Einhaltung ein Anspruch der Bieter nicht besteht, und subjektiven Bieterrechten ist auf die im Verwaltungsrecht entwickelte Schutznormtheorie zurückzugreifen, wie es bereits die Regierungsbegründung zum Vergaberechtsänderungsgesetz vorsieht. Der Kreis der bieterschützenden Vorschriften ist jedoch weit zu ziehen, § 97 Abs. 7 GWB mithin weit auszulegen.

Die Vorschrift über die an ein digitales Angebot zu stellenden Anforderungen (§ 21 Abs. 1 Nr. 1 VOB/A) ist als bieterschützend in diesem Sinne zu qualifizieren. Sie dient nicht nur der Transparenz des Verfahrens, sondern auch dazu, dem Gleichbehandlungsgebot nachzukommen und im Ergebnis nicht in den Wettbewerb einzugreifen. Als Konkretisierung dieser elementaren Vergabeprinzipien ist sie nicht lediglich als reine Ordnungsvorschrift einzuordnen.
Doch selbst dann, wenn man dieser Qualifikation von § 21 Nr. 1 Abs. 1 VOB/A nicht folgen wollte, änderte dies am Ergebnis nichts. Beabsichtigt der öffentliche Auftraggeber, den Zuschlag auf ein nicht formwirksam abgegebenes Angebot zu erteilen, so liegt darin gleichzeitig ein Verstoß geben die wichtige Wertungsvorschrift des § 25 VOB/A, nach welcher Angebote, die die formalen Anforderungen nicht erfüllen, zwingend ausgeschlossen werden müssen.

In diesem Fall steht den Bietern, deren Angebote unberücksichtigt bleiben sollen, ein Anspruch auf Nichterteilung des Zuschlags auf das digitale Angebot, das den Anforderungen des § 21 Nr. 1 Abs. 1 VOB/A nicht entspricht, zu. Ein Anspruch auf Zuschlagserteilung auf das eigene Angebot ist dagegen nicht – auch nicht für den bestplatzierten Bieter – anzuerkennen. Unterbleibt die Zuschlagserteilung auf das wirtschaftlichste Angebot, so ist dieser Bieter auf die Geltendmachung von Schadensersatzansprüchen beschränkt. Dadurch wird er gegenüber der Erteilung des Zuschlags auf sein Angebot nicht wirtschaftlich benachteiligt.

Die Erteilung des Zuschlags auf ein formunwirksames Angebot stellt keinen Verstoß gegen ein gesetzliches Verbot dar. § 25 VOB/A ist zwar „Gesetz“ im Sinne von § 134 BGB. Ein Verstoß dagegen zieht jedoch nicht die zivilrechtliche Unwirksamkeit des Vertrages nach sich.

Ein Angebot, das den Anforderungen von § 21 Nr. 1 Abs. 1 VOB/A nicht entspricht, führt auch nicht zur Unwirksamkeit des Vertrages gem. § 125 BGB. Die vom Bieter abgegebene Willenserklärung ist vielmehr wirksam, so dass auf sie der Zuschlag erteilt werden kann.
Da die VOB/A oberhalb der Schwellenwerte Rechtsverordnungscharakter aufweist, handelt es sich um ein Gesetz im materiellen Sinne und damit im Sinne von § 125 BGB.
Die Auslegung der Vorschrift zeigt jedoch, dass ihre Bedeutung sich auf den vorvertraglichen Bereich, die Teilnahme am Vergabeverfahren, beschränkt ist. Ein Verstoß dagegen führt zwar zur Rechtswidrigkeit des Vergabeverfahrens, beeinträchtigt den anschließenden Vertragsschluss jedoch dagegen nicht.

## KAPITEL VIII
## DIE BEVORZUGUNG ELEKTRONISCHER ANGEBOTE IM VERGABEVERFAHREN DURCH ANERKENNUNG ALS „VERGABEFREMDES KRITERIUM“ UND IHRE ZULÄSSIGKEIT AUS GEMEINSCHAFTSRECHTLICHER SICHT

### 1. Problemlage

Die politische und rechtswissenschaftliche Diskussion um vergabefremde Kriterien der öffentlichen Auftragsvergabe wird zur Zeit intensiv geführt[483]. Ausgangspunkt der Diskussion ist § 97 Abs. 4 2. HS GWB, der „andere oder weitergehende Anforderungen an die Auftragnehmer“ auf Grundlage von Bundes- oder Landesgesetzen zulässt. Auch Art. 26 der Richtlinie über die Koordinierung der Verfahren zur Vergabe öffentlicher Bauaufträge, Lieferaufträge und Dienstleistungsaufträge[484] sieht nunmehr vor, dass zusätzliche Bedingungen – wie etwa in Bezug auf soziale und umweltbezogene Aspekte – bei der Vergabe öffentlicher Aufträge vorgeschrieben werden dürfen.

Im Ergebnis hält durch entsprechende gesetzliche Regelungen eine politisch motivierte Beschaffung Einzug in die öffentliche Auftragsvergabe[485], zu deren Gunsten der Grundsatz der Wirtschaftlichkeit als alleiniges Vergabekriterium aufgegeben wird. Nur beispielhaft[486] seien aus dem gesamten Spektrum sonstiger verfolgter Zwecke der öffentlichen Auftragsvergabe die „Frauenförderung“[487], die Berücksichtigung von „Umweltschutzbelangen“[488], die „Bekämpfung der Schwarzarbeit“[489] oder der Einsatz von „Langzeitarbeitslosen“[490] genannt.

In Niedersachsen wurde mit Erlass des Landesvergabegesetzes das Kriterium der „Tariftreue“ normiert. Am 02.09.2002 hat der niedersächsische Landtag das Landesvergabegesetz beschlossen (Nds. GVBl. S. 370). Das Gesetz soll Wettbewerbsverzerrungen entgegenwirken, die auf dem Gebiet des Bauwesens und des öffentlichen Personennahverkehrs durch den Einsatz von Niedriglohnkräften entstehen, und soll Belastungen für die sozialen Sicherungssysteme mildern. Zu die-

483 Eine ausführliche Übersicht findet sich bei *Schneider*, DVBl. 2003, 1186 ff.; *Mosbacher*, DÖV 2001, 573, 581; neuen Auftrieb erlangt diese Diskussion durch das Tariftreuegesetz des Bundes, dazu und zur allgemeinen gemeinschaftsrechtlichen Problematik vergabefremder Kriterien *Kämmerer/Thüsing*, ZIP 2002, 596 ff.

484 Richtlinie 2004/18/EG

485 *Schneider*, DVBl. 2003, 1186 spricht von einem „Instrument des Verwaltungshandelns“

486 Eine umfangreiche Liste vergabefremder Kriterien findet sich bei *Riese*, S. 203

487 z.B. §§ 4 ff. FrauFöG Brandenburg

488 Richtlinie 2004/18/EG, Art. 26; zu den Umweltkriterien vgl. *Dageförde/Dross*, NVwZ 2005, 19 ff. und insb. auch *Schneider*, DVBl. 2003, 1186 ff.

489 § 5 SchwArbG; vgl. dazu insbesondere *Erdmann*, NdsVbl. 1999, 259, 261

490 z.B. die Regelung niederländischen Rechts, welche Gegenstand der Entscheidung EuGH Rs. 31/87 (*Gebroeder Beentjes BV/Niederländischer Staat*), Slg. 1988, 4635 ff. war

sem Zweck bestimmt es, dass öffentliche Auftraggeber Aufträge über Baumaßnahmen und im öffentlichen Personennahverkehr nur an Unternehmen vergeben dürfen, die das in Tarifverträgen vereinbarte Arbeitsentgelt am Ort der Leistungserbringung zahlen. Nach § 2 Abs. 1 S. 1 sind alle Behörden des Landes, die Gemeinden und Gemeindeverbände und sonstige, der Aufsicht des Landes unterstehende Körperschaften, Anstalten und Stiftungen des öffentlichen Rechts verpflichtet, bei der Vergabe öffentlicher Aufträge die Bestimmungen des Gesetzes zu beachten. Bei Vergabe von Aufträgen unterhalb der Schwellenwerte sollen nach § 2 Abs. 1 S. 2 des Landesvergabegesetzes die §§ 97 Abs. 1 bis 5, 98 bis 101 GWB sowie die Bestimmungen der Vergabeverordnung entsprechend anzuwenden sein. Gem. § 2 Abs. 2 des Landesvergabegesetzes sollen auch juristische Personen des Privatrechts, an denen Stellen nach § 2 Abs. 1 S. 1 des Landesvergabegesetzes beteiligt sind und die die Voraussetzungen des § 98 Nr. 2, 4 oder 5 GWB erfüllen, verpflichtet sein, § 2 Abs. 1 S. 1 des Landesvergabegesetzes anzuwenden. Anwendung finden soll aber nur der jeweils erste Abschnitt der VOL/A und der VOB/A. Unterhalb der Schwellenwerte müssen damit auch etwa kommunale Eigengesellschaften oder gemischt-wirtschaftliche Unternehmen, die die Voraussetzungen des § 98 Nr.2 GWB erfüllen, grundsätzlich ausschreiben. Das Gesetz trat am 01.01.2003 in Kraft[491].

Gemeinsam ist den genannten Beispielen, dass Bietern, die entsprechende Anforderungen erfüllen, ein Vorrang gegenüber anderen Unternehmen bei der Vergabe des Auftrags eingeräumt wird. So können Bieter, die nicht das wirtschaftlichste Angebot abgegeben haben, etwa den Zuschlag dann erhalten, wenn sie statt dessen eine bestimmte Frauen-Quote in ihrem Betrieb vorweisen.
Die vergaberechtliche Zulässigkeit einzelner derartiger Kriterien war umstritten[492], wenngleich der EuGH[493] mit zwei – häufig missinterpretierten[494] – Urteilen erheblich zur Klärung beigetragen hat[495].
Da als vergabefremdes Kriterium nahezu alles denkbar ist, was aus politischer Sicht als erstrebenswert gelten kann, ist nicht ersichtlich, warum nicht Unternehmen, die Angebote nur noch digital einreichen, nicht einen Vorteil bei der Verga-

---

491 Vgl. hierzu *Losch*, NdsVBl. 2003, 73 ff.

492 *Pache*, DVBl. 2001, 1781, 1789 bezeichnet die vergabefremden Kriterien sogar als das „materielle Kernproblem jedes Vergaberechts".

493 EuGH Rs. 31/87 (*Gebroeder Beentjes BV/Niederländischer Staat*), Slg. 1988, 4635 ff. sowie EuGH Rs. C-225/98 (*Nord-Pas-de-Calais*), NJW 2000, 3629 ff.

494 *Ziekow*, NZBau 2001, 72, 75: „Wohl nur wenige Entscheidungen des EuGH sind derart mißdeutet worden, wie das Beentjes-Urteil."

495 *Dageförde/Dross*, NVwZ 2005, 19, 20 spricht daher auch davon, dass der Gemeinschaftsgesetzgeber mit Verabschiedung der Richtlinie 2004/18/EG die vom EuGH in den Entscheidungen „Beentjes" (EuGH Slg. 1988 = NVwZ 1990, 353) und „Nord-Pas-de-Calais" (Slg. 2000, I-7445 = NVwZ 2001, 65) auch auf umweltpolitische Belange ausgedehnt habe.

be erhalten sollten. *Mosbacher*[496] weist zur Recht darauf hin, dass politische Zielvorgaben sich nicht nur auf sozialpolitische Themen beschränken, sondern auch innovative Förderung einbeziehen sollten. Kreativität des Bundes- oder Landesgesetzgebers könne zukunftsweisende Impulse in die Wirtschaft hineintragen und so ökonomische Anreize schaffen, in die digitale Signatur sowie die sonstige erforderliche Infrastruktur zu investieren.
Entsprechende Investitionen sind bislang nur in geringem Umfang getätigt worden, weil ihr Zusatznutzen nicht offensichtlich ist[497].

Vor diesem Hintergrund erscheint es als nicht von vornherein ausgeschlossen, dass neben die zahlreichen Gesetze, in welchen an Bieter zu stellende Zusatzkriterien normiert werden, ein solches tritt, das die digitale Angebotsabgabe gegenüber der herkömmlichen Form privilegiert.
Ob solche Gesetze aus politischer Sicht zu begrüßen sind, soll hier unbeantwortet bleiben; das Meinungsspektrum hinsichtlich des Sinns oder des Unsinns der IT-Förderung im Wege der öffentlichen Auftragsvergabe dürfte ebenso vielfältig sein, wie es dies bereits bei anderen Gesetzen solcher Art der Fall ist[498].
Insoweit beschränkt sich die nachfolgende Betrachtung darauf, die vergaberechtliche Zulässigkeit aus gemeinschaftsrechtlicher Sicht[499] zu untersuchen.
Die Ausgangsfrage lautet daher: Können öffentliche Auftraggeber bei Schaffung entsprechender gesetzlicher Rahmenbedingungen einem Angebot allein deshalb den Vorzug geben und den Zuschlag darauf erteilen, weil es gerade digital abgegeben wurde?

---

496 *Mosbacher*, DÖV 2001, 573, 581

497 *Mosbacher*, DÖV 2001, 573, 581

498 Rechtspolitische Bedenken finden sich bei *Hailbronner* in Byok/Jaeger, § 97 Rn 249 f.; vgl. zur Effektivität einer solchen Politik der Auftragsvergabe auch *Weissenberg*, DB 1984, 2285, 2287

499 Bei der Betrachtung aus gemeinschaftsrechtlicher Sicht werden zwei nicht minder umstrittene Fragestellungen ausgeklammert: Zum einen soll an dieser Stelle nicht diskutiert werden, ob die fragliche Vorschrift des § 97 Abs. 4 2. HS GWB selbst europarechtskonform ist; zum anderen soll nicht untersucht werden, in wieweit verfassungsrechtliche (Art. 3 I GG) oder sonstige wettbewerbsrechtliche Bedenken der Einführung vergabefremder Kriterien durch Gesetz entgegenstehen. Ausführliche Diskussionen dieser Fragen finden sich bei *Knipper*, WuW 1999, 677 ff.; *Martin-Ehlers*, WuW 1999, 685 ff.; *Karenfort/von Koppelfels/Siebert*, BB 1999, 1825ff.; *Scholz*, RdA 2001, 193ff.; *Dreher*, JZ 2000, 519 ff. (Anm. zu BGH „Tariftreue II", ZIP 2000, 426 ff.); *Prieß* in Motzke/Pietzcker/Prieß, § 2 VOB/A Rn 18 a.E.; *Prieß/Hausmann* in Motzke/Pietzcker/Prieß, § 8 VOB/A Rn 22; *Burgi*, NZBau 2001, 64, 48 vertritt die These, dass § 97 Abs. 4 GWB zur Beurteilung der Statthaftigkeit vergabefremder Kriterien nach außen, d.h. auf Gesetze außerhalb des GWB verweise, so dass die Anwendung des allgemeinen Kartellrechts in diesem Bereich ausscheide. Die Behauptung der Fortwirkung des allgemeinen Kartellrechts sei „beweispflichtig".

## 2. Begriffsbestimmung

„Vergabefremde Kriterien" liegen vor, wenn die öffentliche Hand das Auftragswesen instrumentalisiert, um (auch) andere Zielsetzungen zu erreichen, als das wirtschaftlichste Angebot zu ermitteln[500]. Dabei setzt der Staat bewusst seine Nachfragemacht ein, um den technologischen und wirtschaftlichen Fortschritt in eine bestimmte Richtung zu lenken[501], oder um antizyklische Wirtschaftspolitik zu betreiben[502].

Dabei hat sich, wie *Ziekow*[503] zutreffend betont, der Begriff der „vergabefremden Kriterien" zu einem politischen Kampfbegriff entwickelt. „Gesichtspunkte, die man – je nach Sichtweise – berücksichtigt sehen möchte, werden als vergabeangemessen, Gesichtspunkte, die man – ebenfalls je nach Sichtweise – für nicht berücksichtigungswert hält, werden als vergabefremd qualifiziert."[504] Richtigerweise sagt die Bezeichnung eines Kriteriums als „vergabefremd" noch nichts über dessen Zu- oder Unzulässigkeit aus; vielmehr kommt der Frage, auf welche Weise der vergabefremde Zweck verfolgt wird, entscheidende Bedeutung zu.

Synonym werden die Begriffe „politische Zwecke", „Sekundärzwecke", „vergaberechtsfremd" oder „wettbewerbsfremd" verwendet. Inhaltlich soll dabei jedoch nichts anderes zum Ausdruck gebracht werden[505].

Auch besteht zwischen „vergabefremden Kriterien" und „vergabefremden Zwecken" in dem hier dargestellten Zusammenhang kein Unterschied. Die Bezeichnung als „vergabefremder Zweck" birgt jedoch die Gefahr einer Verwechslung mit der in § 16 Nr. 2 VOB/A als unzulässig umschriebenen Verhaltensweise des staatlichen Auftraggebers; dort heißt es, dass „Ausschreibungen für vergabefremde Zwecke (z.B. Ertragsberechnungen)" unzulässig sind. In letztgenanntem Zusammenhang sind mit „Ausschreibungen für vergabefremde Zwecke" nur solche Ausschreibungen gemeint, die im Ergebnis gar nicht darauf abzielen, einen Vertrag zu schließen, etwa weil der Auftraggeber sich lediglich einen Marktüberblick verschaffen, Ertragsberechnungen vornehmen oder Vergleichsanschläge einholen will. § 16 Nr. 2 VOB/A normiert damit, dass eine Ausschreibung stets ernsthaft auf das Ziel der Auftragserteilung[506] gerichtet sein muss.

---

500 *Martin-Ehlers*, WuW 1999, 685, 685

501 *Neßler*, DÖV 2000, 145, 147

502 *Neßler*, DÖV 2000, 145, 147

503 *Ziekow*, NZBau 2001, 72 ff.

504 *Ziekow*, NZBau 2001, 72, 72

505 Eine Übersicht über die andernorts verwendeten Begriffe findet sich bei *Benedict*, S. 17 ff.; nur beispielhaft sei die Bezeichnung *Franke/Grünhagens* in Franke/Kemper/Zanner/ Grünhagen, § 25 VOB/A Rn 420 als „beschaffungsfeindliche Kriterien" erwähnt, welche offenkundig bereits eine Wertung enthält.

506 *Sterner* in Motzke/Pietzcker/Prieß, § 16 VOB/A Rn 20; *Burgi*, NZBau 2001, 64, 67 betont, dass es sich jedoch hierbei um ein vergleichsweise peripheres Phänomen handele.

Nachfolgend wird daher allein der Begriff der „vergabefremden Kriterien“ verwendet, um die beschriebene Verwechslungsgefahr auszuschließen und klarzustellen, dass es vorliegend gerade nicht um Ausschreibungen ohne konkrete Vergabeabsichten geht, sondern um die Wertung der Angebote unter anderen, als allein auftragsbezogenen Kriterien.

## 3. Möglichkeiten der rechtlichen Ausgestaltung vergabefremder Kriterien

### 3.1 Einleitung

Wenn sich der Bundes- oder Landesgesetzgeber dazu entschließt, gesetzliche Grundlagen dafür zu schaffen, dass digitalen Angeboten im Vergabeverfahren ein Vorteil gegenüber solchen Angeboten eingeräumt wird, welche auf herkömmlichem Weg eingereicht worden sind, um so – aus wirtschaftspolitischen Gründen – den Einsatz der digitalen Signatur in Unternehmen zu verstärken, stehen ihm unterschiedliche Möglichkeiten zur Verfügung, um dies rechtlich auszugestalten. Die Auswahl des Mittels hängt dabei stark von dem vom öffentlichen Auftraggeber angestrebten Zweck und dem Verhalten des Auftragnehmers ab, das die Erreichung dieses Zwecks sicherstellen soll. Nicht jede rechtliche Möglichkeit ist zur Implementierung vergabefremder Kriterien in das Vergabeverfahren gleich geeignet.

### 3.2 Vertragsgestaltung

Zum einen ist es möglich, die Erreichung außerhalb des Vergabeverfahrens liegender Ziele mit der Auftragsvergabe rechtstechnisch zu verknüpfen, indem sich der Auftragnehmer vertraglich verpflichtet, bestimmte Maßnahmen vorzunehmen, die die Erreichung des Zwecks fördern[507]. Der Abschluss eines diese unternehmerische Leistungspflicht begründenden Vertrages wird somit zur Voraussetzung der Zuschlagserteilung gemacht. In der Sache handelt es sich dabei um eine vertragliche Nebenpflicht[508] des späteren Auftragnehmers.

Da die vertragliche Verpflichtung die Durchführung des Vergabeverfahrens selbst nicht betrifft, ist sie für die Durchsetzung digitaler Vergabeverfahren weniger geeignet. Die vertragliche Verpflichtung beeinflusst allein das zukünftige Verhalten eines Unternehmens, so dass die elektronische Teilnahme unter Einsatz der digitalen Signatur lediglich für nachfolgende Vergabeverfahren sichergestellt werden könnte.

### 3.3 Präferenzregelungen

Um Bieter mit Mitteln der öffentlichen Auftragsvergabe zur Nutzung moderner Kommunikationsformen anzuregen, ist es daher für öffentliche Auftraggeber inte-

---

[507] *Boesen*, § 97 Rn 106

[508] *Boesen*, § 97 Rn 106

ressanter, so genannte Präferenzregelungen durch formelle Bundes- oder Landesgesetze zu schaffen.
Präferenzregelungen knüpfen im Gegensatz zu vertraglichen Verpflichtungen an gegenwärtige Umstände aus der Sphäre des Unternehmens an[509], sind damit nicht lediglich ein Instrument zukünftiger Verhaltenssteuerung bei nachfolgenden Ausschreibungen und so unmittelbar für die Erzielung kurzfristigerer Steuerungseffekte nutzbar. Präferenzregelungen gleich welcher Art haben zum Inhalt, dass Bieter bei Erfüllung von bereits im Zeitpunkt der Ausschreibung festgelegten Kriterien bei der Vergabe der Aufträge bevorzugt werden. Dies kann etwa dergestalt erfolgen, dass von zwei gleich wirtschaftlichen Angeboten dasjenige den Zuschlag erhält, das das festgelegte Kriterium erfüllt, oder dass ein weniger wirtschaftliches Angebot vorrangige Berücksichtigung findet.

Es würde somit ein erheblicher Anreiz geschaffen, sich der neuen Technologie zur Beteiligung an Ausschreibungen zu bedienen. Dies gilt um so mehr, als Unternehmen möglicherweise gerade aufgrund der Neuheit dieser Möglichkeit entsprechende Investitionen noch scheuen, weil sie den unmittelbaren Nutzen auch für sich selbst noch nicht erkennen.

Präferenzregelungen können auf unterschiedliche Weise ausgestaltet sein. Zum einen finden sich Gesetze, die eine Quote normieren. Danach werden bestimmte Anteile des zu vergebenden Auftrags von vornherein aus dem Vergabewettbewerb herausgenommen, um sie an bestimmte Bietergruppen zu vergeben. So ist es jedenfalls denkbar, dass Einzellose eines Bauauftrages oder einzelne Teile eines Lieferauftrages an Bieter vergeben werden, die sich elektronisch am Verfahren beteiligt haben.
Das Modell der Quotenregelung wird jedoch heute kaum mehr praktiziert[510]; es greift am weitgehendsten in den Grundgedanken des Wettbewerbs ein.

Praktisch häufiger finden sich daher Eintrittsrechte. Auf entsprechender gesetzlicher Grundlage i.S.v. § 97 Abs. 4 2. HS wird einem Unternehmen, das bestimmte Kriterien erfüllt, das Recht gewährt, in das wirtschaftlich günstigste Angebot einzutreten[511], soweit das eigene Angebot gleich wirtschaftlich oder nur geringfügig wirtschaftlich ungünstiger ist.

Eine solche Möglichkeit könnte grundsätzlich auch vorgesehen werden für Unternehmen, die sich elektronisch an einem Vergabeverfahren beteiligen. Dies könnte einen nicht unerheblichen Anreiz darstellen, in die zur elektronischen Teilnahme

---

509 *Boesen*, § 97 Rn 108
510 *Boesen*, § 97 Rn 109
511 *Boesen*, § 97 Rn 109

erforderliche Infrastruktur zu investieren. Praktisch läuft dieses Instrument darauf hinaus, Unternehmen unter bestimmten Voraussetzungen die Möglichkeit zu geben, das eigene Angebot in Kenntnis des besten Konkurrenzangebots nochmals nachzubessern.
Indem lediglich ein Eintrittsrecht und keine Eintrittspflicht normiert wird, wird der Gefahr begegnet, dass ein Unternehmen Leistungen zu Konditionen erbringen muss, welche für dieses unwirtschaftlich sind, etwa weil der Gewinn zu gering ist oder gar eine Kostendeckung nicht erreicht wird.

Von den dargestellten rechtlichen Möglichkeiten erscheint insgesamt eine Präferenzregelung in der Form eines Eintrittsrechts als praktisch am sinnvollsten, da sie am geringsten in den Wettbewerb eingreift und – anders als etwa vertragliche Ausgestaltungen – kurzfristige, steuernde Effekte zu erzielen vermag.

### 4. Die Zulässigkeit vergabefremder Kriterien aus gemeinschaftsrechtlicher Sicht

Der Problemkomplex „vergabefremder Kriterien“ wird seit einigen Jahren heftig diskutiert. Die Bandbreite der Ansichten reicht dabei von der generellen Bejahung der Zulässigkeit bis zu vollständiger Ablehnung aus unterschiedlichsten Gründen. Die Diskussion um vergabefremde Kriterien findet auf mehreren rechtlichen Ebenen statt; sowohl aus wettbewerbs- und verfassungsrechtlicher, als auch aus gemeinschaftsrechtlicher Sicht wird Kritik an derartigen Regelungen geübt oder ihre Einführung für zulässig erklärt. Von herausragender Bedeutung für europaweite Auftragsvergaben oberhalb der in der VgV normierten Schwellenwerte ist die Zulässigkeit derartiger Kriterien aus gemeinschaftsrechtlicher Sicht.
Die nachfolgende Betrachtung beschränkt sich auf diesen Teilbereich, ohne zu verkennen, dass auch bei Bejahung der Gemeinschaftsrechtskonformität solcher Gesetze gleichsam insbesondere
verfassungsrechtliche Bedenken weiter bestehen können[512].

---

[512] Verfassungsrechtlich ist der allgemeine Gleichheitssatz aus Art. 3 I GG zentraler Maßstab. Daraus lässt sich für das öffentliche Auftragswesen der Grundsatz der Chancengleichheit aller Bewerber ableiten. Nach der sogenannten „neuen Formel“ des BVerfG ist festzustellen, ob Unterschiede von solcher Art und solchem Gewicht vorliegen, dass eine Ungleichbehandlung gerechtfertigt ist. Dies bedeutet im Ergebnis nichts anderes, als dass Art. 3 I GG „verhältnismäßige Gleichheit“ garantiert. Abstrakt lässt sich nicht feststellen, ob vergabefremde Kriterien generell Art. 3 I GG zuwiderlaufen; bei der gebotenen Einzelfallbetrachtung kommt es entscheidend auf die Angemessenheit der Maßnahme an. Diese ist jedenfalls dann gewahrt, wenn ein Zusammenhang zwischen dem jeweiligen politischen Ziel und dem vergabefremden Kriterium hergestellt werden kann. Die Verfassung verbietet damit nicht per se die Einführung solcher Kriterien.; vgl. dazu ausführlich *Burgi*, NZBau 2001, 64, 70, 71 der als unter Umständen weitere thematisch berührte Freiheitsgrundrechte Art. 9 GG (Tariftreue) und Art. 4 I GG (Scientology-Erklärungen) nennt, gleichzeitig aber zutreffend darauf hinweist, dass es schon an einem verfassungsrechtlich rechtfertigungsbedürftigen Eingriff fehlen dürfte.

### 4.1 Die „Beentjes"-Entscheidung des EuGH

Aus gemeinschaftsrechtlicher Sicht war die Diskussion um vergabefremde Kriterien lange Zeit maßgeblich von ihrer Zulässigkeit unter Berücksichtigung der verschiedenen Vergaberichtlinien geprägt.

Hiermit hat sich der EuGH erstmalig in einem Urteil vom 20. September 1988[513] auseinandersetzen müssen.

Gegenstand des Verfahrens war ein in den Niederlanden zu vergebender Bauauftrag der „örtlichen Flurbereinigungskommission Waterland". In den Ausschreibungsbedingungen wurde verwiesen auf die „Uniform Aanbestedingsreglement" (Einheitliche Ausschreibungsregelung). Spezifische Eignungskriterien der Bieter wurden in den Ausschreibungsbedingungen nicht genannt. Die „einheitlichen Ausschreibungsbedingungen" enthielten eine Regelung, nach welcher der Auftrag bevorzugt an solche Unternehmen vergeben werden sollte, die dazu in der Lage seien, eine bestimmte Anzahl Langzeitarbeitsloser einzusetzen. Aufgrund dieser Regelung enthielt nicht das Unternehmen mit dem niedrigsten Angebot, nämlich die Beentjes BV, den Auftrag, sondern das Unternehmen, das das zweitniedrigsten Angebot eingereicht hatte. Dieses war in der Lage, die geforderte Zahl Langzeitarbeitsloser einzusetzen.

Die Beentjes BV ging hierauf gerichtlich gegen den niederländischen Staat vor und machte insbesondere geltend, die einschlägige EG-Vergaberichtlinie sei nicht beachtet worden. Diese lasse die Auftragsvergabe unter diesen Kriterien nicht zu. Da das angerufene niederländische Gericht der Auffassung war, dass die Entscheidung des Rechtsstreits von der Auslegung der Richtlinie abhing, setzte es das Verfahren aus und legte dem EuGH verschiedene Fragen zur Vorabentscheidung vor.

Zum einen war fraglich, ob die „örtliche Flurbereinigungskommission" überhaupt Auftraggeber im Sinne der Vergaberichtlinie war. Des weiteren sollte durch den EuGH geklärt werden, ob und in wieweit sich Privatpersonen in einem Zivilprozess auf Bestimmungen einer Richtlinie berufen können.

Endlich – und hier von alleinigem Interesse – war die Frage, ob es nach der einschlägigen Richtlinie zulässig sei, einen Bieter aufgrund von Kriterien auszuschließen, die nicht ausdrücklich in der Richtlinie genannt waren.

Streitentscheidend war 1988 die Richtlinie 71/305 des Rates (Richtlinie über die Vergabe öffentlicher Bauaufträge), die mittlerweile abgelöst wurde durch die Richtlinie 93/37/EWG[514] (Baukoordinierungsrichtlinie). Die entscheidungserheb-

---

[513] EuGH Rs. 31/87 (*Gebroeder Beentjes BV/Niederländischer Staat*), Slg. 1988, 4635 ff.

[514] vom 14. Juni 1993, geändert durch die Richtlinie 97/62/EG vom 13. Oktober 1997

lichen Bestimmungen gelten jedoch wortgleich – auch nach Verabschiedung der Richtlinie 2004/18/EG[515] – fort[516].
Ausgangspunkt unterschiedlicher Ansichten sind der Wortlaut von Art. 26 [ex-Art. 25] und Art. 30 [ex-Art. 29] der Richtlinie.
Art. 26 und Art. 30 BKR enthalten Bestimmungen zur Prüfung der Eignung der sich am Vergabeverfahren beteiligenden Unternehmer bzw. zur Erteilung des Zuschlags.

So heißt es in Art. 26 BKR:

> „(1) Die finanzielle und wirtschaftliche Leistungsfähigkeit jedes Unternehmers kann in der Regel durch einen oder mehrere der nachstehenden Nachweise erbracht werden: [...]"

Art. 30 BKR legt für den Zuschlag fest:

> „(1) Bei der Erteilung des Zuschlags wendet der Auftraggeber folgende Kriterien an:
> a) entweder ausschließlich das Kriterium des niedrigsten Preises
> b) oder – wenn der Zuschlag auf das wirtschaftlichste Angebot erfolgt – verschiedene auf den jeweiligen Auftrag bezogene Kriterien, wie z.B. Preis, Ausführungsfrist, Betriebskosten, Rentabilität oder technischer Wert."

Nach Auffassung des Generalanwalts am EuGH[517] komme eine Berücksichtigung vergabefremder Kriterien (hier: der Beschäftigung Langzeitarbeitsloser) im Vergabeverfahren nicht in Betracht.
Zunächst sei zwingend zwischen Eignungsprüfung und Zuschlagserteilung zu unterscheiden und die Zulässigkeit vergabefremder Kriterien auf beiden Prüfungsebenen getrennt voneinander zu beurteilen.
Bei der Prüfung der wirtschaftlichen und finanziellen Leistungsfähigkeit i.S.v. Art. 26 BKR sei festzustellen, dass die Vorschrift durchaus andere Nachweise als die nur beispielhaft genannten zulasse, wie bereits der Wortlaut „in der Regel" zeige. Der Auftraggeber könne daher im Zeitpunkt der Ausschreibung festlegen, dass Unternehmen weitere, unbenannte Nachweise zu erbringen hätten. Dies stünde zunächst dem Kriterium „Beschäftigung Langzeitarbeitsloser" nicht entgegen. Erforderlich sei jedoch, dass es sich bei dem genannten Kriterium um ein solches handele, dass überhaupt dazu geeignet sei, die wirtschaftliche oder finanzielle

515 Erst zum 31. Januar 2006 tritt die Baukoordinierungsrichtlinie gem. Art. 80 i.V.m. Art. 82 Richtlinie 2004/18/EG außer Kraft.

516 Geändert wurde dagegen die Numerierung; bei der nachfolgenden Darstellung wird aus Gründen der Übersichtlichkeit – abgesehen von wörtlichen Urteilszitaten – allein auf die aktuelle Richtlinie Bezug genommen.

517 Schlußanträge des Generalanwalts am EuGH *Darmon*, Slg. 1988, 4643 ff.

Leistungsfähigkeit zu beurteilen: „Eine Anforderung wie die vorstehend wiedergegebene hat nun aber begriffsnotwendig nichts mit den Nachweisen zu tun, die [...] geeignet sind, die wirtschaftliche oder finanzielle Leistungsfähigkeit dazutun."[518]

Aus diesem Grunde scheide es aus, das vergabefremde Kriterium als Eignungskriterium zu qualifizieren.

Aber auch eine Einordnung als Zuschlagskriterium komme nicht in Betracht.

Art. 30 BKR erlaube es zwar, statt auf den niedrigsten Preis auf das wirtschaftlichste Angebot abzustellen; die Kriterien, die zur Ermittlung des wirtschaftlichsten Angebots herangezogen werden könnten, dürften sich jedoch nicht auf die Person des „Leistungserbringers" beziehen, oder anders ausgedrückt: „Die Kriterien für die Erteilung des Zuschlags betreffen das Produkt und nicht den Produzenten, die Eigenschaften der Arbeit und nicht diejenigen des Bauunternehmers."[519]

Das Kriterium „Beschäftigung von Langzeitarbeitslosen" betreffe aber gerade den Unternehmer und nicht das Angebot, so dass es als Zuschlagskriterium zur Ermittlung des wirtschaftlichsten Angebots ausscheide.

Der EuGH entschied entgegen der Anträge des Generalanwalts.

In der Entscheidung betonte er, dass das hier streitige Kriterium in der Tat nicht der Feststellung der wirtschaftlichen oder finanziellen Leistungsfähigkeit diene und insoweit als Eignungskriterium ausscheide[520].

Der EuGH stimmte weiterhin mit den vom Generalanwalt gestellten Schlussanträgen überein, dass zur Ermittlung des wirtschaftlichsten Angebotes nur solche Kriterien verwendet werden dürften, die einen Bezug zur Leistung aufwiesen.

Er wies jedoch darauf hin, dass die Richtlinie kein einheitliches und erschöpfendes Gemeinschaftsrecht schaffe, sondern dass es den Mitgliedstaaten vorbehaltlich der Beachtung aller einschlägigen Vorschriften des Gemeinschaftsrechts und insbesondere der Verbote, die aus den vom Vertrag aufgestellten Grundsätzen auf dem Gebiet des Niederlassungsrechts und des freien Dienstleistungsverkehrs folgten, unbenommen bleibe, materiell-rechtliche oder verfahrensrechtliche Bestimmungen auf dem Gebiet der öffentlichen Aufträge aufrechtzuerhalten oder zu erlassen[521].

Neben der Konformität mit den Grundfreiheiten sei darüber hinaus eine angemessene Bekanntmachung der zusätzlichen Kriterien erforderlich, um „dem Ziel der

---

518 Schlußanträge des Generalanwalts am EuGH *Darmon*, Slg. 1988, 4643, 4648

519 Schlußanträge des Generalanwalts am EuGH *Darmon*, Slg. 1988, 4643, 4649

520 EuGH Rs. 31/87 (*Beentjes*), Slg. 1988, 4635, 4659

521 EuGH Rs. 31/87 (*Beentjes*), Slg. 1988, 4635, 4657,

Richtlinie Rechnung zu tragen, die Entwicklung eines echten Wettbewerbs auf dem Gebiet der öffentlichen Bauaufträge sicherzustellen“[522].

Nach Ansicht des EuGH sei daher die Normierung „vergabefremder Kriterien“ unter Beachtung der aufgestellten Grundsätze zulässig. Dabei ordnet der EuGH „vergabefremde Kriterien“ in eine dritte, nicht in den Vergaberichtlinien genannte Gruppe von Kriterien ein, die weder der Feststellung der Eignung, noch der Ermittlung des wirtschaftlichsten Angebotes dienen[523].

### 4.2 Die Kritik an der „Beentjes“-Entscheidung des EuGH

Die Entscheidung ist auf zum Teil erheblichen Widerstand der Literatur gestoßen, welcher – jedenfalls auch – aus Missinterpretationen der Entscheidungsgründe resultierte. Zum Teil wurde die Entscheidung gar als „groteskes Fehlurteil“[524] bezeichnet.

Gegen die Auffassung des EuGH wird insbesondere vorgebracht, dass die Berücksichtigung vergabefremder Kriterien als Zuschlagskriterien dem Grundgedanken eines freien und gleichen Wettbewerbs zuwiderliefen[525], oder zu einer Zersplitterung der Rechtslage und zu Nachteilen überregional tätiger Unternehmen führten[526].
*Kulartz* will „vergabefremde Kriterien“ nur so lange für zulässig erachten, wie sie nicht „dazu verwendet werden, bestimmte Bieter zu bevorzugen“[527], was im Ergebnis einer generellen Einordnung als „unzulässig“ gleichkommt, da die Bevorzugung einzelner Bieter gerade Sinn der Verwendung vergabefremder Kriterien ist.

### 4.3 Stellungnahme

Zunächst ist festzuhalten, dass der EuGH in der fraglichen Entscheidung sich erkennbar nicht für die generelle Zulässigkeit vergabefremder Kriterien ausgesprochen, sondern für die Feststellung der Zulässigkeit derartiger Kriterien strenge Maßstäbe entwickelt hat. So dürfen nur solche Kriterien zur Grundlage der Entscheidung des öffentlichen Auftraggebers gemacht werden, die nicht gegen den EG-Vertrag, namentlich das Diskriminierungsverbot, verstoßen und die hinreichend transparent gemacht worden sind.

---

522 EuGH Rs. 31/87 (*Beentjes*), Slg. 1988, 4635, 4658

523 Zu der Reihe dieser Entscheidungen zählt auch EuGH (*Helsinkier Buslinien*), Slg. 2002, I-7213 = DVBl. 2002, 1542; vgl. hierzu ausführlich *Schneider*, DVBl. 2003, 1186, 1189 ff.

524 *Dreher* in Immenga/Mestmäcker, § 97 Rn 127

525 *Hailbronner* in Byok/Jaeger, § 97 Rn 254

526 *Stickler* in Reidt/Stickler/Glahs, § 97 Rn 21, der im Ergebnis vergabefremde Kriterien wohl unter Berücksichtigung der vom EuGH aufgestellten Grundsätze für zulässig hält.

527 *Kulartz* in Niebuhr/Kulartz/Kus/Portz, § 97 Rn 212

Bedenkt man die Auswirkungen dieser Maßstäbe auf die Beurteilung der Zulässigkeit vergabefremder Kriterien, so wird schnell klar, dass manche der aktuell diskutierten vergabefremden Kriterien einer gemeinschaftsrechtlichen Überprüfung nicht standhalten. In diesen Fällen sind also die Ergebnisse kongruent; es kommt nicht darauf an, ob man vergabefremde Zwecke per se als unzulässig bezeichnet, oder mit den vom EuGH entwickelten Kriterien die Unzulässigkeit feststellt.

Die schon 1988 durch den EuGH vertretene Auffassung wird daneben nunmehr von Art. 26 der Richtlinie 2004/18/EG bestätigt, indem unter bestimmten Voraussetzungen „zusätzliche Bedingungen" für die Vergabe öffentlicher Aufträge für zulässig erklärt werden. Danach können öffentliche Auftraggeber solche zusätzlichen Bedingungen für die Ausführung des Auftrags vorschreiben, die „mit dem Gemeinschaftsrecht vereinbar sind und in der Bekanntmachung oder in den Verdingungsunterlagen angegeben werden"[528]. Insoweit hat der Gemeinschaftsgesetzgeber umgesetzt, was bereits unter Berücksichtigung der Rechtsprechung des EuGH galt, wenngleich mit dieser Vorschrift offen bleibt, ob Auftraggeber berechtigt sind, Bieter, die diese zusätzlichen Bedingungen nicht erfüllen, von der Teilnahme am Vergabeverfahren auszuschließen[529].

Dass die Entscheidung des EuGH nicht anders aufgefasst werden konnte und sollte, als es jetzt die Richtlinie 2004/18/EG bestätigt, hat der EuGH selbst in einer nachfolgenden Entscheidung[530] besonders hervorgehoben, und so dem Fehlverständnis seiner Leitentscheidung entgegengewirkt:

„Gleichwohl ist der öffentliche Auftraggeber nach dieser Vorschrift nicht in jedem Fall daran gehindert, eine mit dem Kampf gegen die Arbeitslosigkeit zusammenhängende Bedingung als Kriterium zu verwenden, wenn diese Bedingung die wesentlichen Grundsätze des Gemeinschaftsrechts, vor allem das Diskriminierungsverbot, beachtet, das aus den Bestimmungen des Vertrags zum Niederlassungsrecht und zum Recht des freien Dienstleistungsverkehrs folgt [...]. Soweit die Kommission vorbringt, das Urteil Beentjes betreffe eine Ausführungsbedingung des Vertrages und kein Zuschlagskriterium für den Auftrag, so hatte [...] die Bedingung der Beschäftigung von Langzeitarbeitslosen, um die es in dieser Rechtssache ging, als Grund für den Ausschluss eines Bieters gedient und konnte daher nur ein Zuschlagskriterium sein."[531]

---

528 Art. 26 Richtlinie 2004/18/EG

529 So auch *Dageförde*, NVwZ 2005, 19, 21

530 EuGH Rs. C-225/98 (*Kommission/Französische Republik*), NJW 2000, 3629 ff. („Nord-Pas-de-Calais")

531 EuGH Rs. C-225/98 (*Kommission/Französische Republik*), NJW 2000, 3629, 3632

Im Ergebnis ist daher festzuhalten, dass die Implementierung vergabefremder Kriterien in das Vergabeverfahren – auch und gerade für die Zuschlagsentscheidung – schon vor Inkrafttreten der Richtlinie 2004/18/EG nicht grundsätzlich gegen die jeweiligen Vergaberichtlinien verstieß. Vielmehr erfassten diese „vergabefremde Zwecke" nicht. Derartige Kriterien dürfen aber – wie jetzt Art. 26 Richtlinie 2004/18/EG zeigt – nur dann berücksichtigt werden, wenn sie erstens in transparenter Weise bekannt gemacht worden sind und zweitens nicht gegen die Grundfreiheiten des EG-Vertrages verstoßen.
Unter Berücksichtigung dieser Maßstäbe ist nachfolgend zu untersuchen, ob die Bevorzugung elektronischer Angebote heute ein zulässiges vergabefremdes Kriterium darstellen würde.

### 5. Formelle Anforderungen

Gemäß § 97 Abs. 4 2. HS GWB dürfen „weitergehende Anforderungen" an Auftragnehmer nur gestellt werden, wenn dies durch Bundes- oder Landesgesetz vorgesehen ist.
Diese Vorschrift regelt allein die formellen Voraussetzungen von solchen Rechtsnormen, die vergabefremde Kriterien festlegen. Nichts ausgesagt ist damit über die an solche Gesetze zu stellenden materiellen Anforderungen. Die materielle Zulässigkeit richtet sich nach den Vorgaben des EG-Vertrages. Mit Schaffung der Regelung des § 97 Abs. 4 2. HS GWB wurde in einem formellen Punkt für Klarheit gesorgt: Auf Grundlage verwaltungsinterner Richtlinien können vergabefremde Kriterien im Beschaffungsprozess keine Berücksichtigung finden. Damit hat der Gesetzgeber ein lange umstrittenes Problem gelöst und eine bis dahin allgemein übliche Praxis beendet.
Nur als formelle Bundes- oder Landesgesetze können Rechtsnormen erlassen werden, die vergabefremde Kriterien festlegen. Eine Regelung durch Rechtsverordnung oder Verwaltungsvorschrift ist daher bereits aufgrund eines Verstoßes gegen § 97 Abs. 4 2. HS GWB nichtig[532].

§ 97 Abs. 4 GWB ist weder eine Ermächtigungsgrundlage, noch verschafft die Vorschrift den Ländern eine Gesetzgebungskompetenz, die diese nicht ohnehin schon hätten[533].
Die formelle Rechtmäßigkeit eines Bundes- oder Landesgesetzes, das ein Eintrittsrecht für Bieter schafft, welche sich elektronisch am Vergabeverfahren beteiligt haben, richtet sich daher hinsichtlich der Gesetzgebungskompetenz nach den entsprechenden grundgesetzlichen Regelungen.

---

[532] *Boesen*, § 97 Rn 111
[533] *Burgi*, NZBau 2001, 64, 68

Zur Ermittlung des Gesetzgebungskompetenz ist es erforderlich, den primären Zweck der fraglichen Norm festzustellen[534].

Hier sind zwei unterschiedliche Ansatzpunkte denkbar. Zum einen ließe sich bei Gesetzen, welche vergabefremde Kriterien festlegen, auf die Beschaffungsgesetzgebungskompetenz des Bundes aus Art. 74 Abs. 1 Nr. 1, 11, 16 und Art. 109 Abs. 3 GG abstellen[535]. Zum anderen ist zu erwägen, ob bei den hier in Frage stehenden Gesetzen an Stelle der Beschaffungsgesetzgebungskompetenz nicht auf die Sachgesetzgebungskompetenz zurückzugreifen ist. Dies würde bedeuten, dass sich die Gesetzgebungskompetenz nach dem jeweiligen Inhalt bzw. angestrebten Ziel des Gesetzes richten würde, das vergabefremde Kriterien aufstellt.

Die Tatsache, dass vergabefremde Kriterien normiert werden, ändert jedoch nichts daran, dass es letztlich der Vorgang öffentlicher Beschaffung betroffen ist, der durch Rechtsvorschriften auf eine bestimmte Weise beeinflusst werden soll. Die jeweilige Regelung vergabefremder Kriterien stellt mithin nur eine materielle Voraussetzung für die Vergabe öffentlicher Aufträge dar[536]. Der primäre Normzweck liegt in der Reglementierung von Beschaffungen aus bestimmten, sachpolitischen Gründen[537], so dass es entscheidend auf die Beschaffungsgesetzgebungskompetenz ankommt.
Bei dieser handelt es sich um eine konkurrierende Kompetenz; soweit der Bund von ihr keinen Gebrauch macht, sind gem. Art. 70 Abs. 1 GG die Länder zum Erlass derartiger Gesetze zuständig.

## 6. Materielle Anforderungen

Die an „vergabefremde Kriterien" zu stellenden materiellen Anforderungen legt Art. 26 Richtlinie 2004/18/EG fest und statuiert als Prüfungsmaßstab das Gemeinschaftsrecht.

### 6.1 Primärrecht als Maßstab

Insoweit kommen die in den Marktfreiheiten enthaltenen Diskriminierungsverbote (Art. 43 ff., Art. 49 ff. EG), das allgemeine Diskriminierungsverbot aus Gründen der Staatsangehörigkeit (Art. 12 EG) sowie das Verbot unerlaubter Beihilfen (Art. 87 ff. EG) in Betracht[538].
Nachfolgend soll untersucht werden, ob auf gesetzlicher Grundlage demjenigen Bieter ein Eintrittsrecht in das wirtschaftlichste Angebot gewährt werden kann, der dieses elektronisch eingereicht hat.

---

534 BVerfGE 8, 143, 249 ff.
535 Vgl. die Begründung zum RegE des Vergaberechtsänderungsgesetze, BT-Drs. 13/9340, S. 12
536 *Burgi*, NZBau 2001, 64, 68
537 *Burgi*, NZBau 2001, 64, 68.; vgl. dazu auch *Pietzcker*, AöR 107 [1982], 61, 68
538 Vgl. hierzu auch den Überblick bei *Puhl*, VVDStRL 60 (2001), 452, 485

## 6.2 Das Recht auf freie Niederlassung, Art. 43 EG

Zunächst kommt durch die Bevorzugung elektronischer Angebote innerhalb eines Vergabeverfahrens ein Verstoß gegen die Niederlassungsfreiheit i.S.v. Art. 43 EG in Betracht.
Art. 43 EG erklärt im Grundsatz die Beschränkung der freien Niederlassung von Staatsangehörigen eines anderen Mitgliedstaats im Hoheitsgebiet eines anderen Mitgliedstaats für unzulässig und garantiert damit die Freizügigkeit der Unternehmer[539]. Die selbständig Erwerbstätigen sollen innerhalb eines einheitlichen Wirtschaftsraums die Wahl ihres Standorts losgelöst von staatlichen Zwängen allein auf Grundlage ökonomischer Daten zu treffen in der Lage sein[540], um so zur Erreichung der in Art. 2 EG normierten Ziele beizutragen.

Der Begriff der „Niederlassung" ist in Art. 43 EG nicht definiert. Der EuGH versteht darunter übereinstimmend mit der Literatur eine feste Einrichtung, die bei Eingliederung in die nationale Volkswirtschaft der tatsächlichen Ausübung einer selbständigen Erwerbstätigkeit zu dienen bestimmt ist[541]. Dabei ist eine Tätigkeit dann als Erwerbstätigkeit einzuordnen, wenn sie dem wirtschaftlichen Fortkommen dient[542]. Dienstleistungs- und Niederlassungsfreiheit unterscheiden sich dadurch, dass nur die Niederlassungsfreiheit dem Unionsbürger die Möglichkeit gibt, in kontinuierlicher Weise am Wirtschaftsleben eines anderen Mitgliedstaates teilzunehmen und daraus einen Nutzen zu ziehen[543], oder, wie der Generalanwalt *Léger*[544] formuliert hat: „Sich niederlassen heißt, sich in eine nationale Volkswirtschaft integrieren."

Abhängig vom Einzellfall und in Abgrenzung zur Dienstleistungsfreiheit sind damit Sachverhalte nicht ausgeschlossen, die im Zusammenhang mit dem Vorgang staatlicher Beschaffung und der damit verknüpften Teilnahme einzelner Bieter am Vergabeverfahren sachlich dem Anwendungsbereich dieser Grundfreiheit unterfallen. Auf einer abstrakten Ebene lässt sich dies nicht feststellen, es kommt darauf aber bei der hier aufgeworfenen Fragestellung auch nicht primär an; entscheidend ist vielmehr, ob die Gewährung eines Eintrittsrechts für Bieter, die elektronisch am Vergabeverfahren teilgenommen haben, einen Verstoß gegen die Niederlassungsfreiheit – soweit ihr sachlicher und persönlicher Anwendungsbereich eröffnet ist – darstellt.

---

[539] *Schlag* in Schwarze, Art. 43 Rn 1
[540] *Hailbronner* in Hailbronner/Klein/Magiera/Müller-Graf, Art. 52 [a.F.] Rn 2
[541] EuGH Rs. C-221/89 (*Factortame II*), Slg. 1991 I-3905, 3965 Rn 20; EuGH Rs. C-55/94 (*Gebhard*), Slg. 1995, I-4165, 4195 Rn 25
[542] *Randelzhofer/Forsthoff* in Grabitz/Hilf, Art. 43 Rn 18
[543] *Randelzhofer/Forsthoff* in Grabitz/Hilf, Art. 49 Rn 31
[544] GA *Léger* in EuGH Rs. C-55/94 (*Gebhard*), Slg. 1995, I-4165 Anm. 19

Die Niederlassungsfreiheit verbietet in ihrem Anwendungsbereich jede direkte oder indirekte Diskriminierung, wobei die Reichweite des Diskriminierungsverbotes durch die Rechtsprechung heute weitestgehend aufgeklärt ist[545].
Eine direkte Diskriminierung liegt nur dann vor, wenn Differenzierungskriterium die Staatsangehörigkeit ist, die Aufnahme oder Ausübung einer selbständigen Erwerbstätigkeit explizit an die Staatsangehörigkeit geknüpft ist[546]. Die Schaffung eines Eintrittsrechts knüpft gerade nicht an die Staatsangehörigkeit, sondern an die Form, in welcher die Angebote eingereicht worden sind, an, so dass eine direkte Diskriminierung in jedem Fall ausscheidet.
Weiter ist dagegen der Begriff der indirekten Diskriminierung zu verstehen. Bei einer solchen wird zwar nicht unmittelbar die Berufsaufnahme oder Berufsausübung eines Niederlassungswilligen behindert. Er wird aber hinsichtlich der Begleitumstände gegenüber Inländern schlechter gestellt[547].
Dies ist dann der Fall, wenn Anforderungen gestellt werden, die Einheimische vielfach bereits automatisch – wenigstens aber leichter – erfüllen, während ihre Erfüllung für Staatsangehörige anderer Mitgliedstaaten erhebliche Schwierigkeiten aufwirft[548].

Für die Schaffung eines Eintrittsrechts in Fällen elektronischer Angebotsabgabe unter den dargestellten Voraussetzungen führt dies zu der entscheidenden Frage, ob auch Teilnehmer anderer Mitgliedstaaten sich in gleicher Weise elektronisch an Vergabeverfahren beteiligten können wie inländische Teilnehmer.
Erforderlich ist der Einsatz einer elektronischen Signatur im Sinne des Signaturgesetzes.
Auf zwei – tatsächlichen – Ebenen kommen Diskriminierungen ausländischer Bieter in Betracht; sowohl der Erbweb als auch der Einsatz der Signatur sind hinsichtlich möglicher diskriminierender Effekte zu untersuchen.

Auf erstgenannter Ebene, d.h. bei der Erlangung der Signatur, stellt sich die Frage einer möglichen Diskriminierung dann nicht, wenn der Bieter eine Signatur jedes beliebigen Trust-Centers verwenden kann, weil eine vollständige Interoperabilität der Systeme gewährleistet ist. In diesem Fall kann der ausländische Bieter in seinem Heimatland[549] die erforderliche Infrastruktur zum Einsatz der Signatur sowie die Signaturkarte selbst erwerben und muss dabei nicht einen größeren Aufwand erbringen, als dies bei einem Bieter aus einem anderen Mitgliedstaat der Fall ist.

---

545 *Randelzhofer/Forsthoff* in Grabitz/Hilf, Art. 43 EGV Rn 66; *Mader*, EuZW 1999, 331, 337
546 *Schlag* in Schwarze, Art. 43 EGV Rn 34
547 *Schlag* in Schwarze, Art. 43 EGV Rn 35 mit Beispielen aus der Rechtsprechung des EuGH
548 *Hailbronner* in Hailbronner/Klein/Magiera/Müller-Graf, Art. 52 [a.F.] EGV Rn 8
549 Einen Überblick über die Regulierungssituation in anderen Mitgliedstaaten im Vergleich zu Deutschland geben *Büllesbach/Miedbrodt*, CR 2000, 751 ff.

Indes ist eine solche umfangreiche Interoperabilität der Signatursysteme zum jetzigen Zeitpunkt noch nicht gegeben[550]. Zwar gibt es bereits auf europäische Ebene Bestrebungen, die zur praktischen Nutzbarmachung der digitalen Signatur zwingend erforderliche Interoperabilität herzustellen; in naher Zukunft wird dies jedoch noch nicht der Fall sein. Der nationale Gesetzgeber hat darauf verzichtet, einen einheitlichen Standard vorzugeben, um dem Markt die Ausbildung des besten Systems zu überlassen. Dies benötigt freilich seine Zeit. Gleiches gilt für die Schaffung einheitlicher, europaweiter Standards.
Zum jetzigen Zeitpunkt schreiben daher öffentliche Auftraggeber, die ein Vergabeverfahren elektronisch durchführen wollen, den Bietern den Einsatz einer bestimmten Signatur eines bestimmten Trust-Centers vor[551]. Nur auf diese Weise kann die Durchführung des Verfahrens zur Zeit praktisch ermöglicht werden.

Deutsche, öffentliche Auftraggeber werden dabei regelmäßig den Einsatz von Signaturen vorschreiben, die von deutschen Trust-Centern vergeben werden. Der Erwerb einer solchen Signatur ist aber für ausländische Bieter mit einem weitaus größeren Aufwand verbunden, als dies bei deutschen Bietern der Fall wäre, da nationale Signaturen bisher nur im Inland erhältlich sind.
Es ist nahe liegend, dass durch das Vorschreiben einer deutschen digitalen Signatur ausländische Unternehmen faktisch von der elektronischen Auftragsvergabe ausgeschlossen sind, da diese in der Regel nicht dem Aufwand erbringen werden, in Deutschland eine Signatur zu erwerben.
Im Ergebnis wird auf ausländische Unternehmen das vergabefremde Kriterium „elektronische Teilnahme am Verfahren" niemals zutreffen, so dass diese diskriminiert sind.

Erst wenn eine umfassende Interoperabilität[552] der Systeme hergestellt ist, bedarf es daher einer Prüfung, ob auf der zweiten tatsächlichen Ebene, beim Einsatz der Signatur, Diskriminierungen bestehen.

---

550 Vgl. zur Diskussion um die erforderliche Interoperabilität der Signaturen: *Bundesamt für Sicherheit in der Informationstechnik* unter www.bsig.de/esig/index.htm
sowie www.tecchannel.de/internet/909/10.html: „Das derzeit größte praktische Problem der digitalen Signatur ist die mangelnde Interoperabilität [...]."

551 In seinem Pilotprojekt zur elektronischen Auftragsvergabe hat das Beschaffungsamt des BMI den Einsatz einer Signatur der Telesec vorgeschrieben. Weiter elektronische Vergabeverfahren werden aktuell nicht durchgeführt.

552 Vgl. dazu auch Bericht des IfKom, Landesverband Hessen, abrufbar unter http://home.t-online.de/home/ifkom.lv-hessen/homepage.htm
„Die Interoperabilität steckt noch in den Kinderschuhen. In Deutschland ist eine erste Norm für Zertifikate nach dem Signaturgesetz seit kurzem verfügbar. "*Industry Signature Interoperability Specification (SIS)*". Auf europäischer Ebene wird noch daran gearbeitet. Wann es international zu Standards kommen wird, steht noch in den Sternen." Ebenso http://www.heise.de/newsticker/data/jk-01.02.02-003/

Gerade die elektronische Abwicklung von Vergabeverfahren soll zur Verwirklichung des Binnenmarktes in der Europäischen Gemeinschaft beitragen, indem zahlreiche Anbieter aus unterschiedlichen Mitgliedstaaten an Ausschreibungen teilnehmen können. Zwar war dies auch schon bei Ausschreibungen auf herkömmlichem Weg der Fall; die Nutzung moderner Kommunikationsmittel soll jedoch die Teilnahme erheblich vereinfachen und beschleunigen. Die elektronische Teilnahme an einem Vergabeverfahren mit verschlüsselten und digital signierten elektronischen Angeboten bewirkt somit gerade das Gegenteil: Die Bieter aus anderen Mitgliedstaaten werden nicht durch die Nutzung elektronischer Kommunikation diskriminiert, sondern ihnen wird der Zugang zu Beschaffungsmärkten anderer Mitgliedstaaten erheblich erleichtert.
Der Einsatz der Signatur erfolgt stets – unabhängig vom Ort des Einsatzes – auf die gleiche Weise, so dass auf der Ebene des Einsatzes der Signatur eine indirekte oder direkte Diskriminierung nicht gegeben ist.

Allein auf der Ebene der Erlangung einer digitalen Signatur würden damit – jedenfalls noch – Diskriminierungen bestehen. Gesetze, die die Bevorzugung solcher Unternehmen im Rahmen erlaubten, verstießen gegen Art. 43 EG.

### 6.3 Das Recht auf freie Dienstleistung, Art. 49 EG

Die bevorzugte Berücksichtigung elektronischer Angebote im Vergabeverfahren könnte darüber hinaus gegen Art. 49 EG verstoßen.

Art. 49 EG verbietet grundsätzlich die Beschränkung des freien Dienstleistungsverkehrs für Angehörige der Mitgliedstaaten, die in einem anderen Staat der Gemeinschaft als demjenigen des Leistungsempfängers ansässig sind. Der EuGH hat diese Vorschrift als „fundamentalen Grundsatz des Vertrages“[553] qualifiziert.
Art. 50 EG definiert Dienstleistungen als Leistungen, „die in der Regel gegen Entgelt erbracht werden“. Als Beispiele werden gewerbliche, kaufmännische, handwerkliche und freiberufliche Leistungen genannt.

---

„In einer technische Hintergrundinformation für die Vorstandssitzung der Steuerberatergenossenschaft Datev kommen die Autoren zum Schluss, dass die von der Bundesregierung angestrebte Vereinheitlichung der digitalen Signatur frühestens in der ersten Hälfte 2005 erreichbar sei. Auch diese Annahme, die auf der Anerkennung des technischen Standards ISIS-MTT beruht, bezeichnen die Autoren als höchst optimistisch. Damit überhaupt Bewegung in die schleppende Einführung der digitalen Signatur kommt, schlagen die Verfasser bilaterale Abkommen zwischen einzelnen Wettbewerbern wie Datev und Signtrust vor [...].“

553 EuGH Rs. 279/80 (*Webb*), Slg. 1981, 2205 Rn 17; EuGH Rs. C-222/95 (*Parodi*), Slg. 1997, I-3899 Rn 21 m.w.N.

Insbesondere Bauvergaben nach Maßgabe der VOB/A werden von der Dienstleistungsfreiheit erfasst. Für Bauarbeiten hat der EuGH bereits mehrfach entschieden, dass diese als Dienstleistung i.S.v. Art. 50 EG anzusehen sind[554].

Die Dienstleistungsfreiheit verbietet – wie auch die Niederlassungsfreiheit – direkte oder indirekte Diskriminierungen des Dienstleistungserbringers aufgrund seiner Staatsangehörigkeit[555].
Auch hier können heute praktisch allein indirekte oder versteckte Diskriminierungen in Betracht kommen.
Solche liegen vor, wenn Regelungen dazu geeignet sind, die Tätigkeit des Dienstleistenden, der in einem anderen Mitgliedstaat ansässig ist und dort rechtmäßig ähnliche Dienstleistungen erbringt, zu unterbinden oder zu behindern[556].

Eine indirekte Diskriminierung muss jedenfalls so lange noch angenommen werden, wie Bieter aus anderen Mitgliedstaaten einen ungleich höheren Aufwand leisten müssen, um an das vorgeschriebene Signatursystem zu gelangen[557]. Erst wenn auch ausländische Signatursysteme in einem Vergabeverfahren eingesetzt werden können, ohne dass die Funktionalität eingeschränkt ist, wird das Verfahren diskriminierungsfrei durchgeführt.
Da ausländische Unternehmen von einem elektronischen Vergabeverfahren faktisch ausgeschlossen sind, wenn aus tatsächlichen Gründen durch den öffentlichen Auftraggeber der Einsatz einer Signatur eines nationalen Zertifizierungsanbieters vorgeschrieben wird, sind diese diskriminiert.
Die Schaffung eines Eintrittsrechts für Bieter, die sich digital am Vergabeverfahren beteiligt haben, verstößt somit auch gegen Art. 49 EG.

### 6.4 Das allgemeine Diskriminierungsverbot, Art. 12 EG

Neben den genannten Grundfreiheiten kann die Normierung vergabefremder Kriterien auch gegen das allgemeine Diskriminierungsverbot des Art. 12 EG verstoßen.
Die Vorschrift kommt ausweislich ihrer Anordnung nur „unbeschadet besonderer Bestimmungen dieses Vertrags“ zur Anwendung. Daraus schließt der EuGH in

---

554 Vgl. zuletzt EuGH Rs. C-58/98 (*Corsten*), RIW 2000, 59 ff.

555 *Randelzhofer/Forsthoff* in Grabitz/Hilf, Art. 49/50 Rn 73

556 EuGH Rs. C-76/90 (*Säger*), Slg. 1991, I-4221, 4243 Rn 12; in der Rs. C-55/94 (*Gebhard*), Slg. 1995, I-4165, 4197 hat der EuGH – ohne dass dies einen sachlichen Unterschied bedeuten würde – anders formuliert: Eine indirekte Diskriminierung liege dann vor, wenn Beschränkungen bestünden, die „die Ausübung der durch den Vertrag garantierten grundlegenden Freiheiten behindern oder weniger attraktiv machen“.

557 Vgl. dazu auch www.tecchannel.de/internet/909/10.html: „Größtes Manko für die Ausbreitung der digitalen Signatur waren bislang fehlende Standards, was dazu führte, dass im Geschäftsverkehr mit den Kunden eines anderen Trustcenters die SmartCards und die Anwendungs-Software nicht beliebig einsetzbar sind.“

ständiger Rechtsprechung, dass Art. 12 EG nur in den Fällen angewendet werden kann, in denen der Vertrag kein besonderes Diskriminierungsverbot vorsieht[558].
Die Erbringung von Bauleistungen oder Dienstleistungen nach einem Vergabeverfahren auf Grundlage der VOB/A oder der VOL/A unterfällt regelmäßig besonderen Diskriminierungsverboten, so dass eine Anwendung des nur subsidiären Art. 12 EG ausscheidet.
Vergabefremde Kriterien können daher regelmäßig nicht an dieser Vorschrift des EG-Vertrages gemessen werden.

### 6.5 Das Verbot staatlicher Beihilfen, Art. 87 EG

Endlich könnten Regelungen vergabefremder Kriterien, aufgrund derer der Zuschlag an das nicht wirtschaftlichste Angebot erteilt wird, staatliche Beihilfen darstellen, deren Zulässigkeit sich nach Art. 87 ff. EG richten würde.

Die Beihilfeproblematik spielt im Zusammenhang mit der Diskussion um die Zulässigkeit vergabefremder Kriterien eine zunehmende Rolle. *Bartosch*[559] spricht gar von einem „beihilferechtlichen Pulverfass".
Die Beihilfevorschriften, die zum System des Wettbewerbsschutzes gehören, unterwerfen staatliche Beihilfen im Sinne des Art. 87 Abs. 1 der Kontrolle der Kommission. Art. 87 Abs. 1 EG enthält ein grundsätzliches Verbot von Beihilfen[560] oder jedenfalls ein „Verbot mit Erlaubnisvorbehalt"[561].

Fraglich ist, ob und in wieweit die Bevorzugung eines Bieters aufgrund vergabefremder Kriterien eine Beihilfe darstellen kann.
Dem Begriff der Beihilfe kommt eine wesentliche Bedeutung zu, da die Art. 87-89 EG die mitgliedstaatliche Souveränität und den wirtschaftspolitischen Handlungsspielraum der Mitgliedsstaaten beschränken[562].
Die Tatsache, dass der Begriff der „Beihilfe" im EGV nicht näher definiert wird, hat zu zahlreichen Definitionsproblemen und Lösungsansätzen geführt.
Nach älterer Rechtsprechung ist eine Beihilfe eine Maßnahme, die speziell als Mittel zur Verfolgung bestimmter Ziele dient, die in der Regel nicht ohne fremde Hilfe zu erreichen sind[563].
Heute wird von diesem Begriff jede staatliche freiwillige Leistung umfasst, die einem Unternehmen ohne adäquate Gegenleistung gewährt wird und dieses un-

---

558 EuGH Rs. C-336/96 (*Gilly*), Slg. 1998, I-2793; weitere Rechtsprechungsnachweise bei *Holoubek* in Schwarze, Art. 12 EGV Rn 7
559 *Bartosch*, EuZW 2001, 229 ff.
560 *Bär-Bouyssière* in Schwarze, Art. 87 EGV Rn 2
561 *Mederer* in Gröben/Thiesing/Ehlermann, Art. 92 [a.F.] Rn 2 m.w.N.
562 *Bär-Bouyssière* in Schwarze, Art. 87 EGV Rn 26; vgl. zu staatlichen Subventionsverhältnissen durch Subventionsbescheid auch *Schneider*, NJW 1992, 1197 ff.
563 EuGH Rs. 30/59 (*Steenkolenmijnen/Hohe Behörde*), Slg. 1961, 1, 43

mittelbar oder mittelbar begünstigt. Typisch für die Beihilfe ist demnach ihre begünstigende Wirkung und die fehlende Gegenleistung, so dass es auf die damit verfolgten Ziele gerade nicht ankommt[564]. Auch Verminderungen von Belastungen, die ein Unternehmen unter gewöhnlichen Umständen zu tragen hätte, fallen darunter, so dass eine Beihilfe grundsätzlich auch in der Bevorzugung von Unternehmen im öffentlichen Auftrag- und Beschaffungswesen liegen kann[565].
Relativ unproblematisch ist der Beihilfecharakter bei Maßnahmen öffentlicher Auftraggeber feststellbar, die dazu führen, dass nicht das wirtschaftlichste, sondern ein weniger wirtschaftliches und damit im Ergebnis teureres Angebot den Zuschlag erhält. Die fehlende Gegenleistung liegt darin, dass der Auftrag nicht zu den am Markt erzielbaren Konditionen vergeben wird[566]. Der Mehrbetrag, den der Auftraggeber zahlen muss, ist in diesem Fall nicht vollständig von der Gegenleistung des Auftragnehmers gedeckt[567].

Zur potentiellen Implementierung des vergabefremden Kriteriums „elektronische Beteiligung am Vergabeverfahren" bietet sich lediglich eine rechtliche Ausgestaltung in Form eines Eintrittsrechtes an. Dadurch wird einem Bieter mit einem weniger wirtschaftlichen – respektive teureren – Angebot die Möglichkeit eingeräumt, in das wirtschaftlichste Angebot einzutreten, sofern er das vergabefremde Kriterium erfüllt. Eine begünstigende Wirkung wird man auch dieser Regelung nicht absprechen können. Da sich der Einkauf des öffentlichen Auftraggebers aber nicht verteuert, fehlt es an der „Gegenleistung" als wesentliches Element des Beihilfebegriffs.

Das hier diskutierte Eintrittsrecht im Falle einer elektronischen Beteiligung am Vergabeverfahren stellt damit keine Beihilfe i.S.v. Art. 87 EG dar.

### 7. Zusammenfassung der Ergebnisse

Es kann aus Sicht öffentlicher Auftraggeber politisch sinnvoll sein, solche Bieter in einem Vergabeverfahren zu bevorzugen, die sich an diesem elektronisch beteiligt haben. Der damit verfolgte Zweck liegt in der Schaffung von Anreizen zur

---

564 EuGH, Slg. 1990, I-889 (*Mezzogiorno*) = JZ 1992, 198 = EuZW 1990, 228; *v. Wallenberg* in Grabitz/Hilf, Art. 92 EGV [a.F.] Rn 6; zahlreiche Beispiele ebenda Rn 10

565 *v. Wallenberg* in Grabitz/Hilf, Art. 92 EGV [a.F.] Rn 7; *Müller-Graff*, ZHR 1988, 403, 419; *Zuleeg*, NJW 1962, 2231, 2233

566 *Boesen*, § 97 Rn 130

567 *Boesen*, § 97 Rn 130
Diese Auffassung ist freilich nicht unumstritten: *Benedict*, S. 246 plädiert dafür, auf eine „derartige künstliche Aufspaltung" zu verzichten und den Begriff der Unentgeltlichkeit generell dahingehend zu verstehen, ob eine marktmäßige Gegenleistung gewährt wird oder nicht. Die unterschiedlichen dogmatischen Ansatzpunkte bedürfen an dieser Stelle der Arbeit keiner Diskussion, da in Fällen eines Eintrittsrechts nach keiner Ansicht eine Beihilfe angenommen werden kann (dazu sogleich).

Nutzung moderner Kommunikationsformen, welche einen Beitrag dazu leisten kann, den Unternehmen den Markt öffentlicher Beschaffung europaweit zu erschließen.

Um Unternehmen dazu anzuregen, sich digital an einem Vergabeverfahren zu beteiligen, bietet sich rechtstechnisch die Schaffung eines so genannten Eintrittsrechts an. Bei diesem kann ein Bieter, der das vom Auftraggeber definierte vergabefremde Kriterium erfüllt, in das wirtschaftlichste Angebot desjenigen Bieters eintreten, der dieses Kriterium nicht erfüllt, sofern das Angebot gleich wirtschaftlich oder nur geringfügig wirtschaftlich ungünstiger ist.
Aus gemeinschaftsrechtlicher Sicht können vergabefremde Kriterien sowohl gegen primäres Recht (Grundfreiheiten des EGV) verstoßen.

Gem. Art. 26 Richtlinie 2004/18/EG sind vergabefremde Kriterien unter den Voraussetzungen zulässig, dass sie

- mit dem Gemeinschaftsrecht vereinbar sind und
- in der Bekanntmachung oder den Verdingungsunterlagen angegeben werden.

Unter Berücksichtigung dieser Anforderungen ist das vergabefremde Kriterium „elektronische Teilnahme am Verfahren" aus gemeinschaftsrechtlicher Perspektive zur Zeit noch unzulässig. Zwar ist eine direkte Diskriminierung ausländischer Bieter nicht ersichtlich; durch das noch erforderliche Vorschreiben eines bestimmten – in der Regel nationalen – Signatursystems werden diese jedoch indirekt diskriminiert.
Ausländische Bieter haben daher bereits bei der Erlangung der erforderlichen Infrastruktur erheblich größere Schwierigkeiten zu überwinden, als dies bei nationalen Bietern der Fall ist. Letztlich wird es zu einer elektronischen Teilnahme am Vergabeverfahren durch ausländische Bieter und damit zur Erfüllung des vergabefremden Kriteriums nicht kommen. Die Diskriminierung ist daher offenkundig. Derartige vergabefremde Kriterien verstoßen gegen die Dienst- und die Niederlassungsfreiheit des EG-Vertrages.
Sobald eine Interoperabilität der Signaturen gewährleistet ist, wird diese Frage anders zu beurteilen sein.

## Kapitel IX
## Die elektronische Auftragsvergabe als Standard zukünftiger Vergabeverfahren

### 1. Gesetzgeberische Ziele

Zur Verwirklichung des Binnenmarktes in der Europäischen Union ist eine starke Tendenz erkennbar, im Bereich öffentlicher Ausschreibungen das elektronische Vergabeverfahren besonders zu fördern[568] und dieses langfristig zum Standard öffentlicher Ausschreibungen zu machen, um so das herkömmliche Verfahren auf Papierbasis in den Hintergrund zu drängen.

Da die Erreichung dieses Zieles infrastrukturelle Investitionen größeren Umfangs sowohl auf Seiten der Auftraggeber als auch der Auftragnehmer erforderlich macht, kann dessen Erreichung nur schrittweise erfolgen. Nachdem aufgrund europarechtlicher Vorgaben die Vergabeverordnung sowie die Verdingungsordnungen für elektronische Vergabeverfahren grundsätzlich geöffnet worden sind, beabsichtigt die Kommission der Europäischen Union nunmehr, elektronische Vergabeverfahren dadurch zu fördern, dass bei ihrem Einsatz Fristen verkürzt werden können. Es sollen auf diese Weise für die öffentlichen Auftraggeber Anreize geschaffen werden, sich elektronischer Medien bei der Vergabe öffentlicher Aufträge zu bedienen und so im Ergebnis im Vergleich zum herkömmlichen Verfahren Verträge schneller abschließen zu können, da der Zeitraum zwischen Aufforderung zur Angebotsabgabe und Zuschlagserteilung verringert wird.

Ziel ist es, mehr Flexibilität bei der Vergabe insbesondere komplexer Aufträge zu schaffen, ohne von den Grundsätzen der Wirtschaftlichkeit und Gleichbehandlung abzuweichen.

Um neuen Technologien Rechnung zu tragen sieht die Richtlinie 2004/18/EG nunmehr vor:

> „Die in Absatz 2 und Absatz 3 Buchstabe b genannten Fristen für den Eingang der Angebote können **um 5 Tage verkürzt** werden, wenn der öffentliche Auftraggeber ab der Veröffentlichung der Bekanntmachung die Verdingungsunterlagen und alle zusätzlichen Unterla-

---

[568] Vgl. dazu Grünbuch der EU-Kommission „Das öffentliche Auftragswesen in der Europäischen Union KOM (96) 583, S. 34: „Es ist an der Zeit, die Vergaberegelungen den künftigen Erfordernissen anzupassen und die Möglichkeiten auszuschöpfen, die sich aus den Fortschritten der Informationstechnologie ergeben. Kurzfristig können die neuen Informationstechnologien dazu dienen, die Bekanntmachung öffentlicher Aufträge und die Weitergabe von Informationen an die Interessenten auf elektronische Medien umzustellen. Längerfristig wird der Einsatz von Computersystemen und Telekommunikationsnetzen die Auftragsvergabe revolutionieren. [...]"

gen entsprechend den Angaben in Anhang VIII **auf elektronischem Wege** frei, direkt und vollständig verfügbar macht; in der Bekanntmachung ist die Internet-Adresse anzugeben, unter der diese Unterlagen abrufbar sind."[569]

Dieser Anreiz zur Verkürzung des Vergabeverfahrens erscheint durchaus dazu geeignet, die Zurückhaltung insbesondere kleinerer Kommunen beim Einsatz neuer Medien zu beseitigen.

Insgesamt kann davon ausgegangen werden, dass nicht zuletzt aufgrund dieser Bemühungen auf europäischer Ebene die Zukunft der Auftragsvergabe in der Nutzung elektronischer Medien liegen wird. Nachfolgend soll daher exemplarisch der Ablauf elektronischer Vergabeverfahren am Beispiel einer Offenen Ausschreibung oberhalb der Schwellenwerte unter Berücksichtigung der aktuellen nationalen Rechtslage dargestellt und so geprüft werden, ob das gesamte Verfahren medienbruchfrei schon jetzt durchgeführt werden kann.

## 2. Exemplarische Darstellung der wichtigsten Verfahrensschritte einer elektronischen Ausschreibung im Offenen Verfahren nach VOB/A

### 2.1 Die elektronische Bekanntmachung der Vorinformation

Die Durchführung eines Offenen Verfahrens oberhalb der Schwellenwerte beginnt mit der Veröffentlichung einer Vorinformation; § 17a VOB/A regelt Inhalt und Umfang der vorab bekanntzumachenden Auftragsmerkmale.

Die Bekanntmachung der Vorinformation ist gem. § 17a Nr. 1 Abs. 2 VOB/A nach dem im Anhang A zur VOB/A enthaltenen Muster zu erstellen.

Keine Aussagen trifft die VOB/A dazu, in welcher Form die Vorinformation zu erstellen und an das Amt für amtliche Veröffentlichungen der Europäischen Gemeinschaften in zu übermitteln ist. Da es sich bei dem in Anhang A enthaltenen Formular um ein einfaches Textdokument handelt, lässt sich dieses unschwer auch auf elektronischem Wege erstellen und übermitteln. Auf der Internetseite von „SIMAP"[570] stehen Online-Formulare zur Übermittlung bereit. Dabei sind besondere Verschlüsselungen oder Signierungen der elektronischen Dokumente nicht erforderlich.

Die Veröffentlichung der Vorinformation selbst erfolgt im Supplement zum Amtsblatt der Europäischen Gemeinschaften, dessen gedruckte Version bereits seit 1999 nicht mehr erstellt wird. Das Supplement kann werktäglich als CD-ROM bezogen oder auf der Internetseite „TED"[571] eingesehen werden.

---

569 Art. 38 Abs. 6 Richtlinie 2004/18/EG

570 Système d'Information pour les Marchés Publics www.simap.eu.int

571 Tenders Electronic Daily www.ted.eur-op.eu.int

## 2.2 Die elektronische Bekanntmachung der Ausschreibung

Von der Bekanntmachung der Vorinformation zu trennen ist die Bekanntmachung der Ausschreibung selbst. Hier legen § 17a Nr. 2 und 3 VOB/A eine Bekanntmachungspflicht fest.

Die Bekanntmachung hat wiederum zu erfolgen im Supplement des Amtsblatts der Europäischen Gemeinschaften sowie in nationalen Medien.

In Bezug auf Übermittlung und Veröffentlichung ergeben sich im Vergleich zur Vorinformation keine Abweichungen. Auch die Bekanntmachung der Ausschreibung selbst kann elektronisch übermittelt und veröffentlicht werden.

Führt der öffentliche Auftraggeber ein elektronisches Vergabeverfahren durch, und lässt er neben Angeboten in Schriftform auch die Abgabe elektronischer Angebote zu, so müssen die Hinweise darauf ebenfalls in der Bekanntmachung enthalten sein. § 17 Nr. 1 Abs. 2 lit. i und lit. l VOB/A legen fest, dass anzugeben ist, wo Unterlagen digital eingesehen und angefordert können, sowie an welche Anschrift elektronische Angebote zu richten sind.

Für die nationale Ebene ergibt sich die Möglichkeit elektronischer Bekanntmachung mittelbar aus § 17a Nr. 2 Abs. 5 VOB/A. Die Veröffentlichungsmöglichkeiten sind dort nur beispielhaft[572] aufgezählt, so dass insbesondere auch eine Veröffentlichung der Vergabebekanntmachung auf der eigenen Homepage des öffentlichen Auftraggebers oder auch auf Seiten dritter Online-Dienste, die entsprechende Ausschreibungsdatenbanken führen, zulässig ist.

Die Vorteile der Bekanntmachung auf der eigenen Homepage liegen auf der Hand: Der öffentliche Auftraggeber kann nicht nur die Kosten für die Veröffentlichung in Tageszeitungen oder in Ausschreibungsanzeigern einsparen, sondern möglicherweise einen überregionalen Anbieterkreis ansprechen, um so ein „Mehr“ an Wettbewerb zu erreichen und letztlich günstigere Einkaufspreise realisieren.

Fraglich ist dagegen, ob die Veröffentlichung allein auf elektronischem Wege erfolgen darf oder ob *daneben* stets noch eine Veröffentlichung der Ausschreibungsbekanntmachung auf herkömmlichem Wege, etwa in einer Tageszeitung, zu erfolgen hat.

Die bereits zitierte Bekanntmachungsvorschrift der VOB/A ist insoweit nicht eindeutig in ihrem Wortlaut. Sinn und Zweck der Norm ist aber erkennbar, möglichst vielen Unternehmen die Durchführung der Ausschreibung zur Kenntnis zu bringen, um so möglichst umfangreichen Wettbewerb sicherzustellen.

Die Zulässigkeit alleiniger elektronischer Bekanntmachungen in nationalen Medien hängt also maßgeblich davon ab, ob eine hinreichend große Zahl von Unter-

---

572 Vgl. den Wortlaut von § 17a Nr. 2 Abs. 5 VOB/B: „Die Bekanntmachungen sind auch inländisch zu veröffentlichen, z.B. in Tageszeitungen, amtlichen Veröffentlichungsblättern oder Fachzeitschriften. [...]“.

nehmen über die infrastrukturellen Voraussetzungen der Internetnutzung verfügen kann. Insbesondere im Bereich kleinerer und mittlerer Unternehmen dürften daran zur Zeit jedenfalls in bestimmten Geschäftsfeldern noch Zweifel angebracht sein[573]. Es ist aber davon auszugehen, dass mit zukünftiger flächendeckender Verbreitung des Internets auch in Kleinunternehmen alleinige Veröffentlichungen im Internet zulässig und die Bedeutung von Veröffentlichungen etwa in Tageszeitungen erheblich sinken werden.

### 2.3 Die elektronische Anforderung und der elektronische Versand der Vergabeunterlagen

Entschließt sich ein Unternehmen, an einem Vergabeverfahren teilzunehmen, so fordert es die Vergabeunterlagen an.
Die Anforderung der Vergabeunterlagen durch interessierte Unternehmen ist in der VOB/A nicht gesondert geregelt, so dass sich in Bezug auf die elektronische Vergabe von Aufträgen keinerlei Besonderheiten ergeben. So kann die Anforderung der Vergabeunterlagen insbesondere auch per E-Mail erfolgen, ohne dass es einer Verschlüsselung oder digitalen Signatur bedürfte. Letzteres ergibt sich daraus, dass an die elektronische Anforderung der Vergabeunterlagen nicht höhere Anforderungen als bei herkömmlichen Verfahren gestellt werden dürfen. Schon bisher war es unstreitig zulässig, etwa per Fax die Vergabeunterlagen anzufordern. Diese Verfahrensweise bietet keinerlei Sicherheit in Bezug auf Authentizität des Absenders und unverfälschte Übermittlung, so dass auch die elektronische Anforderung der Vergabeunterlagen entsprechende Anforderungen nicht erfüllen muss.

Die für den Versand der Vergabeunterlagen maßgeblichen Vorschriften sind in § 17 Nr. 4 – 7 VOB/A enthalten.
Da gem. § 17 Nr. 4 Abs. 1 VOB/A die Vergabeunterlagen den Bewerbern „in kürzestmöglicher Frist und in geeigneter Weise“ zu übermitteln sind, kommt auch die Versendung auf elektronischem Wege in Betracht. Insbesondere das Merkmal der „kürzestmöglichen Frist“ dürfte bei der Wahl des elektronischen Vergabeverfahrens in besonderer Weise erfüllt sein.

---

573 Die Internetnutzung dürfte von Geschäftsbereich zu Geschäftsbereich erheblich schwanken, so dass allgemeine Aussagen nicht möglich erscheinen. Für die Vergabe von IT-Leistungen kann aber wohl davon ausgegangen werden, dass interessierte Bieter uneingeschränkten Zugriff auf das Internet haben, so dass hier die Zulässigkeit der alleinigen elektronischen Veröffentlichung auf nationaler Ebene zu bejahen sein dürfte.
Beispielhaft sei an dieser Stelle auch auf Beschaffungsvorgänge des Bundesamtes für Wehrtechnik und Beschaffung (www.bwb.org) verwiesen; das Bundesamt geht davon aus, dass alle potentiellen Bieter über die für die Nutzung des Internets erforderlichen Einrichtung verfügen und veröffentlicht infolgedessen die Ausschreibungsbekanntmachungen nur noch im Internet.

Wie bereits bei der alleinigen Bekanntmachung öffentlicher Aufträge auf elektronischem Wege, stellt sich auch bezüglich des Versands die Frage, ob dieser *allein* auf elektronischem Wege erfolgen darf, der öffentliche Auftraggeber mithin die Versendung der Verdingungsunterlagen in herkömmlicher Papierform nicht mehr vorsehen kann.

Wie bereits gezeigt, ist es zur Zeit noch vergaberechtlich unzulässig, wenn öffentliche Auftraggeber ausschließlich elektronische Angebote berücksichtigen und Angebote in herkömmlicher Form vom Verfahren ausschließen wollen[574].

Stellt der öffentliche Auftraggeber aber die Vergabeunterlagen allein in digitalisierter Form zur Verfügung, so kommt dies faktisch der alleinigen Zulassung elektronischer Angebote gleich, da davon ausgegangen werden kann, dass Unternehmen, die sich allein im Wege eines schriftlichen Verfahrens beteiligen, nicht in der Lage sind, Vergabeunterlagen in digitalisierter Form zu bearbeiten.

Solange es noch erforderlich ist, neben elektronischen Angeboten auch solche in Schriftform zuzulassen dürfen öffentliche Auftraggeber den elektronischen Versand nur optional bei solchen Bietern vorsehen, die sich auch auf elektronischem Wege zu beteiligen beabsichtigen.

Im übrigen sind die Verdingungsunterlagen in Papierform vorzuhalten und auf Antrag zu versenden.

### 2.4. Die elektronische Angebotsabgabe durch die Bieter

Die Abgabe elektronischer Angebote im Vergabeverfahren regelt § 21 Nr. 1 Abs. 1 VOB/A und stellte gleichsam die entscheidende Neuerung in der VOB 2000[575] bezüglich der Nutzung elektronischer Medien dar.

§ 21 Nr. 1 Abs. 1 VOB/A sieht die Abgabe elektronischer Angebote in zulässiger Weise unter drei Voraussetzungen vor:

Zum einen muss der öffentliche Auftraggeber die Abgabe elektronischer Angebote zugelassen haben[576]; des weiteren müssen die Angebote mit digitaler Signatur im Sinne des Signaturgesetzes und in verschlüsselter Form eingereicht werden.

Sinn der digitalen Signierung ist die Sicherstellung von Authentizität und Integrität des Angebotes.

Die Verschlüsselung dagegen dient dazu, den Inhalt des Angebotes vor der Kenntnisnahme durch Dritte zu schützen. Während dies bei einem herkömmlichen Verfahren durch die Einreichung des Angebotes in einem verschlossenen Umschlag erfolgte, stellt nun die Verschlüsselung sicher, dass nur der Bieter sein eigenes Angebot kennt.

---

[574] Vgl. dazu eingehend bereits Kapitel V [„Die Zulässigkeit der ausschließlichen Akzeptanz elektronischer Angebote"]

[575] In der VOB 2002 ist diese Vorschrift unverändert enthalten.

[576] Vgl. bereits Kapitel III [Die Europarechtskonformität der Regelungen über die elektronische Angebotsabgabe]: Ein Anspruch auf Abgabe elektronischer Angebote besteht nicht.

Die Ver- und Entschlüsselung erfolgt mit Hilfe eines öffentlichen und privaten Schlüssels; der Vertraulichkeitsschutz entspricht jedenfalls dem, den ein schriftliches Verfahren bisher bieten konnte oder geht – bei Einsatz der qualifizierten elektronischen Signatur – sogar darüber hinaus. Nur dann, wenn ein Mitarbeiter des öffentlichen Auftraggebers weisungswidrig unter Zuhilfenahme des privaten Schlüssels das Angebot entschlüsselt, kann es vorher Dritten zur Kenntnis gelangen. Insoweit unterscheiden sich die Sicherheitsgefahren nicht von der schriftlichen Angebotseinreichung im Wege verschlossener Briefumschläge. Auch diese unterliegen der Gefahr unbefugter Öffnung vor dem Eröffnungstermin.

## 2.5 Das Übermittlungsrisiko elektronischer Angebote

Wenn der Bieter sein (zugelassenes) digitales Angebot signiert, verschlüsselt und abgesendet hat, so hat er damit die von § 21 VOB/A aufgestellten Anforderungen erfüllt.

Wie auch bei herkömmlichen, schriftlichen Angeboten, besteht ein Übermittlungsrisiko. Während ein auf dem Postwege versandtes Angebot aufgrund im Nachhinein häufig nicht mehr nachvollziehbar Weiterleitungsfehler etwa des eingeschalteten Transportunternehmens den Briefkasten des Auftraggebers nicht erreichen kann, steht dies auch bei der Übermittlung auf elektronischem Wege zu befürchten. Das digitale Angebot kann den Empfänger nicht erreichen, ohne dass sich die technischen Ursachen dafür hinterher noch feststellen ließen.

Sowohl das schriftliche, als auch das digitale Angebot müssen zu ihrer Wirksamkeit dem Empfänger i.S.d. § 130 Abs. 1 S. 1 BGB zugehen. Bezüglich der Abgabe schriftlicher Angebote gilt auch im Vergabeverfahren der allgemeine zivilrechtliche Grundsatz, dass das Übermittlungsrisiko von Angeboten beim Bieter liegt[577]. Geht dem Empfänger das schriftliche oder digitale Angebot nicht zu, so geht dies zu Lasten des Bieters[578].

Die Darlegungs- und Beweislast liegt sowohl bei schriftlicher als auch bei elektronischer Teilnahme beim Bieter[579]. Im Zweifel ist auch der Zeitpunkt des Zugangs vom Bieter zu beweisen.

Das elektronische Vergabeverfahren entspricht insoweit dem herkömmlichen Vergabeverfahren.

---

[577] *Heinrichs* in Palandt, § 130 Rn 8 m.w.N.

[578] § 22 Nr. 6 Abs. 1 VOB/A legt daneben fest, dass ein Angebot, das dem öffentlichen Auftraggeber bereits *nachweislich vor Ablauf der Angebotsfrist* zugegangen ist, aber im Eröffnungstermin nicht vorliegt, wie ein rechtzeitig abgegebenes Angebot zu werten und damit zu berücksichtigen ist.

[579] Mankowski, NJW 2004, 1901 verweist – mit Recht – darauf, dass die Beweisfestigkeit des Nachweises des Zugangs oft zum ausschlaggebenden Aspekt bei der Entscheidung darüber ist, in welcher Form man sich äußert.

## 2.6 Besonderheiten im Eröffnungstermin

§ 22 VOB/A legt detailliert den Ablauf des Eröffnungstermins fest. In diesem Eröffnungstermin dürfen nur die Bieter und ihre Bevollmächtigten zugegen sein. Bei elektronischer Durchführung des Vergabeverfahrens beginnt der Eröffnungstermin damit, dass der Verhandlungsleiter die ordnungsgemäße Verschlüsselung der digitalen Angebote feststellt.

Nach Prüfung der Verschlüsselung werden die Angebote gem. § 22 Nr. 3 Abs. 2 VOB/A geöffnet. Mit der Öffnung der Angebote werden diese lesbar gemacht. Während dies bei schriftlichen Angeboten durch die Öffnung des Briefumschlages erfolgt, muss der Verhandlungsleiter sich zur Öffnung des verschlüsselten Angebotes des Schlüssels bedienen. Anschließend ist der wesentliche Angebotsinhalt zu verlesen.

Abweichungen bei der Prüfung elektronischer Angebote vom herkömmlichen Verfahren können sich bei der gem. § 22 Nr. 3 Abs. 2 VOB/A vorgeschriebenen Kennzeichnung der wesentlichen Angebotsteile ergeben. Im schriftlichen Verfahren ist in der Praxis die Verwendung eines so genannten Lochstempels üblich, mit welchem die Einzelseiten gekennzeichnet werden. Sinn dieser Kennzeichnung ist es, nachträgliche Manipulationen am Angebot durch den bloßen Austausch einzelner Seiten des Angebotes oder seiner Anlagen zu verhindern.

Dieser Verfahrensschritt lässt sich bei der elektronischen Vergabe etwa durch die Anbringung eines qualifizierten Zeitstempels[580] oder – noch einfacher – durch das schlichte Brennen der Daten auf eine CD-Rom, durchführen. In letzterem Fall lassen sich die Daten nur noch lesen, nicht aber mehr auf dem Speichermedium verändern.

Insgesamt lässt sich somit auch der Eröffnungstermin problemlos für elektronische Angebote vergaberechtskonform ausgestalten.

## 2.7 Die elektronische Erteilung der Vorinformation gem. § 13 VgV

Das europaweite Vergabeverfahren oberhalb der Schwellenwerte weist eine Besonderheit im Vergleich zu nur nationaler Vergabe auf: Um den Bietern die rechtzeitige Inanspruchnahme des Rechtsweges vor den Vergabekammern und –senaten der Oberlandesgerichte zu ermöglichen, ist allen nicht ausgewählten Bietern die Nichtberücksichtigung ihrer Angebote gem. § 13 VgV spätestens 14 Kalendertage vor der geplanten Zuschlagserteilung schriftlich mitzuteilen.

---

580 Vgl. die Informationen zum Zeitstempeldienst von „D-Trust" unter www.d-trust.net/internet/content/zeitstempel-ueberblick.html: „In bestimmten Fällen ist es notwendig, digitale Daten authentisch mit einem bestimmten Zeitpunkt zu verknüpfen. Solche Daten werden dazu mit der vom Zeitstempeldienst der Zertifizierungsstelle angebotenen vertrauenswürdigen Zeit digital verknüpft und das Ergebnis digital signiert. Anschließend werden die so unterschriebenen Daten an den Teilnehmer zurückgeschickt. Der Zeitstempeldienst ermöglicht damit die eindeutige Zuordnung einer bestimmten Nachricht zu einem definierten Zeitpunkt."

Auf diese Weise wird sichergestellt, dass effektiver Primärrechtsschutz gewährt und die Zuschlagserteilung in Fällen vergaberechtswidriger Angebotsauswahl noch verhindert werden kann. Ein Verstoß gegen die Vorabinformationspflicht des § 13 VgV führt zur Nichtigkeit des Vertrages[581].
Da § 13 VgV allein die „schriftliche" Mitteilung der beabsichtigten Nichtberücksichtigung und ihrer wesentlichen Gründe vorsieht, ist fraglich, ob die Erfüllung dieser Verpflichtung des Auftraggebers medienbruchfrei ebenfalls auf elektronischem Wege erfolgen kann, oder ob der vollständigen elektronischen Durchführung des Verfahrens in diesem Verfahrensstadium Grenzen gesetzt sind.
Insbesondere aufgrund der rigiden Nichtigkeitsfolge eines Verstoßes gegen § 13 VgV ist ein vergaberechtskonformes Verhalten im Zusammenhang mit der Erteilung der Vorabinformation unabdingbar, wollen Auftraggeber und Auftragnehmer wegen fehlender vertraglicher Grundlagen der Leistungserbringung nicht auf gegebenenfalls komplizierte bereicherungsrechtliche Ausgleichsansprüche angewiesen sein.

Der Begriff der „Schriftlichkeit" wird von der VOB/A nicht gesondert definiert. Was unter der Schriftform zu verstehen ist, ergibt sich somit aus dem allgemeinen Zivilrecht. § 126 BGB legt insoweit die Formerfordernisse fest.
Der im Rahmen des Formanpassungsgesetzes neu eingefügte Absatz 3 der Vorschrift sieht vor, dass die Schriftform durch die elektronische Form ersetzt werden kann, „wenn sich nicht aus dem Gesetz ein anderes ergibt".
Weder aus der VOB/A, noch aus der VgV ergibt sich „etwas anderes" im Sinne des § 126 Abs. 3 BGB, da beide Regelungswerke für die Erteilung der Vorinformation keine über die bloße „Schriftlichkeit" hinausgehenden Anforderungen aufstellen.
Der Auftraggeber kann daher die Vorabinformation i.S.v. § 13 VgV auch auf elektronischem Wege erteilen, soweit er die von § 126a BGB an die Verwendung der elektronischen Form gestellten Anforderungen beachtet.
Der elektronischen Vorabinformation muss der Name des Ausstellers der Erklärung hinzugefügt und diese mit einer qualifizierten elektronischen Signatur im Sinne des Signaturgesetzes versehen werden.
Auch bei der Erteilung der Vorabinformation können daher elektronische Kommunikationsformen eingesetzt werden.

## 2.8 Die elektronische Erteilung des Zuschlags

Wenn das Vergabeverfahren nicht aufgehoben wird, endet es nach der Auswahl des geeigneten Bieters mit der Erteilung des Zuschlags. Dieser stellt die Annah-

---

[581] Vgl. § 13 S. 4 VgV: „Ein Vertrag darf vor Ablauf der Frist oder ohne dass die Information erteilt worden und die Frist abgelaufen ist, nicht geschlossen werden. Ein dennoch abgeschlossener Vertrag ist nichtig."

meerklärung des öffentlichen Auftraggebers bezogen auf das vorangegangene Angebot des Bieters dar.

§ 28 VOB/A regelt die Zuschlagserteilung. Dieser ist „möglichst bald, mindestens aber so rechtzeitig zu erteilen, dass dem Bieter die Erklärung noch vor Ablauf der Zuschlagsfrist (§ 19 VOB/A) zugeht".

Besondere Formerfordernisse gelten für die Erteilung des Zuschlags damit nicht. Insoweit herrscht völlige Formfreiheit, so dass eine wirksame Zuschlagserteilung grundsätzlich auch mündlich erfolgen kann, wenngleich in der Regel beim Abschluss komplexer Verträge schon aus Beweiszwecken der Zuschlag schriftlich erteilt werden dürfte.

Insoweit stehen aber die Vorschriften der VOB/A der Nutzung der elektronischen Form nicht entgegen; der Zuschlag kann etwa per E-Mail erteilt werden. Darüber hinaus sind weder die digitale Signierung noch die Verschlüsselung erforderlich, wenngleich in der Praxis jedenfalls die Verwendung einer digitalen Signatur die Regel darstellen dürfte.

Mit dem Zugang der elektronischen Willenserklärung beim Empfänger kommt der Vertrag entsprechend der allgemeinen zivilrechtlichen Vorschriften mit dem Bieter zustande.

Unabhängig vom Vertragsschluss durch Zuschlagserteilung sieht § 29 VOB/A die Anfertigung einer Vertragsurkunde in bestimmten Fällen vor.

Die Beurkundung des Vertragsschlusses ist selbst dann, wenn sie erfolgt, nicht konstitutiv bezogen auf den abzuschließenden Vertrag[582], sondern dient allein Beweiszwecken. Auch dann, wenn eine Urkunde über den Vertrag angefertigt wird, kommt der Vertrag zwischen dem öffentlichen Auftraggeber und dem Bieter bereits durch den Zugang der elektronischen Annahmeerklärung zustande.

Die VOB/A überlässt es den Beteiligten, ob sie eine Vertragsurkunde anfertigen wollen. In § 29 Nr. 1 VOB/A gibt sie lediglich einen Hinweis darauf[583], wann die Aufstellung einer besonderen Vertragsurkunde für notwendig erachtet wird.

Nach allgemeiner Ansicht bedarf die Vertragsurkunde – soweit die Parteien sich zur Erstellung einer solchen entschließen – keiner notariellen Beurkundung, so dass einfache Schriftform i.S.v. § 126 BGB ausreichend ist.

Mangels anderer Regelungen in der VOB/A kommt auch hier gem. § 126 Abs. 3 BGB der Einsatz der elektronischen Form in Betracht. Gemäß § 126a Abs. 2 BGB müssen die Parteien jeweils ein gleichlautendes Dokument unter Hinzufügung des eigenen Namens mit einer qualifizierten elektronischen Signatur nach dem Signaturgesetz versehen.

Somit kann auch der letzte Schritt eines Vergabeverfahrens medienbruchfrei abgewickelt werden.

---

[582] *Ingenstau/Korbion* § 29 VOB/A Rn 1

[583] *Ingenstau/Korbion* § 29 VOB/A Rn 2

## 3. Zusammenfassung der Ergebnisse

Das elektronische Vergabeverfahren wird zukünftig eine erhöhte Bedeutung erlangen. Es trägt in besonderer Weise zur Verwirklichung des Binnenmarktgedankens im Bereich des öffentlichen Auftragswesens bei.

Die besondere Bedeutung der elektronischen Beschaffung wird gerade auch durch die Richtlinie 2004/18/EG betont. Die Technik der elektronischen Beschaffung ermögliche es, den Wettbewerb auszuweiten und die Effizienz des öffentlichen Beschaffungswesens
insbesondere durch eine Verringerung des Zeitaufwands und die durch die Verwendung derartiger neuer Techniken erzielten Einsparungseffekte zu verbessern[584]. Es ist absehbar, dass insbesondere aufgrund verstärkter Initiativen auf europäischer Ebene die elektronische Vergabe öffentlicher Aufträge zum Standard werden und das herkömmliche Verfahren verdrängen wird.

Schon jetzt kann der gesamte Vorgang bei der Vergabe öffentlicher Aufträge medienbruchfrei auf elektronischem Wege abgewickelt werden. Die Vorabinformation über die Absicht, einen Auftrag vergeben zu wollen, sowie die Bekanntmachung der Ausschreibung selbst können auf elektronischem Wege übermittelt und veröffentlicht werden. Jedenfalls auf nationaler Ebene ist jedoch zur Zeit daneben noch eine Veröffentlichung in anderen Medien, wie etwa in Tageszeitungen oder Ausschreibungsblättern erforderlich, da kleine und mittlere Unternehmen noch nicht über ausreichende infrastrukturelle Voraussetzungen zur Einsicht dieser Bekanntmachungen besitzen dürften.
Anforderung und Versendung der Vergabeunterlagen können unter Einsatz elektronischer Medien erfolgen, wobei besondere Formvorschriften nicht existieren.
Das sich anschließende Angebot der Bieter bedarf einer qualifizierten elektronischen Signatur sowie einer Verschlüsselung.
Wie auch bei Angeboten in herkömmlicher Form liegt das Übermittlungsrisiko beim Bieter; er hat im Zweifel nach den Grundsätzen allgemeiner Beweislastverteilungen den Zugang der Erklärung zu beweisen.
Die Zulässigkeit der elektronischen Übermittlung der Vorabinformation gem. § 13 VgV ergibt sich aus § 126 Abs. 3 BGB; entgegenstehende gesetzliche Vorschriften existieren insoweit nicht.
Endlich kann auch der Zuschlag auf elektronischem Wege erteilt werden, da die VOB/A für diese Erklärung keine besondere Form vorsieht. Auch die nach § 29 VOB/A nur in Ausnahmefällen anzufertigende Vertragsurkunde ist der elektronischen Form zugänglich.
Der zur Zeit geltende Rechtsrahmen erlaubt damit insgesamt die Abwicklung des gesamten Vergabeverfahrens auf rein elektronischem Wege. Ob sich die rein e-

[584] Begr.-Erw. 12 Richtlinie 2004/18/EG

lektronische Vergabe öffentlicher Aufträge dagegen auch in der Praxis durchsetzen wird, dürfte maßgeblich auch davon abhängen, ob die einzelnen Teilnehmer eines solchen Verfahrens dieses auch als hinreichend sicher einordnen. Jedenfalls derzeit dürften Bieter wichtige Angebote im Zweifel eher persönlich in Schriftform abgeben, als sich insoweit auf neue Medien zu verlassen.

## Kapitel X
## Die Zulässigkeit inverser Auktionen als Mittel der Beschaffung

### 1. Problemlage

Die elektronische Kommunikation über das Internet eröffnet völlig neue Möglichkeiten für öffentliche Vergabeverfahren. Inverse Auktionen (engl.: reverse auctions) stehen zur Zeit mit an der Spitze der vergaberechtlichen Diskussion.

Ein wesentlicher Grund für die (vergabe-) rechtliche Auseinandersetzung mit diesem Thema ist, dass derartige Auktionen seit längerem in der Privatwirtschaft als Beschaffungsinstrumentarium genutzt und Einsparpotentiale festgestellt worden sind[585]. Hohe Potentiale können besonders bei der Optimierung der Beschaffungsprozesse durch eine Steigerung des Bekanntheitsgrades einer Ausschreibung gesehen werden, indem deutliche Prozesskosten- und Preisersparnisse erreicht werden. Da ist es nahe liegend, dass auch öffentliche Auftraggeber versuchen wollen, auf diese Weise Kostensenkungen herbeizuführen und Haushaltsmittel zu sparen. Während aber private Unternehmen Aufträge frei auf dem Markt vergeben können und an besondere Vorschriften nicht gebunden sind, müssen öffentliche Auftraggeber im Sinne des GWB vergaberechtliche Sonderregelungen – GWB, VgV und die Verdingungsordnungen – beachten.
Es ist fraglich, ob Beschaffung per Auktion von öffentlichen Auftraggebern vergaberechtskonform durchgeführt werden kann, oder ob die geltende Regelungskaskade der Nutzung dieses Beschaffungsinstruments entgegensteht[586].

Besonderen Auftrieb erlangt die Diskussion um inverse Auktionen durch die sich verstärkt am Markt ausbildenden so genannten Beschaffungsplattformen. Dabei handelt es sich um Dienstleister, die für öffentliche Auftraggeber Vergabeverfahren internetgestützt abwickeln wollen. Diese Dienstleister stehen Innovationen in der Regel sehr offen gegenüber, wenn darin die Möglichkeit liegt, eigene Umsätze zu steigern. Vielfach werden rechtliche – insbesondere vergaberechtliche – Probleme jedoch nicht konsequent durchdacht oder voreingenommen im eigenen Interesse beantwortet. So wird den Verwaltungen von unterschiedlicher Seite verspro-

---

585 *Noelle*, NZBau 2002, 197, 197: „Erfahrungen aus der Privatwirtschaft belegen, dass sich beim Wareneinkauf auf Internet-Marktplätzen deutliche Einsparmöglichkeiten bieten. Sie liegen im Wesentlichen in der Vereinfachung der Beschaffungsvorgänge beim Käufer [...]."

586 Dabei legt die nachfolgende Untersuchung den derzeit auf nationaler Ebene geltenden Rechtsrahmen aus GWB, VgV und Verdingungsordnungen in ihren jeweils geltenden Fassungen zugrunde. Nach der Richtlinie 2004/18/EG können derartige Auktionen unter bestimmten Voraussetzungen künftig zugelassen werden. Die Richtlinie ist bis zum Jahr 2006 in nationales Recht umzusetzen.

chen, durch den Einsatz inverser Auktionen die Einkaufspreise „bis zu achtzig Prozent" senken zu können[587].

Die Ernsthaftigkeit, mit welcher versucht wird, die inverse Auktion auch für öffentliche Auftraggeber nutzbar zu machen, wird darüber hinaus zum einen unterstrichen durch die auf gemeinschaftsrechtlicher Ebene betriebene Diskussion um die Einführung eines weiteren Vergabeverfahrens, der inversen Auktion, neben offenem, nicht offenem und Verhandlungsverfahren.
Zum anderen hat das Bundesministerium für Wirtschaft in Abstimmung mit dem Bundesministerium der Finanzen und dem Bundesministerium des Inneren eine „Experimentierklausel zur Durchführung ausgewählter Beschaffungsvorhaben im Geltungsbereich des Bundesministeriums des Innern" im Bundesanzeiger veröffentlicht[588]. Die Klausel ermöglicht dem Beschaffungsamt des Bundesministeriums des Inneren neuartige Verfahrensmodelle bei Auftragvergaben unterhalb der Schwellenwerte auszuprobieren[589] und dabei von Vorschriften der Verdingungsordnungen abzuweichen. Zentrales Projekt innerhalb der alternativen Verfahrensmodelle soll der Test inverser Auktionen für die Beschaffungstätigkeit der öffentlichen Hand werden. Das Bundesministerium für Wirtschaft hat angekündigt, die Ergebnisse nach Abschluss der zweijährigen Testphase zu veröffentlichen.

Es zeigt sich, dass auf allen Ebenen diese Form der Auftragsvergabe von besonderem Interesse ist; nachfolgend soll daher untersucht werden, ob gegen den Einsatz dieses Instruments rechtliche Bedenken bestehen.

## 2. Begriff und Verfahren inverser Auktionen

Traditionell werden Auktionen – sei es im Internet oder auch unter physischer Präsenz der Beteiligten – vorwärtsgerichtet abgewickelt. Über ein im Vorfeld festgelegtes Regelwerk werden üblicherweise der Vertragspartner sowie der Preis ermittelt. In der Regel kommt der Vertrag mit demjenigen Bieter zustande, der das höchste Angebot abgegeben hat.
Während derartige Auktionen also für den Verkauf von Waren oder Dienstleistungen verwendet werden, ist die inverse Auktion ein Mittel des Einkaufs. Bei einem solchen dynamischen Bieterverfahren steigt der Preis im Laufe einer Auktion nicht, sondern sinkt mit jedem neuen Angebot. Am Ende der Auktion wird der Vertrag mit demjenigen Bieter abgeschlossen, der die zu beschaffende Ware oder Dienstleistung zu dem niedrigsten Preis angeboten hat. Im Ergebnis werden

---

587 Zu Recht kritisch hinsichtlich solcher Versprechungen: Pressemitteilung der cosinex-GmbH („Wer am wenigsten bietet, darf für den Staat arbeiten"), abrufbar unter www.cosinex.com

588 Az I B 3 – 26 05 05 – v. 28.09.2001, Bundesanz. v. 31.10.2001, S. 22653

589 Kritisch zur Zulässigkeit von Pilotvorhaben auch unterhalb der Schwellenwerte *Noelle*, NZBau 2002, 197, 200

also ebenfalls – wie bei der vorwärtsgerichteten Auktion – Vertragspartner und Preis ermittelt; lediglich das Zuschlagskriterium unterscheidet sich. Im Gegensatz zur vorwärtsgerichteten Auktion stehen bei der inversen Auktion nicht die Käufer, sondern die Verkäufer zueinander im Wettbewerb.

Die am weitesten verbreitete Auktion insbesondere in der Privatwirtschaft ist die so genannte „englische Auktion“[590], bei der sich die Bieter gegenseitig und in Kenntnis der übrigen Angebote unterbieten. Die nachfolgende Betrachtung beschränkt sich daher darauf, zu untersuchen, ob und wie englische inverse Auktionen vergaberechtskonform über das Internet abgewickelt werden können.

### 3. Vorteile und Risiken inverser Auktionen

Inverse Auktionen sind nicht nur rechtlich umstritten; fraglich ist bereits, ob diese Form der Auftragsvergabe für den öffentlichen Auftraggeber überhaupt ein vorteilhaftes Beschaffungsinstrumentarium darstellt.
Inverse Auktionen bieten öffentlichen Auftraggebern zahlreiche Wertquellen. Durch Schaffung einer erhöhten Markttransparenz kommt es in der Regel zu einer verschärften Wettbewerbssituation zwischen den Bietern, was letztlich zu niedrigeren Preisen führt. Daneben können durch Aggregation der Bedarfe Preiseffekte erzielt werden, die ebenfalls die Margen der Lieferanten senken.
Ein weiterer Vorteil, der zwar nicht auf dem Instrument der inversen Auktion, aber auf der Nutzung des Internets beim Beschaffungsvorgang beruht, ist die Automatisierung des Beschaffungsprozesses, was zu einer Reduktion der Prozesskosten sowohl auf Seiten des Auftraggebers als auch auf Seiten des Bieters führt. Daneben reduzieren sich die vom Auftraggeber aufzuwendenden Kosten, um Bieter zu erreichen. Ebenfalls ist es denkbar, dass durch die Nutzung dieser Form der Beschaffung Marktsegmente erschlossen werden, die bei herkömmlicher Beschaffung nicht erreicht werden könnten.

Diesen ökonomischen Vorteilen steht das Risiko gegenüber, dass zwischen den Bietern ein geradezu ruinöser Preiswettbewerb einsetzt, der dazu führt, dass Aufträge zu den im Wege der inversen Auktion ermittelten Preisen praktisch nicht kostendeckend ausgeführt werden können. Dies kann auf längere Sicht zur Insolvenz von Unternehmen, oder – was nahe liegender ist – zu erheblichen Qualitätseinbußen bei den beschafften Waren oder Dienstleistungen führen.
Derartige negative Auswirkungen haben sich bereits bei Durchführung des so genannten Lizitationsverfahrens[591], das bei der Beschaffung der öffentlichen Hand bis ins 19. Jahrhundert hinein angewendet wurde, gezeigt. Auch dort wurden ins-

---

[590] http://www.sapinfo.de/public/de/glossary.php4/listdict/362_Cat/A/A/14683
[591] Siehe dazu bereits Kap. II

besondere im Baubereich die Aufträge im Wege inverser Auktionen vergeben. Alleiniges Zuschlagskriterium war der Preis.
Da man die Nachteile dieses Verfahrens erkannte, setzte sich die Überzeugung durch, dass das Kriterium des niedrigsten Preises allein nicht dazu geeignet war, dem fiskalischen Interesse an sparsamer Mittelverwendung hinreichend Genüge zu leisten[592].
Um sicherzustellen, dass die Leistung auch rechtzeitig und in adäquater Qualität würde erbracht werden können, ersetzte man das Kriterium des niedrigsten Preises durch das Kriterium des wirtschaftlichsten Angebotes. Dadurch sollten ruinöse Preiswettbewerbe verhindert und die Wahrung qualitativer Mindeststandards gewährleistet werden.

Um festzustellen, ob das Instrument inverser Auktionen ein ökonomisch sinnvolles Mittel der Auftragsvergabe ist, gilt es, die dargestellten Vor- und Nachteile gegeneinander abzuwägen.
Den Einsparungspotentialen[593] steht in erster Linie das Risiko gegenüber, dass aufgrund eines ruinösen Preiswettbewerbs qualitativ minderwertige Leistungen erbracht werden, da Unternehmen anders nicht mehr kostendeckend arbeiten können.
Diese Gefahr ist erheblich; sie lässt sich jedoch durch Integration entsprechender Schutzvorkehrungen in das Vergabeverfahren umgehen. Abgesehen davon, dass das alleinige Abstellen auf den Preis ohnehin vergaberechtlich bedenklich ist[594] und möglicherweise zur Berücksichtigung anderer Kriterien schon aus rechtlichen Erwägungen heraus zwingen könnte, ließen sich auch zur Vermeidung der ökonomischen Risiken weiter Prüfungsschritte im Verfahren verankern, so dass sichergestellt werden kann, dass ein wirtschaftlich leistungsfähiges Unternehmen die geschuldete Leistung in angemessener Qualität erbringt.
Sofern dies sichergestellt ist, überwiegen die preislichen Vorteile für den Auftraggeber, so dass grundsätzlich die inverse Auktion ein sinnvolles Mittel mit Vorteilen für alle Beteiligten darstellen kann, öffentliche Aufträge zu vergeben. Keinesfalls ist die inverse Internetauktion lediglich eine „technisch hochgerüstete Kampfmaschine zum Preisedrücken"[595].

---

592 *Riese*, S. 3

593 Hinsichtlich der Höhe des Einsparungspotentials lassen sich zuverlässige Zahlen zur Zeit nicht auffinden; die in der Regel auf Schätzungen beruhenden Werte liegen zwischen 10% und 80%. Diese Unterschiede machen die Schwierigkeiten einer Prognose deutlich.

594 Gem. § 97 Abs. 5 GWB wird der Zuschlag „auf das wirtschaftlichste Angebot erteilt"; siehe zu dieser vergaberechtlichen Problematik inverser Internetauktionen bei öffentlicher Auftragsvergabe sogleich unter Kap. IX 5.5

595 BMWi-Studie zu Auktionen, Behördenspiegel Oktober 2001, S. 22

## 4. Einsatzmöglichkeiten inverser Auktionen

Nicht für die Beschaffung eines jeden Gutes eignen sich inverse Auktionen gleichermaßen.

Vielmehr stößt die inverse Auktion als Mittel der Beschaffung dort an ihre Grenzen, wo bei der Auftragsvergabe der Preis nur noch ein wichtiges, aber nicht mehr das wichtigste Kriterium ist, oder dort wo der Leistungsinhalt vorab nicht hinreichend konkret beschreibbar ist und erst in Verhandlungen mit den Bietern konkretisiert werden muss.

Nur beispielhaft seien an dieser Stelle komplexe Bauvorhaben genannt, bei denen Baukonzession vergeben werden sollen. Hier bedarf der Inhalt des Konzessionsvertrages einer Konkretisierung durch entsprechende Bietergespräche. Die Bieter müssen verschiedene Konzepte entwickeln, um die Gegenleistung zu erwirtschaften; dabei ist in der Regel eine Abstimmung mit den Vorstellungen des Auftraggebers erforderlich.

Inverse Auktionen können bei derartigen Verfahren kein Mittel der Auftragsvergabe sein.

Auch dort, wo besondere subjektive Wertungskriterien die Auswahlentscheidung mehr oder weniger maßgeblich beeinflussen[596], kommt das Mittel inverser Auktionen nicht in Betracht.

Dort aber, wo die Leistung im Vorfeld genau beschreibbar ist, also subjektive Wertungskriterien nahezu unbeachtlich sind und insbesondere auch ein Qualitätswettbewerb zwischen den Bietern nicht zu erwarten ist, können inverse Auktionen zur Vergabe öffentlicher Aufträge nutzbar gemacht werden. Praktisch dürfte dies besonderes bei der Beschaffung so genannter Massenware durch öffentliche Auftraggeber der Fall sein.

Je unbeschreibbarer die zu erbringende Leistung ist, oder je untergeordneter die Bedeutung des Preises bei der Vergabe des Auftrages ist, um so weniger kann davon ausgegangen werden, dass die inverse Auktion ein tatsächlich brauchbares Beschaffungsinstrumentarium darstellt.

## 5. Rechtsfragen inverser Auktionen

### 5.1 Erlaubnispflicht gem. § 34b GewO

Fraglich ist zunächst, ob die Durchführung einer inversen Auktion zur Beschaffung von Waren oder Dienstleistungen der Erlaubnispflicht des § 34b Abs. 1 GewO unterfällt.

Soweit eine Erlaubnispflicht besteht, könnte ein Verstoß gegen diese insbesondere wettbewerbsrechtliche Konsequenzen haben[597].

---

[596] z.B. die Berücksichtigung der architektonischen Qualität eines Bauvorhabens

[597] Vgl. zu den wettbewerbsrechtlichen und vertragsrechtlichen Konsequenzen *Ernst*, CR 2000, 304, 306 f.

Dies ist nicht nur ein spezifisches Problem inverser Auktionen, sondern in Rechtsprechung und Literatur generell für Internetauktionen umstritten, so dass dies auch für inverse Auktionen von Bedeutung ist[598].
Gem. § 34 b Abs. 1 GewO bedarf derjenige, der „gewerbsmäßig fremde bewegliche Sachen, fremde Grundstücke oder fremde Rechte versteigern will“, der Erlaubnis der zuständigen Behörde.
Der Sinn des 34 b GewO besteht primär darin, die sich bietenden Missbrauchsgelegenheiten bei Versteigerungen einzudämmen, die daraus resultieren, dass die Preisbildung bei Versteigerungen für das Publikum häufig nicht durchschaubar ist und Abwägungs- und Vergleichsmöglichkeiten in Bezug auf Angebot und Preisgestaltung wegen der regelmäßig gegebenen Schnelligkeit und Hektik des Geschehens nur bedingt gegeben sind[599].

Eine Legaldefinition des Begriffs der „Versteigerung“ existiert nicht. Nach ganz h.M. heißt „versteigern“, innerhalb einer zeitlich und örtlich begrenzten Veranstaltung eine Mehrzahl von Personen auffordern, eine Sache oder ein Recht in der Weise zu erwerben, dass diese Personen im gegenseitigen Wettbewerb, ausgehend von einem Mindestgebot, Vertragsangebote (Preisangebote) in Form des Überbietens dem Versteigerer gegenüber abgeben, der das höchste Gebot im eigenen oder fremden Namen annimmt[600].

Unter Zugrundelegung dieser Definition lehnt es ein Teil der Rechtsprechung[601] und der Literatur[602] bereits ab, die „klassische“ Internetauktion unter den Versteigerungsbegriff der GewO zu subsumieren. Es fehle an der zeitlichen und örtlichen Begrenztheit, da derartige Internetauktionen in der Regel über einen längeren Zeitraum stattfänden, ohne dass die Bieter tatsächlich an einem Ort zusammenkämen. Die Situation des Bieters an einem PC sei nicht vergleichbar mit der Situation des Bieters in einem realen Auktionssaal[603].

598 Grundlegend zu Internetauktionen *Schönleiter*, GewArch 2000, 49 ff.; *Höfling* in Friauf, § 34b Rn 11b ff.
599 *Tettinger* in Tettinger/Wank, § 34b Rn 1; LG Mannheim GewArch 1993, 476, 477
600 *Bleutge* in Landmann/Rohmer, § 34b Rn 6a
601 LG Münster MMR 2000, 280, 281
602 *Vehslage*, MMR 1999, 680, 681; *Bachmann/Mayerhöfer*, GewArch 2000, 274 ff.
603 *Vehslage*, MMR 1999, 680, 681; differenzierend *Hollerbach*, DB 2000, 2001 ff., der eine Anwendung des § 34b GewO bei „Live“-Auktionen befürwortet.

Ein anderer Teil aus Rechtsprechung[604] und Schrifttum[605] vertritt dagegen die Auffassung, dass derartige Auktionen dem Versteigerungsbegriff unterfielen. Auch bei Internetauktionen sei eine zeitliche Begrenzung im Sinne der anerkannten Definition des Versteigerungsbegriffs gegeben; die Tatsache, dass längere Zeiträume gegeben seien, hindere die Subsumtion unter diesen Begriff nicht. Auch sei die Auktion, die in einem virtuellen Raum stattfinde, örtlich begrenzt und mit Auktionen in realen Räumen vergleichbar, so dass eine Erlaubnispflicht bestehe.

Bei der hier zu untersuchenden inversen Auktion bedarf der Streit indes dann keine Entscheidung, wenn diese bereits aus anderen Gründen dem Begriff der Versteigerung nicht unterfällt.
Charakteristisch für die Versteigerung im Sinne von § 34b GewO ist, ein gegenseitiges Überbieten der Beteiligten. In Kenntnis der Konkurrenzgebote steht den Beteiligten die Möglichkeit offen, eine neues, höheres Angebot abzugeben, um sich die Chance auf den Zuschlag zu erhalten.
Gerade das Gegenteil ist jedoch bei inversen Auktionen der Fall. Hier geben die Bieter nicht höhere, sondern jeweils niedrigere Angebote als die Konkurrenz ab; die Preisspirale dreht sich also nach unten. Anstelle eines Überbietens findet ein Unterbieten statt.
Abwärtsversteigerungen stellen nach einhelliger Ansicht keine Versteigerungen im Sinne von § 34b GewO dar[606]. Weil ein gegenseitiges Überbieten nicht möglich sei, scheide eine Subsumtion unter den anerkannten Begriff der Versteigerung im Sinne von § 34b GewO konsequenter Weise aus[607].

Aber selbst wenn man eine analoge Anwendung von § 34b GewO auch auf Abwärtsversteigerungen befürworten wollte, wogegen erhebliche verfassungsrechtliche Bedenken bestehen[608], fehlte es noch immer am Merkmal der Gewerbsmäßig-

---

604 LG Hamburg MMR 1999, 678, 679

605 *Bleutge* in Landmann/Rohmer, § 34b Rn 6a; *Stögmüller*, K&R 1999, 391, 392; *Huppertz*, MMR 2000, 65, 66; *Ernst*, CR 2000, 304, 306
Vgl. dazu auch *Krugmann*, NVwZ 2001, 651, 653: „In den Fällen, in denen zwischen den herkömmlichen Formen der Versteigerung und der „Internetauktion" nur technisch bedingte, mithin internetspezifische Unterschiede bestehen, sprechen die Motive der Gefahrenabwehr für die Anwendung von § 34b GewO."

606 *Tettinger* in Tettinger/Wank, § 34b Rn 5 a.E.; *Höfling* in Friauf, § 34 b Rn 8; *Bleutge* in Landmann/Rohmer, § 34b Rn 6a m.w.N.

607 *Bleutge* in Landmann/Rohmer, § 34b Rn 6a
Geradezu rabulistisch mutet es dagegen an, von einem „Überbieten mit günstigeren Angeboten" auszugehen.

608 Gem. § 1 Abs. 1 GewO ist der Betrieb eines Gewerbes jedermann gestattet (Grundsatz der Gewerbefreiheit). Eine Einschränkung dieses Grundsatzes muss wegen des Vorbehalts des Gesetzes – welcher letztlich aus dem Rechtstaatsprinzip resultiert – ausdrücklich erfolgen und

keit. Vergibt der Staat Aufträge im Wege einer inversen Auktion, so handelt er dabei – unabhängig davon ob dies über das Internet oder auf herkömmliche Weise geschieht – nicht „gewerbsmäßig". Ein Gewerbe betreibt nach ständiger Rechtsprechung des Bundesverwaltungsgerichts, wer eine nicht sozial unverträgliche, auf Gewinnerzielung gerichtete und auf Dauer angelegte selbständige Tätigkeit ausübt[609]. Hier fehlt es neben der Gewinnerzielungsabsicht auch an der „auf Dauer angelegten selbständigen Tätigkeit".

Bei inversen Auktionen handelt es sich daher nicht um Versteigerungen im Sinne des § 34b Abs. 1 GewO, so dass für diese eine entsprechende Erlaubnispflicht nicht besteht.

## 5.2 Zulässigkeit der nachträglichen Preisreduktion nach Abgabe eines Angebotes

Das wesentliche Merkmal inverser Auktionen ist es, dass sich die Bieter in Kenntnis der Konkurrenzpreise gegenseitig unterbieten. Dieser Versteigerungsprozess beinhaltet es regelmäßig, dass die Bieter nicht nur ein Angebot abgeben, sondern ihr eigenes Angebot hinsichtlich des Preises wiederholt „nach unten" korrigieren. Es ist fraglich, ob dies rechtlich zulässig ist. Dabei können zivil- und vergaberechtliche Gesichtspunkte entgegenstehen.

Korrigiert ein Bieter sein Angebot preislich nach unten, so handelt es sich dabei in der Sache um einen Widerruf seines Angebotes verbunden mit der Abgabe eines neuen, niedrigeren Angebotes.
Gem. § 145 BGB ist derjenige, der einem anderen die Schließung eines Antrags anträgt, an den Antrag gebunden, es sei denn, dass er die Gebundenheit ausgeschlossen hat.
Grundsätzlich sind damit Angebote unwiderruflich[610]. Die Bindungswirkung tritt jedoch erst ein mit dem Zugang des Antrags beim Erklärungsempfänger. Gemäß § 130 Abs. 1 S. 1 BGB wird eine Willenserklärung nicht wirksam, wenn dem Empfänger vorher oder gleichzeitig mit ihr ein Widerruf zugeht.
Maßgeblich für die Beantwortung der Frage unter zivilrechtlichen Aspekten ist daher, wann bei Durchführung der inversen Auktion die Bietererklärung dem öffentlichen Auftraggeber zugegangen ist.
Nach ständiger Rechtsprechung des Bundesgerichtshofes ist eine Willenserklärung zugegangen, wenn sie so in den Machtbereich des Empfängers gelangt ist,

---

kann nicht im Wege einer Analogie hergeleitet werden; vgl. dazu auch BVerfG DVBl. 1997, 351

609 Vgl. statt vieler BVerwG DÖV 1995, 644

610 *Heinrichs* in Palandt, § 145 Rn 3

dass dieser unter normalen Verhältnissen die Möglichkeit hat, vom Inhalt der Erklärung Kenntnis zu nehmen[611].

Bei Abgabe von Angeboten kommt – wenn man allein zivilrechtliche Gesichtspunkte berücksichtigt – ein Widerruf des Angebots des Bieters bis zum Eröffnungstermin jederzeit in Betracht. Wird die Erklärung, wie es die jeweils einschlägige Verdingungsordnung vorschreibt, in einem verschlossenen Umschlag bzw. elektronisch verschlüsselt eingereicht, so verbieten es die jedenfalls oberhalb der Schwellenwerte zwingend zu beachtenden Verdingungsordnungen dem öffentlichen Auftraggeber, sich vom Inhalt der Angebote vor dem Eröffnungstermin eine Kenntnis zu verschaffen. Eine Kenntnisnahmemöglichkeit vom Inhalt der Angebote besteht bis dahin nicht. Darauf, dass unter Verstoß gegen wesentliche Grundsätze des Vergaberechts eine Kenntnisnahme faktisch auch schon vorher denkbar wäre, indem der öffentliche Auftraggeber den Umschlag öffnet oder das elektronische Angebot entschlüsselt, ändert daran nichts. Maßgeblich kann hier allein die rechtliche Kenntnisnahmemöglichkeit sein; bei vergaberechtswidriger, faktischer Kenntnisnahme handelt es sich gerade nicht um „normale Verhältnisse", wie sie der BGH in ständiger Rechtsprechung fordert[612].

Das Angebot kann daher widerrufen und ein neues Angebot abgegeben werden.

Fraglich ist, ob nicht die Tatsache, dass der Preis bei einer inversen Auktion veröffentlicht werden muss, wenn dieses Instrument funktionieren soll, eine andere rechtliche Beurteilung gebietet. Wenn die Bieter die Möglichkeit haben, bei Durchführung der inversen Auktion die Preise der Mitbieter zur Kenntnis zu nehmen, so gilt dies auch für den öffentlichen Auftraggeber.

Der Preis allein macht jedoch niemals den gesamten Inhalt eines Angebotes aus; dazu gehören stets ausführliche Produkt- oder Leistungsbeschreibungen. Diese werden nicht veröffentlicht, sondern können und müssen weiter verschlossen gehalten oder verschlüsselt belassen werden. Dem öffentlichen Auftraggeber ist damit nicht das vollständige Angebot i.S.v. § 130 Abs. 1 BGB zugegangen, sondern ausschließlich der Preis.

Erst wenn die gesamte Willenserklärung zugegangen ist, scheidet ein Widerruf aus. Auch bei inversen Auktionen besteht daher aus zivilrechtlicher Sicht die Möglichkeit für die Bieter, ihr Angebot zu widerrufen und ein neues, preiswerteres Angebot abzugeben[613].

---

611 BGHZ 67, 271; BGH NJW 1980, 990; BGH NJW 1983, 929

612 Vgl. dazu auch *Heinrichs* in Palandt, § 130 Rn 5: „Ob die Möglichkeit der Kenntnisnahme bestand, ist unter „gewöhnlichen" Verhältnissen zu beurteilen."

613 Soweit man die Frage des für die Widerrufbarkeit entscheidungserheblichen Zugangs anders beurteilen wollte, gilt es zu bedenken, dass der öffentliche Auftraggeber auf die Bindungswirkung des Angebotes auch verzichten, dem Bieter somit also vorvertraglich die Möglichkeit zum Widerruf einräumen kann. Zivilrechtliche Bedenken gegen eine Korrektur des Angebotes „nach unten" können daher ernsthaft nicht erhoben werden.

Dieser Möglichkeit dürften jedoch auch vergaberechtliche Gesichtspunkte nicht entgegenstehen.

Gem. § 18 VOB/A bzw. § 18 VOL können Angebote bis zum Ablauf der Angebotsfrist schriftlich, fernschriftlich, telegrafisch oder digital zurückgezogen werden. Die entsprechenden Vorschriften normieren daher im Gleichlauf mit den §§ 130, 145 BGB, dass der Bieter bis zum Eröffnungstermin ihr Angebot zurückziehen und ein neues einreichen oder ganz von der Ausschreibung zurücktreten können[614].

Damit hindern auch die Verdingungsordnungen die Abgabe neuer, niedrigerer Angebote bei Durchführung einer inversen Auktion nicht. Die Bieter sind insoweit nicht gebunden.

### 5.3 Zulässigkeit des Auseinanderfallens von Erklärungselementen

Wie soeben dargestellt, wir bei einer inversen Auktion allein der Preis auktioniert, welcher jedoch niemals den gesamten Inhalt des Angebotes ausmacht. Von erheblicher Bedeutung sind auch die leistungsbeschreibenden Angaben, welche ebenfalls einen Teil des Angebotes darstellen.

Bei einer inversen Auktion wird der öffentliche Auftraggeber daher zwei Erklärungen des Bieters erhalten; zum einen eine Willenserklärung, welche allein den Preis enthält, sowie eine Willenserklärung, die alle sonstigen „essentialia negotii" beinhaltet. Letztere wird zeitlich vor oder jedenfalls zusammen mit dem ersten Preisangebot abgegeben und bis zum Eröffnungstermin verschlüsselt oder anderweitig geheim gehalten werden.

Gegen die Abgabe des Angebotes in zwei unterschiedlichen Erklärungen könnten rechtliche Bedenken bestehen.

Der Antrag i.S.v. § 145 BGB ist eine einseitige, empfangsbedürftige Willenserklärung. Gegenstand und Inhalt des abzuschließenden Vertrages müssen im Antrag so bestimmt oder bestimmbar sein, so dass der Erklärungsempfänger das Angebot durch ein schlichtes „ja" annehmen kann[615]. Der entsprechende Inhalt der Erklärung ist nötigenfalls durch Auslegung gem. §§ 133, 157 BGB zu ermitteln. Dabei bestehen keine durchgreifenden zivilrechtlichen Bedenken dagegen, den erforderlichen Mindestinhalt des Angebots in unterschiedlichen Erklärungen abzugeben.

---

614 *Kratzenberg* in Ingenstau/Korbion, § 18 VOB/A Rn 14; a.A. *Hertwig* in Motzke/Pietzcker/Prieß, § 18 VOB/A Rn 7, der die Angebote bereits vor dem Eröffnungstermin für zugegangen hält, so dass ein Widerruf i.S.v. § 130 BGB ausscheide. Die Vorschriften der Verdingungsordnungen normierten insoweit abweichend von § 145 BGB, dass eine Bindung an einen Antrag nicht bestehe. Die Auffassung verkennt, dass es unter gewöhnlichen Umständen an der Möglichkeit der Kenntnisnahme fehlt.

615 *Heinrichs* in Palandt, § 145 Rn 1

In vergaberechtlicher Hinsicht könnte jedoch der für Lieferaufträge oberhalb der Schwellenwerte geltende § 15 VgV der Abgabe des elektronischen Angebots in verschiedenen Erklärungen entgegenstehen.
Gem. § 15 VgV können Auftraggeber zulassen, dass die Abgabe der Angebote in anderer Form als schriftlich per Post erfolgt, sofern sichergestellt ist, dass die Vertraulichkeit der Angebote gewahrt ist.
Die Vorschrift sagt demgemäß nichts darüber aus, ob alle erforderlichen Angaben des Bieters in einer einzigen Erklärung enthalten sein müssen. Die Richtlinie 97/52/EG normiert dagegen, dass ein digitales Angebot alle für seine Bewertung erforderlichen Angaben enthalten müsse, wozu die Beschreibung der Leistung sowie der Preis gehören.
Aus der Tatsache, dass die umgesetzte Richtlinie enger gefasst ist, als § 15 VgV folgert ein Teil der Literatur, dass § 15 VgV europarechtskonform dahingehend ausgelegt werden müsse, dass ein Angebot, das auf elektronischem Wege abgegeben wird, alle erforderlichen Angaben enthalten, mit anderen Worten vollständig sein müsse[616]. Dementsprechend komme es nicht in Betracht, etwa einen Teil des Angebots schriftlich und einen Teil elektronisch abzugeben.

Die Auffassung überzeugt indes nicht und führt im übrigen zu erheblichen praktischen Schwierigkeiten, hätte sie doch zur Folge, dass Bieter, so sie sich für die elektronische Übermittlung der Angebote entschließen, komplexe Unterlagen oder Bescheinigungen vor der Abgabe digitalisieren müssten, um diese „einheitlich elektronisch" einreichen zu können[617]. Die daraus resultierenden praktischen Schwierigkeiten sind offenkundig.
Gegen die zitierte Ansicht spricht weiterhin die neue Koordinierungsrichtlinie zum öffentlichen Auftragswesen[618]. Darin ist vorgesehen, dass bestimmte Unterlagen bei elektronischer Abgabe des Angebotes „auf geeignetem Wege", also auch in Papierform, eingereicht werden können. Es soll gerade kein Zwang zur vollständigen Digitalisierung insbesondere dort bestehen, wo eine solche nicht handhabbar wäre.
Mithin ist davon auszugehen, dass Angebote teils schriftlich und teils digital in unterschiedlichen Willenserklärungen abgegeben werden können.

Selbst wenn man der hier vertretenen Ansicht nicht folgte, änderte sich für die inverse Auktion nichts. Wie bereits gezeigt, bietet sich diese Beschaffungsinstrument gerade dort an, wo die Leistung vorab sehr genau durch den Auftraggeber beschreibbar und das wesentliche Unterscheidungskriterium daher der Preis ist, weil ein qualitativer Wettbewerb kaum erfolgt. Bei der Beschaffung etwa von

---

616 *Höfler*, NZBau 2000, 449, 453; *Malmendier*, VergabeR 2001, 178, 181
617 Vgl. dazu auch *Antweiler*, CR 2001, 717, 721
618 Richtlinie 2004/18/EG

Massenwaren sind daher in der Regel vom Bieter einfache und durch den Auftraggeber vorab digitalisierbare Teilnahmeunterlagen auszufüllen, die – wie auch die Willenserklärung über den Preis – elektronisch abgegeben werden können.
Bei Beschaffungen per Auktion wird daher kaum einmal relevant werden, dass bestimmte Erklärungen aus Gründen der Praktikabilität in Papierform eingereicht werden müssten. Vielmehr wird regelmäßig das Angebot in allen Teilen elektronisch abgegeben werden können.
Auch die Vertreter der Ansicht, dass ein Angebot einheitlich elektronisch oder einheitlich in herkömmlicher Form abgegeben werden müsse, bestreiten nicht, dass die Aufspaltung in zwei elektronische Erklärungen rechtlich zulässig ist.
Es ist somit unschädlich, dass die Bieter den Preis und die sonstigen Angaben hinsichtlich ihres Angebotes in zwei unterschiedlichen – elektronischen – Erklärungen bestimmen. Vergaberechtliche oder zivilrechtliche Vorschriften stehen dem nicht entgegen. Zwar gehen auch die Verdingungsordnungen davon aus, dass die Bieter alle relevanten Angaben machen müssen; so sind etwa gem. § 21 Nr. 1 Abs. 1 VOL/A die Angabe des Preises und die sonstigen geforderten Erklärungen und Unterlagen erforderlich, um das Angebot überhaupt werten zu können. Daraus folgt jedoch nur, dass die Bieter diese Angaben überhaupt machen und nicht, dass diese auch in einer Erklärung enthalten sein müssen.

Bei einer inversen Auktion können die Bieter daher zunächst elektronisch oder – nach hier vertretener Auffassung auch in anderer zulässiger Form – die sonstigen geforderten Erklärungen zur Leistung sowie die sonstigen erforderlichen Unterlagen beim öffentlichen Auftraggeber einreichen, um anschließend an der inversen Auktion selbst teilzunehmen, während welcher der Preis er- und anschließend gesondert übermittelt wird.
Die Aufspaltung in unterschiedliche Erklärungen ist vergaberechtlich unbedenklich.

### 5.4 Inverse Auktionen als wettbewerbsverzerrende Verhaltensweise des öffentlichen Auftraggebers

Fraglich ist weiterhin, ob die im Rahmen einer inversen Auktion vorgenommenen Preisreduktionen mit dem für das Vergaberecht elementaren Grundsatz des Wettbewerbs kollidieren[619].
Der Wettbewerbsgrundsatz ist normiert in § 97 Abs. 1 GWB. Demnach beschaffen öffentliche Auftraggeber „Waren, Bau- und Dienstleistungen nach Maßgabe der folgenden Vorschriften im Wettbewerb und im Wege transparenter Vergabeverfahren“.

---

619 Außerhalb des Bereichs der öffentlichen Auftragsvergabe wird insoweit die Vereinbarkeit mit § 1 UWG (a.F.) diskutiert.; vgl. hierzu im Überblick *Hoffmann*, NJW 2003, 2576, 2577

Die Vorschrift manifestiert den durch die Einführung des 4. Teils des GWB vollzogenen Wandel von einer rein haushaltsrechtlichen Betrachtung des Vergaberechts hin zu einem Vergaberecht, das dem Schutz der beteiligten Bieter dient[620]. Der Grundsatz des Wettbewerbs leitet sich als grundlegendes Prinzip des europäischen Vergaberechts[621] aus den Marktfreiheiten und dem allgemeinen Diskriminierungsverbot ab und steht in einem engen Zusammenhang mit dem Leitziel der EG, einen gemeinsamen Markt zu errichten[622]. Die Regelung des § 97 Abs. 1 GWB wird dabei durch zahlreiche Einzelausformungen innerhalb des 4. Teils des GWB[623] sowie in den Verdingungsordnungen[624] ergänzt. Der Wettbewerbsgrundsatz gilt für Auftraggeber wie für Auftragnehmer gleichermaßen[625] und wird insbesondere durch die Regelungen in § 2 VOB/A und § 2 VOL zum Ausdruck gebracht.

Gemäß § 2 Nr. 1 S. 2 und 3 VOB/A soll der Wettbewerb die Regel sein und sind ungesunde Begleiterscheinungen, wie z.B. wettbewerbsbeschränkende Verhaltensweisen, zu bekämpfen. § 2 VOL/A normiert bei anderer Formulierung in der Sache das gleiche: „Leistungen sind in der Regel im Wettbewerb zu vergeben. Wettbewerbsbeschränkende und unlautere Verhaltensweisen sind zu bekämpfen." Inhaltlich begründen die Regelungen für den Auftraggeber Handlungs- und Unterlassungspflichten. Der öffentliche Auftraggeber hat alles zu tun, was auf die Herbeiführung eines uneingeschränkten Wettbewerbs gerichtet ist und alles zu unterlassen, was den Wettbewerb beeinträchtigen könnte[626]. Die Begriffe „ungesunde Begleiterscheinungen bzw. unlautere Verhaltensweisen" umfassen dabei generalklauselartig alle denkbaren Verhaltensweisen des Auftraggebers oder des Auftragnehmers, die den Grundsätzen einer ordnungsgemäßen Vergabe zuwiderlaufen. Dazu gehören das Preisdrücken bei Vertragsverhandlungen, Kopplungsgeschäfte unter der Bedingung nachfolgender Auftragserteilung, Auferlegung VOB-widriger Vertragsbedingungen, Abgabe zu Schleuderpreisen, Unterbietungen und dergleichen mehr[627].
Aus der beispielhaften Aufzählung, die sich beliebig erweitern ließe, könnte die inverse Auktion insbesondere ein Mittel des öffentlichen Auftraggebers zum Preisdrücken sein. Aus Sicht der Bieter könnte es sich um unzulässige Unterbietungen und damit insgesamt um wettbewerbsverzerrende Verhaltensweisen handeln. Gerade die Tatsache, dass die Preisreduktion regelmäßig losgelöst von in-

---

620 *Stickler* in Reidt/Stickler/Glahs, § 97 Rn 5
621 Vgl. zur Bedeutung des Wettbewerbsprinzips auch *Stickler* in Reidt/Stickler/Glahs, § 97 Rn 6
622 *Boesen*, § 97 Rn 6
623 Vgl. etwa § 101 Abs. 5 GWB (Vorrang des offenen Verfahrens)
624 Vgl. etwa § 2 VOB/A bzw. § 2 VOL/A (Pflicht zur Vergabe im Wettbewerb)
625 *Hailbronner* in Byok/Jaeger, § 97 Rn 134
626 *Prieß* in Motzke/Pietzcker/Prieß, § 2 VOB/A Rn 50
627 *Rusam* in Heiermann/Riedl/Rusam, § 2 VOB/A Rn 23

haltlichen Änderungen des Angebots erfolgt, stützt diese Annahme noch zusätzlich.

Charakteristisches Merkmal für ein „Preisdrücken" durch den öffentlichen Auftraggeber ist, dass dieser gezielt auf die Willensbildung des Bieters Einfluss nimmt, um diesen zur Änderung des Angebotes, mithin zur Reduktion des Preises zu bewegen. Die aus der bestehenden Nachfragemacht[628] resultierende gute Verhandlungsposition wird also gezielt ausgenutzt, um einseitig Vorstellungen des Auftraggebers durchzusetzen.
Ein derartiges, wettbewerbsverzerrendes Verhalten öffentlicher Auftraggeber ist jedoch bei der Durchführung inverser Auktionen nicht feststellbar. Die Reduktion des Preises wird nicht aufgrund einer Beeinflussung der Willensbildung durch den Auftraggeber hervorgerufen, sondern stellt eine – im übrigen nicht zwingende – Reaktion des Bieters auf die Angebote der Konkurrenz dar. Nicht der Auftraggeber und der potentielle Auftragnehmer verhandeln über den Preis, sondern die Nachbesserung des Angebotes erfolgt aus eigenem Interesse der Bieter, losgelöst von einem darauf abzielenden Verhalten des Auftraggebers.
Der öffentliche Auftraggeber nimmt allenfalls mittelbar Einfluss auf nachträgliche Preisreduktionen durch die Bieter, indem er das Mittel der inversen Auktion wählt, um den Auftrag zu vergeben. Diese nur mittelbare Beeinflussung der Preisbildung des einzelnen Bieters reicht für die Annahme eines wettbewerbsverzerrenden Verhaltens keinesfalls aus, ist sie doch nicht ansatzweise mit dem vergleichbar, was klassischer Weise unter eine unzulässige Preisreduktion subsumiert werden muss.
Endlich gilt es zu bedenken, dass dem Verfahren auch kein Überraschungsmoment oder kein Überrumpelungseffekt, wie er sonst häufig im Zusammenhang mit dem Versuch des Preisdrückens festzustellen ist, innewohnt. Dem Bieter, der sich an einer inversen Auktion beteiligt, ist das Verfahren von dieser bereits im Vorfeld bekannt. Er weiß, dass er in einen Preiswettbewerb mit den übrigen Bietern eintreten wird, kann sein Verhalten vorab überdenken und gegebenenfalls entsprechende Margen bereits in das erste Angebot einkalkulieren.
Durch eine inverse Auktion werden daher Preise nicht gedrückt, so dass eine Beeinträchtigung des Wettbewerbs durch den öffentlichen Auftraggeber nicht gegeben ist. Der Versuch, die Gewinnspanne des Handels zu verringern entspringt vielmehr dem zulässigen Bestreben des öffentlichen Auftraggebers, sparsam mit Haushaltsmitteln zu verfahren und stellt auch in der Zeit nach Geltung der haushaltsrechtlichen Lösung ein vom Auftraggeber zu berücksichtigendes Ziel der Mittelverwendung dar.

---

628 Vgl. dazu bereits Kapitel I zur wirtschaftlichen Bedeutung des Beschaffungswesens

Letztlich kann eine Wettbewerbsverzerrung daher allein im Verhalten der Bieter gesehen werden. Unzulässiges Unterbieten im eingangs genannten Sinne liegt vor, wenn die Bieter Leistungen zu Konditionen anbieten, die so weit unter dem Marktpreis liegen, dass auskömmliches Tätigwerden nicht mehr möglich ist. Wie bereits dargestellt, bietet sich das Mittel der inversen Auktion besonders an, um Massenwaren zu beschaffen. Wenn Bieter im Rahmen der inversen Auktion Preise vorgeben, die weit unter dem Einkaufspreis der Ware liegen, so kann dies ein wettbewerbsverzerrendes Verhalten darstellen.
Konkretisiert wird das Verbot eines solchen, wettbewerbsverzerrenden Verhaltens wiederum durch die entsprechenden Vorschriften in den Verdingungsordnungen, so dass nicht allein § 97 Abs. 1 GWB Maßstab der wettbewerbsrechtlichen Beurteilung ist.
Gemäß § 25 Nr. 3 Abs. 1 VOB/A bzw. der korrespondierenden Vorschrift in der VOL/A darf der Zuschlag auf ein Angebot mit einem unangemessen niedrigen Preis nicht erteilt werden. Die Vorschrift dient neben dem Schutz der Lauterkeit des Wettbewerbs auch dem Schutz des öffentlichen Auftraggebers, der vor unauskömmlichen Angeboten geschützt werden soll. Gerade bei unterkalkulierten Bauangeboten ist es erforderlich, den Auftraggeber vor einer mangelhaften Leistung und vor unberechtigten Nachträgen zu schützen[629].

Durchaus sind daher bei inversen Auktionen derartige, dem Grundsatz des Wettbewerbs zuwiderlaufende Verhaltensweisen der Bieter denkbar. Es ist vergaberechtlich unzulässig, den Zuschlag schlicht auf das Angebot zu erteilen, das als preislich günstigstes aus der Auktion hervorgegangen ist. Die Verpflichtung, wettbewerbsverzerrende Verhaltensweisen der Bieter zu verhindern, zwingt den Auftraggeber dazu, Angebote, die unangemessen niedrige Preise aufweisen, aus dem Verfahren auszuschließen, so wie es § 25 VOB/A und VOL/A fordern.
Durch das Vergabeverfahren der inversen Auktion dürfen also die in den Verdingungsordnungen vorgesehen Wertungsverfahren nicht außer Kraft gesetzt werden. Soweit jedoch nach Abschluss der Auktion nicht unmittelbar der Zuschlag auf das preisgünstigste Angebot erteilt, sondern dieses unter anderem auch hinsichtlich der Angemessenheit des Preises vom öffentlichen Auftraggeber geprüft wird, bestehen insoweit keine Bedenken gegen die Nutzung dieses Instruments. Wettbewerbsverzerrende Verhaltensweisen der Bieter können wirksam ausgeschlossen werden, wenn – wie es die Verdingungsordnungen vorsehen – der Zuschlag auf ein Angebot mit einem unangemessen niedrigen Preis nicht erteilt wird.

---

629 *Brinker/Ohler* in Motzke/Pietzcker/Prieß, § 25 VOB/A Rn 58 betonen daneben, dass § 25 Nr. 3 VOB/A insbesondere nicht dem Schutz des bewußt oder fahrlässig falsch kalkulierenden einzelnen Bieters diene, da die liberale Wirtschaftsordnung keine Existenzgarantie für Unternehmen kenne.

Durch die inverse Auktion wird daher insgesamt der elementare, vergaberechtliche Grundsatz des Wettbewerbs weder durch den die Auktion initiierenden Auftraggeber, noch durch die Preisreduktionen der Bieter beeinflusst, sofern letztere die Preise noch im Bereich des Angemessenen halten oder bei unangemessenen Preisen vom Verfahren ausgeschlossen werden.

### 5.5 Vereinbarkeit mit dem Grundsatz der Wirtschaftlichkeit

Gemäß § 97 Abs. 5 GWB wird der Zuschlag auf das „wirtschaftlichste" Angebot erteilt.
Es ist fraglich, ob und inwieweit diese vergaberechtliche Vorgabe noch bei dem Einsatz inverser Auktionen als Mittel der Beschaffung erfüllt wird. Besondere Bedenken können sich hier daraus ergeben, dass der Preis der Leistung bei der Vergabe des Auftrages im Vordergrund steht.

Im Gegensatz zum GWB sehen die EG-Vergaberichtlinie zwei Zuschlagskriterien vor. Der Zuschlag kann entweder auf den niedrigsten Preis, oder auf das wirtschaftlichste Angebot erteilt werden[630]. Bei der Umsetzung diese Richtlinien in nationales Recht hat der Gesetzgeber unter Ausnutzung des ihm bei der Richtlinienumsetzung zustehenden Spielraumes darauf verzichtet, den niedrigsten Preis als mögliches Zuschlagskriterium vorzugeben und sich statt dessen darauf beschränkt, festzuschreiben, dass der Zuschlag „auf das wirtschaftlichste Angebot" erteilt werden müsse. Dieses Kriterium ist daher für Auftragsvergaben allein entscheidend[631], was freilich nicht bedeutet, dass der Preis nicht eine bedeutsame Rolle bei der Zuschlagsentscheidung spielen dürfte[632].
Bei der Ermittlung des wirtschaftlichsten Angebotes sind von Auftrag zu Auftrag unterschiedliche Aspekte zu berücksichtigen, wie etwa Lieferfrist, Ausführungsdauer, Betriebskosten, Rentabilität, Qualität, Ästhetik, Zweckmäßigkeit, technischer Wert, Kundendienst und Preis[633]; mit anderen Worten ist der Zuschlag auf das Angebot zu erteilen, dass das beste Preis-Leistungs-Verhältnis bietet. Die Feststellung des wirtschaftlichsten Angebotes ist dabei eine in hohem Maße wertende Entscheidung des Auftraggebers, die innerhalb eines vernünftigen Beurteilungsspielraums einer Nachprüfung nur eingeschränkt zugänglich ist[634].

---

630 Vgl. Art. 26 Abs. 1 der Richtlinie 93/36/EWG des Rates (Lieferkoordinierungsrichtlinie) oder Art. 30 Abs. 1 der Richtlinie 93/37/EWG des Rates (Baukoordinierungsrichtlinie)

631 *Boesen*, § 97 Rn 143

632 Vgl. dazu auch *Rittner*, EuZW 1999, 677, 678: „Die Entscheidung für das wirtschaftlichste – nicht das billigste! – Angebot entspricht nicht nur den Geboten des Haushalts- und Wettbewerbsrechts, sondern hat auch den großen Vorzug, dass sie nach einem einzigen Kriterium erfolgt und somit regelmäßig eine eindeutige Antwort erlaubt."

633 *Marx* in Motzke/Pietzcker/Prieß, § 97 Rn 47

634 *Marx* in Motzke/Pietzcker/Prieß, § 97 Rn 50

Keineswegs darf aber der Einsatz inverser Auktionen dazu führen, dass der Grundsatz, dass der Zuschlag auf das wirtschaftlichste Angebot zu erteilen ist, ersetzt wird durch das Kriterium des niedrigsten Preises. Eine inverse Auktion darf daher nicht dergestalt durchgeführt werden, dass zwingend der Bieter mit dem preislich niedrigsten Angebot den Zuschlag erhalten muss. Ein derartiges Vorgehen wäre vergaberechtswidrig.

Für eine vergaberechtskonforme Durchführung inverser Auktionen ist es daher erforderlich, dass der öffentliche Auftraggeber nach Abschluss der Auktion in den durch die Verdingungsordnungen vorgeschriebenen Wertungsprozess der Angebote einsteigt und anhand der vorher festgelegten Wertungskriterien das wirtschaftlichste Angebot ermittelt. Dies muss nicht zwingend das preisgünstigste Angebot sein; es sind jedoch durchaus Vergabeverfahren denkbar, bei welchen der Preis das überragende Kriterium dabei darstellt, das wirtschaftlichste Angebot zu ermitteln. Im Einzelfall kann also durchaus eine Situation vorzufinden sein, in welcher das preiswerteste Angebot stets das wirtschaftlichste ist, da andere Kriterien eine höchst untergeordnete oder gar keine Bedeutung haben.
Insbesondere bei der Beschaffung von Massenware wird regelmäßig ein Qualitätswettbewerb zwischen den Bietern nicht vorliegen und werden andere, etwa ästhetische Gesichtspunkte, völlig bedeutungslos sein. Hier gilt die widerlegliche Vermutung, dass das preisgünstigste Angebot auch das wirtschaftlichste ist[635].
Für derartige Beschaffungsvorgängen eignet sich die inverse Auktion daher besonders. Bei offenen Verfahren, bei welchen im Vorfeld die Leistung besonders detailliert beschrieben werden kann, besteht die Abgabe des Angebotes praktisch im Eintragen der Preise in die Leistungsbeschreibung, so dass andere Kriterien in den Hintergrund rücken.

Insgesamt bleibt festzuhalten, dass inverse Auktionen nicht grundsätzlich gegen das Gebot des § 97 Abs. 5 GWB verstoßen müssen, den Zuschlag auf das wirtschaftlichste Angebot zu erteilen. Bei Vergabeverfahren, bei welchen der Preis von weniger überragender Bedeutung ist, ist es erforderlich, dass der Auftraggeber anschließend eine Wertung der Angebote vornimmt, bei welcher der im Rahmen der Auktion ermittelte Preis nur soweit berücksichtigt werden darf, wie seine Bedeutung insgesamt innerhalb des Preis-Leistungs-Verhältnisses ist. Es ist jedoch nahe liegend, dass Auftragsvergaben, bei welchen andere Kriterien eine herausgehobene Bedeutung zukommt, weniger geeignet für die Vergabe im Wege einer inversen Auktion sind.
Dort aber, wo die Vermutung zutrifft, dass das preisgünstigste Angebot auch das wirtschaftlichste ist, kann der Zuschlag vergaberechtskonform auf das niedrigste Angebot erteilt werden, ohne dass gegen § 97 Abs. 5 GWB verstoßen wird.

---

[635] *Hailbronner* in Byok/Jaeger, § 97 Rn 190

## 5.6 Vereinbarkeit mit dem Grundsatz der Vertraulichkeit

In höchstem Maße fraglich ist jedoch, ob die Durchführung einer inversen Auktion dem im Vergaberecht geltenden Grundsatz der Vertraulichkeit entspricht.

§ 15 VgV sieht vor, dass Angebote in anderer Weise als schriftlich eingereicht werden können, sofern die Vertraulichkeit der Angebote bis zu Ihrer Wertung gewahrt wird.
Auch die Verdingungsordnungen enthalten entsprechende Regelungen. § 18 Nr. 2 VOL/A sieht vor, dass Angebote in einem verschlossenen Umschlag einzureichen sind und dass bei elektronischen Angeboten sicherzustellen ist, dass der Inhalt der Angebote erst mit Ablauf der für ihre Einreichung festgelegten Frist zugänglich wird.
Gemäß § 22 Nr. 1 VOB/A sind bis zum Eröffnungstermin die auf direktem Wege oder mit der Post schriftlich zugegangenen Angebote unter Verschluss zu halten und digitale Angebote verschlüsselt aufzubewahren.

Mit dem Grundsatz der Vertraulichkeit werden verschiedene Zwecke verfolgt. Zum einen sollen die Betriebsgeheimnisse der einzelnen Bieter geschützt werden, andererseits soll die Konkurrenzsituation der Bieter mit der Folge eines Preisdrucks erhalten bleiben[636]. Der Vertraulichkeitsgrundsatz dient damit im Ergebnis dazu, echten Wettbewerb zwischen den Bietern herzustellen[637], indem Preisabsprachen oder die Bevorzugung einzelner Bieter vor Öffnung der Angebote vermieden werden.
In einem Beschluss vom 18.11.1986 hat der BGH – wenngleich unter Berücksichtigung der alten Rechtslage – zur Bedeutung des Geheimwettbewerbs ausgeführt: „Die für die Vergabe von Bauaufträgen der öffentlichen Hand vorgesehene Geheimhaltung der Wettbewerbsteilnehmer entspringt dem Gebot des lauteren Bauvergabewettbewerbs. Ihr Zweck liegt vor allem darin, dass ein echter Wettbewerb zwischen den Bietern besteht, der jedoch nur dann vorliegt, wenn die Bieter unabhängig voneinander ein Angebot abgeben. Deshalb sollen die Auftraggeber alles tun und unterlassen, um zu erreichen, dass die einzelnen Bewerber untereinander nichts von der Teilnahme an dem betreffenden Vergabewettbewerb erfahren."[638]
Der BGH nimmt weiterhin an, dass der Wettbewerb insbesondere darauf beruhe, dass keiner der Bewerber, der ein Angebot beabsichtige, vor dessen Abgabe wisse, zu welchem Preis die Mitbieter anbieten würden. Diese Ungewissheit bestehe

---

636 *Schäfer* in Motzke/Pietzcker/Prieß, § 22 VOB/A Rn 24

637 Vgl. dazu auch *Knauff*, VR 2000, 397, 398: „Das EG-Vergaberecht wird von den Prinzipien Nichtdiskriminierung, fairer Wettbewerb und Transparenz beherrscht. An diesen muss sich jedes Vergabeverfahren messen lassen."

638 BGH NJW 1987, 1821, 1821

in verstärktem Maße, wenn sogar unbekannt sei, welche Bieter sich um den Zuschlag bewerben würden[639].

Zur Herstellung eines echten Vergabewettbewerbs ist daher der Grundsatz der Vertraulichkeit essentiell und wird damit gleichsam zum Kernproblem inverser Auktionen.
Eine solche setzt voraus, dass die Mitbieter Kenntnis von der Preisgestaltung der Konkurrenzangebote erlangen. Nur so ist es möglich, die Angebote der Mitbieter zu unterbieten, das eigene Angebot also preislich nach unten zu korrigieren. Ohne Kenntnis der Konkurrenzpreise kann eine inverse Auktion nach dem Vorbild derartiger Auktionen der Privatwirtschaft nicht funktionieren.
Wenn aber der einzelne Bieter die Angebote der konkurrierenden Unternehmen kennt, so kann er sich insbesondere in seiner Preisgestaltung darauf einstellen, mit der Folge, dass der Wettbewerb eine Veränderung erfährt, mithin beschränkt wird[640].

Zwar steht der Geheimwettbewerb in einem gewissen Widerspruch zum Transparenzgebot, nach welchem die Bieter in einem Vergabeverfahren umfassend zu informieren sind, und wonach das Vergabeverfahren eine durchschaubare und nachvollziehbare Gestaltung erfahren muss[641]. Das Transparenzgebot findet seine Grenze jedoch im Grundsatz des Geheimwettbewerbs und darf insoweit nicht überbetont werden[642]. Die Verpflichtung zur umfassenden Information der Bieter bezieht sich daher im wesentlichen auf auftragsbezogene Elemente; nicht davon erfasst werden der Inhalt einzelner Angebote sowie persönliche Daten und Betriebsgeheimnisse der Mitbieter.
Die Veröffentlichung der Preise konkurrierender Untenehmen bei Durchführung einer inversen Auktion unterfällt daher als angebotsbezogene Information nicht dem Transparenzgebot, sondern allein dem Vertraulichkeitsgrundsatz, so dass inverse Auktionen stets vergaberechtswidrig sind[643].

Dieses Ergebnis erfährt auch dadurch keine Änderung, dass den Bietern lediglich die Preise, nicht aber die Identität der Konkurrenzunternehmen mitgeteilt werden. Zum einen ist es nahe liegend, dass bereits die Kenntnis von der Anzahl der Mitbieter eine nicht unerhebliche wettbewerbsbeschränkende Wirkung aufweist; zum anderen ist es im Bereich der öffentlichen Auftragsvergabe leicht möglich, von der Art der benötigten Leistung auf die Konkurrenten zu schließen und so auf-

---

639 BGH NJW 1987, 1821, 1821
640 BGH NJW 1987, 1821, 1822
641 *Boesen*, § 97 Rn 16
642 *Boesen*, § 97 Rn 17
643 So im Ergebnis auch *Noelle*, NZBau 2002, 197, 198

grund der Kenntnis der Preise der anderen Unternehmen deren Gewinnmargen, und damit besonders schutzbedürftige Betriebsgeheimnisse, zu ermitteln.

Die inverse Auktion befindet sich daher in einem unlösbaren Dilemma: Sie kann in der hier vorgestellten Weise nur funktionieren, wenn die Bieter die Preise der übrigen, teilnehmenden Unternehmen kennen. Gerade dies ist aber vergaberechtlich in jedem Fall unzulässig.
Ohne Änderung der Rechtslage kommt daher die Durchführung einer inversen Auktion nicht in Betracht.
Die Tatsache, dass die Bundesregierung die eingangs dargestellte Experimentierklausel für Auftragvergaben unterhalb der Schwellenwerte erlassen hat, nach welcher die Verdingungsordnungen nicht umfassen beachtet werden müssen, spricht dafür, dass diese die inverse Auktion aus den genannten Gründen ebenfalls für vergaberechtswidrig hält.

## 6. Zusammenfassung der Ergebnisse und Ausblick

Inverse Auktionen stellen ein in der Privatwirtschaft bereits heute vielfach genutztes Mittel der Auftragsvergabe dar, das zum Teil erhebliche Einsparpotentiale in sich birgt. Üblicherweise wird eine inverse englische Auktion über das Internet durchgeführt. Den darin liegenden Gefahren sinkender Qualitätsstandards der Leistungen kann durch entsprechende Prüfungen der Angebote wirksam begegnet werden.
Inverse Auktionen stellen insbesondere dort ein handhabbares Vergabeinstrument dar, wo die Leistung vorab besonders genau und detailliert beschrieben werden kann, wie etwa bei der Beschaffung von Massenware.
Inverse Auktionen unterfallen nicht dem Versteigerungsbegriff von § 34b GewO, so dass diese ohne eine behördliche Erlaubnis durchgeführt werden könnten.
Es ist zivil- und vergaberechtlich zulässig, dass Bieter ihr Angebot in preislicher Hinsicht nach unten korrigieren. Dabei handelt es sich in der Sache um einen Widerruf des Angebots verbunden mit einem neuen Angebot.
Weder der öffentliche Auftraggeber, noch die an der Auktion beteiligten Bieter handeln im Rahmen inverser Auktionen wettbewerbsverzerrend. Weiterhin ist es zulässig, qualitative Angaben und Preisangaben in unterschiedlichen Erklärungen abzugeben. Gegen ein solches Vorgehen bestehen weder zivilrechtliche, noch vergaberechtliche Bedenken.
Für die vergaberechtskonforme Durchführung einer inversen Auktion ist es erforderlich, den Zuschlag auf das wirtschaftlichste Angebot zu erteilen. Nur dann, wenn der niedrigste Preis gleichzeitig die widerlegliche Vermutung für das wirtschaftlichste Angebot begründet, kann allein auf diesen bei der Zuschlagserteilung abgestellt werden. In allen anderen Fällen ist auch bei Durchführung einer inversen Auktion eine Wertung unter allen für die Zuschlagserteilung relevanten Kriterien erforderlich, um so das beste Preis-Leistungs-Verhältnis zu ermitteln.

Die vergaberechtliche Unzulässigkeit inverser Auktionen resultiert allein daraus, dass dieses Mittel der Beschaffung zwingend gegen den Grundsatz der Vertraulichkeit verstößt, wenn den Bietern die Preisgestaltung der konkurrierenden Unternehmer mitgeteilt wird.
Ohne eine Änderung der Rechtslage können inverse Auktionen nicht vergaberechtskonform durchgeführt werden. Eine andere Beurteilung dieser Frage könnte indes gerechtfertigt sein, sobald insbesondere die Richtlinie 2004/18/EG in nationales Recht umgesetzt ist. Gem. Art. 54 Richtlinie 2004/18/EG können die Mitgliedstaaten festlegen, dass die öffentlichen Auftraggeber elektronische Auktionen durchführen dürfen. Dabei darf sich die elektronische Auktion entweder allein auf die Preise oder auf die Preise und / oder die Werte der in den Verdingungsunterlagen genannten Angebotskomponenten beziehen, soweit das wirtschaftlich günstigste Angebot den Zuschlag erhalten soll[644]. Dabei ist es zulässig, den Bietern neben ihrem eigenen Rang auch weitere Informationen – etwa über andere vorgelegte Preise – übermitteln, soweit nur die Identität der Bieter geheim bleibt[645].

Die noch nicht in nationales Recht umgesetzten Vorschriften der Richtlinie erlauben damit in Teilen eine Abkehr vom Grundsatz der Vertraulichkeit, wie er derzeit noch das Vergabeverfahren auf nationaler Ebene beherrscht. Jedenfalls für die Zukunft ist damit die Durchführung inverser Auktionen nicht generell ausgeschlossen und wird hinsichtlich ihrer Voraussetzungen im einzelnen von der inhaltlichen Umsetzung dieser Richtlinie abhängen.

Angesichts der weiten Verbreitung inverser Auktionen in der Privatwirtschaft wird insoweit auch mit der Durchführung solcher Auktionen im Rahmen staatlicher Beschaffungsvorgänge zu rechnen sein.

---

644 Art. 54 Richtlinie 2004/18/EG
645 Art. 54 Abs. 5 Richtlinie 2004/18/EG

# Kapitel XI
# Thesenartige Zusammenfassung der Ergebnisse und Ausblick

## 1. Thesenartige Zusammenfassung der Ergebnisse

### 1.1 Die Europarechtskonformität der Regelungen über die elektronische Angebotsabgabe

- Ein Anspruch der Bieter auf Abgabe elektronischer Angebote ergibt sich weder aus dem nationalen Regelungskomplex, noch aus der Richtlinie über den elektronischen Geschäftsverkehr.
- Das deutsche Vergaberecht ist europarechtskonform, auch ohne, dass ein Anspruch der Bieter auf Abgabe elektronischer Angebote besteht.
- Die Richtlinie über den elektronischen Geschäftsverkehr ist jedenfalls insoweit nicht auf Beschaffungsvorgänge anwendbar, als vergaberechtliche Richtlinien als leges speciales in Bezug auf die Form der Angebote besondere Vorschriften enthalten.

### 1.2 Ermessensfehler bei der Entscheidung über die Zulassung elektronischer Angebote

- Die Entscheidung der Behörde über die Zulassung elektronischer Angebote muss von dieser ermessensfehlerfrei getroffen werden und steht nicht in ihrem Belieben.
- Bei dieser Entscheidung handelt es sich nicht um einen Verwaltungsakt i.S.v. § 35 VwVfG, so dass zur Überprüfung der Rechtmäßigkeit des Handelns § 40 VwVfG jedenfalls nicht direkt angewendet werden kann.
- § 40 VwVfG findet jedoch entsprechende Anwendung auch auf rein privatrechtliches Handeln der Behörde, so dass die genaue Qualifikation der Entscheidung über die Zulassung einer bestimmten Form im Vergabeverfahren als verwaltungsprivatrechtliches oder rein fiskalisches Handeln dahinstehen kann.
- Die Behörde handelt ermessensfehlerhaft, wenn sie glaubt, nur Angebote in Schriftform berücksichtigen zu dürfen. Dabei handelt es sich um einen Fall des Ermessensnichtgebrauchs, welcher zur Rechtswidrigkeit der Entscheidung führt.
- Lässt die Behörde über einen längeren Zeitraum elektronische Angebote zu, so kommt es in der Regel zu einer Selbstbindung, welche unter Berücksichtigung von Art. 3 Abs. 1 GG das der Behörde von § 21 VOB/A eingeräumte Ermessen „auf Null" reduziert. Die Nichtzulassung elektronischer Angebote für die Zukunft ist daher in diesen Konstellationen ebenfalls ermessensfehlerhaft. Nur in Ausnahmefällen können es besondere sachliche Gründe rechtfertigen, die länger dauernde Verwaltungspraxis aufzugeben und eine abweichende Zulassungsentscheidung zu treffen.

## 1.3 Die Zulässigkeit der ausschließlichen Akzeptanz elektronischer Angebote

- Im Anwendungsbereich der VOB/A ist es dem öffentlichen Auftraggeber verwehrt, alleine Angebot in elektronischer Form zuzulassen und schriftliche Angebote von vornherein auszuschließen.
  Dies ergibt sich zum einen aus dem Wortlaut des § 21 Nr. 1 Abs. 1 VOB/A. Die Vorschrift geht erkennbar vom Grundsatz der Schriftlichkeit aus. Angebote in anderer Form können nur fakultativ neben schriftlichen Angeboten zugelassen werden.
  Zum anderen wäre es – jedenfalls zum jetzigen Zeitpunkt – ein Verstoß gegen elementare vergaberechtliche Grundsätze, nur elektronische Angebote zuzulassen. Nur eine geringe Zahl von Unternehmen könnte sich in diesem Fall tatsächlich an einem Vergabeverfahren beteiligen; dies würde echten Wettbewerb, wie ihn das GWB fordert, verhindern und der aufgrund § 97 Abs. 3 GWB erforderlichen Mittelstandsförderung nicht genügen.
- Oberhalb der Schwellenwerte bestimmt sich die Form der Angebote in einem VOL-Vergabeverfahren alleine nach § 15 VgV. Der offene Wortlaut von § 15 VgV lässt es zu, die Norm so auszulegen, dass auch alleine elektronische Angebote zugelassen werden können.
  Solange sich jedoch nur wenig Unternehmen an einem rein elektronischen Vergabeverfahren beteiligen können, kommt der Ausschluss schriftlicher Angebote aus den bereits im Zusammenhang mit § 21 VOB/A genannten Gründen nicht in Betracht. In der Zukunft mag dies anders zu beurteilen sein.
- Im Bereich der VOF gilt regelmäßig das kaum formalisierte Verhandlungsverfahren. Die Abgabe elektronischer Angebote ist daher von höchst untergeordneter Bedeutung.

## 1.4 Rechtsfolgen fehlerhafter oder fehlender digitaler Signaturen

- Wenn die Behörde beabsichtigt, den Zuschlag auf ein Angebot zu erteilen, das hinsichtlich seiner Form den Anforderungen von § 21 Nr. 1 Abs. 1 VOB/A nicht entspricht, so können unterlegene Bieter Rechtsschutz vor der Vergabekammer bzw. den Vergabesenaten bei den Oberlandesgerichten suchen.
- Voraussetzung für die Zulässigkeit des Primärrechtsschutzes ist es, dass der Bieter eine Verletzung „subjektiver Bieterrechte“ geltend machen kann. Nur diese stellen „Bestimmungen über das Vergabeverfahren“ i.S.v. § 97 Abs. 7 GWB dar. Für eine Ausweitung des Anwendungsbereichs von § 97 Abs. 7 GWB auf bloße Ordnungsvorschriften besteht auch aus europarechtlichem Blickwinkel kein Bedarf.
- Die Vorschrift über die Abgabe digitaler Angebote (§ 21 Nr. 1 Abs. 1 VOB/A) ist bieterschützend, so dass auch ein eingeschränktes Verständnis

von § 97 Abs. 7 GWB dem Vergabenachprüfungsverfahren nicht entgegensteht. Selbst wenn man Formvorschriften per se nicht als bieterschützend ansehen wollte, so wäre mit der geplanten Zuschlagserteilung auf ein formunwirksam abgegebenes Angebot gleichzeitig eine Verletzung von § 25 Nr. 1 Abs. 1 lit. b) VOB/A gegeben. Diese Vorschrift ist nach allseitiger Ansicht bieterschützend, so dass das Verfahren vor der Vergabekammer in jedem Fall zulässig ist.

- Erteilt der öffentliche Auftraggeber den Zuschlag auf ein Angebot, das den formalen Anforderungen von § 21 Nr. 1 Abs. 1 VOB/A nicht entspricht, so ist der Vertrag – soweit ein Nachprüfungsverfahren von unterlegenen Bietern nicht eingeleitet wurde – wirksam. Eine Nichtigkeit ergibt sich weder aus § 134 BGB, noch aus § 125 BGB, da § 25 VOB/A nicht Verbotsgesetz und
§ 21 VOB/A nicht gesetzliche Formvorschrift ist.

## 1.5 Die Bevorzugung elektronischer Angebote im Vergabeverfahren durch Anerkennung als „vergabefremdes Kriterium" und ihre Zulässigkeit aus gemeinschaftsrechtlicher Sicht

- Die Richtlinie 2004/18/EG schließt nicht per se die Berücksichtigung vergabefremder Kriterien aus, macht ihre Zulässigkeit jedoch von besonderen Voraussetzungen abhängig.
- Will man die digitale Angebotseinreichung als vergabefremdes Kriterium berücksichtigen, so bietet sich rechtstechnisch die Schaffung einer Präferenzregelung in der Form eines Eintrittsrechts an, um diese in das Vergabeverfahren zu implementieren.
- Nicht jedes vergabefremde Kriterium darf bei der Vergabeentscheidung des öffentlichen Auftraggebers Berücksichtigung finden. Vergabefremde Kriterien müssen hinreichend publiziert werden dürfen nicht gegen Gemeinschaftsrecht, insbesondere die Grundfreiheiten des EG-Vertrages verstoßen.
- In formaler Hinsicht müssen Gesetze, die vergabefremde Kriterien festlegen, § 97 Abs. 4 2. HS GWB entsprechen. Die Normierung vergabefremder Zwecke durch Verwaltungsvorschriften oder durch Rechtsverordnung ist damit ausgeschlossen. Hinsichtlich der Gesetzgebungskompetenz ist auf die Beschaffungsgesetzgebungskompetenz aus Art. 74 Abs. 1 Nr. 1, 11, 16 und Art. 109 Abs. 3 GG abzustellen.
- Die Bevorzugung solcher Bieter, die sich digital am Vergabeverfahren beteiligt haben, diskriminiert Bieter aus anderen Mitgliedstaaten, wenn der öffentliche Auftraggeber die Verwendung einer Signatur eines nationalen Zertifizierungsanbieters vorschreibt, weil eine umfassende, europaweite Interoperabilität der Systeme zur Zeit noch nicht gewährleistet ist. Grund dafür ist der erheblich erschwerte Zugang zur Signatur durch ausländische Bieter, der faktisch zu einem Ausschluss vom Vergabeverfahren führen kann.

- Erst wenn eine umfassende Interoperabilität der Systeme gewährleistet ist, kann diskriminierungsfrei die digitale Teilnahme am Verfahren als vergabefremdes Kriterium berücksichtigt werden. Da Eintrittsrechte keine Beihilfen im Sinne von Art. 87 EG darstellen, stehen Regelungen des EG-Vertrages der Implementierung dieses vergabefremden Kriteriums dann nicht mehr entgegen.

## 1.6 Die elektronische Auftragsvergabe als Standard zukünftiger Vergabeverfahren

- Unter Berücksichtigung der aktuell erkennbaren Tendenzen auf europäischer Ebene ist absehbar, dass sich die elektronische Auftragsvergabe zum Standardverfahren entwickeln wird. Die auch in der Richtlinie (2004/18/EG) enthaltene Förderung dieses Verfahrens ist dafür ein besonderes Indiz.
- Bereits heute lässt sich ein elektronisches Vergabeverfahren von der Bekanntmachung der Vorinformation bis zur Erteilung des Zuschlags medienbruchfrei auf elektronischem Wege durchführen.
- Aufgrund noch nicht flächendeckender Verbreitung des Internets gerade in kleinen und mittleren Betrieben bedarf es jedoch etwa bei der Bekanntmachung auf nationaler Ebene daneben weiterhin der Nutzung von Printmedien.
- Abgesehen von den von der VOB/A an die digitale Angebotseinreichung aufgestellten Anforderungen können sämtliche Verfahrensschritte, in welchen die Schriftform vorgeschrieben ist, gem. § 126 Abs. 3 BGB durch die neu geschaffene elektronische Form im Bürgerlichen Recht ersetzt werden.

## 1.7 Die Zulässigkeit inverser Auktionen als Mittel der Beschaffung

- Inverse Auktionen stellen eine ökonomisch sinnvolle Möglichkeit der Auftragsvergabe dar. Der Gefahr sinkender Qualität aufgrund unauskömmlicher Preise kann durch entsprechende Prüfungen des Angebots begegnet werden.
- Inverse Auktionen sind nicht gem. § 34b GewO erlaubnispflichtig.
- Es ist sowohl zivil- als auch vergaberechtlich zulässig, ein Angebot preislich nach unten zu korrigieren. Rechtlich handelt es sich dabei um einen Widerruf des Angebotes vor Zugang beim Erklärungsempfänger.
- Es ist zivil- und vergaberechtlich Zulässig, dass Elemente des Angebotes auf unterschiedliche Willenserklärungen verteilt werden. Insbesondere vergaberechtliche Vorschriften machen es nicht erforderlich, dass das Angebot einheitlich abgegeben wird.
- Weder der Auftraggeber noch der Auftragnehmer verhalten sich bei der Durchführung einer inversen Auktion wettbewerbsverzerrend i.S.d. §§ 97 ff. GWB. Das Verhalten des Auftraggebers stellt kein unzulässiges Preisdrücken dar, da der Bieter aus anderer Motivation und im übrigen in Erwartung der Auktionssituation sein Angebot preislich nach unten korrigiert.

- Es ist vergaberechtlich unzulässig, bei der Zuschlagserteilung alleine auf die Preise der Angebote abzustellen. Der Zuschlag hat vielmehr auf das wirtschaftlichste Angebot zu erfolgen. Bei Beschaffungsvorgängen, bei denen sich der Einsatz der inversen Auktion anbietet, wird jedoch regelmäßig das Angebot mit dem niedrigsten Preis auch das wirtschaftlichste Angebot sein.
- Inverse Auktionen verstoßen gegen den vergaberechtlichen Grundsatz der Vertraulichkeit, welcher dazu dient, echten Wettbewerb zwischen den Bietern zu ermöglichen. Die Durchführung einer inversen Auktion erfordert es zwingend, den konkurrierenden Bietern wenigstens die Preise der übrigen Angebote mitzuteilen, so dass diese ihr Angebot in preislicher Hinsicht korrigieren können. Inverse Auktionen können daher ohne eine Änderung der Rechtslage zur Zeit vergaberechtskonform nicht durchgeführt werden.
- Mit Umsetzung der Richtlinie 2004/18/EG, die den Einsatz inverser Auktionen unter bestimmten Voraussetzungen für zulässig erklärt, wird diese Frage in Zukunft anders zu beurteilen sein. Die Voraussetzungen werden sich sodann aus dem nationalen Vergaberecht ergeben.

## 2. Ausblick

Die Fortentwicklung der elektronischen Vergabe öffentlicher Aufträge ist in vielerlei Hinsicht nur unter großen Schwierigkeiten zu prognostizieren.

Dies hängt nicht zuletzt damit zusammen, dass insbesondere zuverlässige Zahlen hinsichtlich der zu erwartenden tatsächlichen Verbreitung nicht existieren. Gleichwohl lassen sich aber eine Tendenz sowie das angestrebte Ziel erkennen: „Government goes online". Was sich schlagwortartig auf diese Weise umfassend beschreiben lässt, bleibt dennoch ein Prozess vieler Einzelschritte, bei dem öffentliche Auftraggeber darauf angewiesen sein werden, dass die Industrie E-Vergabe als für sie sinnvolle Möglichkeit zur Teilnahme an Vergabeverfahren erkennt. Gleiches gilt für die Verbreitung anderer elektronischer Verwaltungsverfahren nach dem VwVfG. Vieles wird davon abhängen, wie schnell flächendeckend die erforderliche Infrastruktur zum Einsatz der digitalen Signatur verfügbar sein wird. Dabei gilt es zu bedenken, dass die Vorrichtungen zur digitalen Signierung elektronischer Dokumente nicht allein im Beschaffungswesen Verwendung finden können; auch außerhalb des vergaberechtlichen Bereiches bestehen Anwendungsmöglichkeiten bis in verschiedene Bereiche des Bürgerlichen Rechts hinein, wie die neu geschaffenen Formvorschriften des BGB zeigen.

Aber nicht nur von der Verbreitung der erforderlichen Technik in der privaten Wirtschaft hängen Erfolg oder Misserfolg der elektronischen Vergabe maßgeblich ab. Gerade die Gebietskörperschaften als größte öffentliche Auftraggeber müssen entscheidende Beiträge dazu leisten, um in tatsächlicher Hinsicht das zu ermöglichen, was das nationale und europäische Vergaberecht bereits jetzt zulassen: die Durchführung eines Vergabeverfahrens auf rein elektronischem Wege.

Sobald sich nicht nur national, sondern auch international einheitliche Standards herausgebildet haben werden und die Nutzung digitaler Signaturen und die Durchführung elektronischer Vergabeverfahren ähnlich selbstverständlich sein wird, wie es bereits jetzt die herkömmlichen Verfahren auf Papierbasis mit Unterschrift sind, wird die elektronische Auftragsvergabe eine bedeutsamen Beitrag zur Verwirklichung des europäischen Binnenmarktes leisten und dazu beitragen, Vergabeprotektionismus zwischen den einzelnen Mitgliedstaaten abzubauen.
Der eingangs zitierte Wert von nur 3% grenzüberschreitender Sachverhalte im Bereich des öffentlichen Beschaffungswesens dürfte dann eine erhebliche Korrektur nach oben erfahren. Durch die Verbesserung der Publizität, die Vereinfachung der Teilnahmemöglichkeit und die damit verbundene Erhöhung der Konkurrenz auf Bieterseite ist nicht zuletzt eine deutlich preisliche Auswirkung elektronischer Vergabe zu erwarten, wenngleich diese sich vorab noch nicht in Zahlen fassen lässt.
Die Verwirklichung des Binnenmarktes als im EG-Vertrag festgeschriebenes – politisches – Ziel ist aber nur ein Aspekt, den die elektronische Auftragsvergabe fördern kann.

Es mag sein, dass es der größtmöglichen Wirtschaftlichkeit entspricht, wenn das Gemeinwesen auf eine beabsichtigte Beschaffung verzichtet[646]; soweit jedoch der Bedarf feststeht und eine Beschaffung dementsprechend unabdingbar ist, kann gerade die Abwicklung eines Vergabeverfahrens auf elektronischem Weg einen Anteil zur Verringerung der Transaktionskosten beitragen. Das System der Ausschreibung dürfte seltener an seine einleitend aufgezeigten Grenzen stoßen; bei der elektronischen Abwicklung ist es eher fern liegend, dass die Transaktionskosten die preislichen Vorteile der Ausschreibung übersteigen.

Aber nicht nur die tatsächliche Zukunft der elektronischen Ausschreibung ist mit Unsicherheiten behaftet; interessanter noch dürften die rechtlichen Fragen sein, mit denen sich die Vergabekammern, die Oberlandesgerichte und der BGH zu beschäftigen haben werden. Das junge Vergaberecht zeichnet sich aktuell noch durch eine Uneinheitlichkeit der Rechtsprechung aus. Die Rechtsentwicklung ist im wahrsten Sinne des Wortes noch „im Fluss". Es wird nicht nur eine geraume Zeit dauern, bis die noch offenen Rechtsfragen des Vergaberechts insgesamt geklärt werden. Gerade die im Rahmen dieser Arbeit behandelten Rechtsfragen der elektronischen Auftragsvergabe dürften die Nachprüfungsinstanzen vor neue Herausforderungen stellen und für sach- und interessengerechte Lösungen zu einer Verknüpfung unterschiedlichster Rechtsnormen zwingen. Nicht für alle Probleme halten die nationalen und internationalen vergaberechtlichen Vorschriften eine ausdrückliche Lösung bereit; die Fortentwicklung der vergaberechtlichen Recht-

---

646 *Schmid*, S. 81

sprechung zur elektronischen Auftragsvergabe wird spannend zu beobachten sein. Dies gilt um so mehr, als bis heute noch nicht ein einziges Gericht mit einer Rechtsfrage der elektronischen Auftragsvergabe konfrontiert worden ist.
Es bleibt abzuwarten, welche rechtlichen und heute noch ungeahnten Probleme die Wirklichkeit hervorbringen wird.

## Literaturverzeichnis


| | |
|---|---|
| Achterberg, Norbert | Privatrechtsförmige Verwaltung<br>JA 1985, 503 – 510 |
| Alexy, Robert | Ermessensfehler<br>JZ 1986, 701 – 716 |
| Antweiler, Clemens | Elektronische Mittel bei der Vergabe öffentlicher Aufträge<br>CR 2001, 717 – 723 |
| Bachmann, Peter<br>Mayerhöfer, Alexander | Internet-Auktionen im Lichte des § 34b GewO<br>GewArch 2000, 274 – 277 |
| Bartosch, Andreas | Vergabefremde Kriterien und Art 87 I EG – sitzt das öffentliche Beschaffungswesen in Europa auf einem beihilferechtlichen Pulverfaß?<br>EuZW 2001, 229 – 232 |
| Bayreuther, Frank | Anmerkung zu BGHZ 138, 55<br>EuZW 1998 478 – 479 |
| Benedict, Christoph | „Vergabefremde“ Aspekte nach Beentjes und Nord-Pas-de-Calais<br>NJW 2001, 947 – 949 |
| Benedict, Christoph | Sekundärzwecke im Vergabeverfahren<br>1. Auflage, Heidelberg / Berlin 2000 |
| Bleckmann, Albert | Europarecht<br>Das Recht der Europäischen Union und der Europäischen Gemeinschaften<br>6. Auflage, Köln 1997 |
| Bock, Christian | Das europäische Vergaberecht für Bauaufträge in den EG-Mitgliedstaaten<br>1. Auflage, Basel 1993 |
| Boehme-Neßler, Volker | Electronic Government: Internet und Verwaltung<br>NVwZ 2001, 374 – 380 |

| | |
|---|---|
| Boesen, Arnold | Das Vergaberechtsänderungsgesetz im Lichte der europarechtlichen Vorgaben<br>EuZW 1998, 551 – 559 |
| Boesen, Arnold | Vergaberecht<br>Kommentar zum 4. Teil des GWB<br>1. Auflage, Köln 2000 |
| Braun, Joachim | Nachprüfung der Vergabe öffentlicher Aufträge<br>BB 1999, 1069 – 1073 |
| Broß, Siegfried | Die Ausschreibung von Werkverträgen durch die öffentliche Hand in der Bundesrepublik Deutschland<br>ZfBR 1990, 255 – 266 |
| Büllesbach, Alfred<br>Miedbrodt, Anja | Überblick über die internationale Signaturregulierung<br>CR 2000, 751 – 757 |
| Burgi, Martin | Vergabefremde Zwecke und Verfassungsrecht<br>NZBau 2001, 64 – 72 |
| Bydlinski, Franz | Juristische Methodenlehre und Rechtsbegriff<br>2. Auflage, Wien / New York 1991 |
| Byok, Jan<br>Jaeger, Wolfgang | Kommentar zum Vergaberecht<br>2. Auflage, Heidelberg 2005 |
| Byok, Jan | Das neue Vergaberecht<br>NJW 1998, 2774 – 2779 |
| Calliess, Christian<br>Ruffert, Matthias (Hrsg.) | Kommentar zu EU-Vertrag und EG-Vertrag<br>1. Auflage, Neuwied 1999 |
| Czermak, Fritz | Was ist Verwaltungsermessen?<br>DÖV, 1966, 750 – 754 |
| Dageförde, Angela<br>Dross, Miriam | Reform des europäischen Vergaberechts<br>Umweltkriterien in den neuen Vergaberichtlinien<br>NVwZ 2005, 19 ff. |

| | |
|---|---|
| Daub, Walter<br>Eberstein, Hans Hermann | Kommentar zur VOL/A unter Berücksichtigung der Vorschriften des GWB (4. Teil) und der VgV<br>5. Auflage, Düsseldorf 2000 |
| Daub, Walter<br>Piel, Rudolf<br>Soergel, Carl | Kommentar zur VOB Band 1 / Teil A<br>1. Auflage, Wiesbaden / Berlin 1981 |
| Dauses, Manfred (Hrsg.) | Handbuch des EU-Wirtschaftsrechts<br>Loseblatt, München 2001 |
| Dreher, Meinrad | Richtlinienumsetzung durch Exekutive und Judikative?<br>EuZW 1997, 522 – 525 |
| Dreher, Meinrad | Die Zukunft des untergesetzlichen Vergaberechts<br>NVwZ 1999, 1265 – 1273 |
| Dreher, Meinrad | Die Kontrolle der Anwendung des Vergaberechts in Europa<br>EuZW 1998, 197 – 203 |
| Dreher, Meinrad | Anmerkung zur „Tariftreue II"-Entscheidung des BGH<br>JZ 2000, 519 – 521 |
| Ebel, Thomas | Das Recht der öffentlichen Aufträge auf dem Prüfstand des europäischen Rechts<br>DÖV 1999, 235 – 242 |
| Ehlermann, Claus-Dieter<br>Biber, Roland<br>(Hrsg.) | Handbuch des Europäischen Rechts<br>Systematische Sammlung mit Erläuterungen<br>Loseblatt, Baden-Baden 2001 |
| Ehlermann, Claus-Dieter | Das Verbot der Maßnahmen gleicher Wirkung in der Rechtsprechung des Gerichtshofes<br>in Festschrift für Hans Peter Ipsen, 579 - 593<br>Tübingen 1977 |
| Erdl, Cornelia | Der neue Vergaberechtsschutz<br>1. Auflage, Düsseldorf 1999 |

Erdmann, Joachim — Kommunale Vergabe von Aufträgen an gemischtwirtschaftliche Unternehmen
NdsVBl. 2000, 211 – 125

Erdmann, Joachim — Maßnahmen zur Bekämpfung der illegalen Beschäftigung und Schwarzarbeit
NdsVBl. 1999, 259 – 262

Erichsen, Hans-Uwe — Allgemeines Verwaltungsrecht
11. Auflage, Berlin 1998

Ernst, Stefan — Die Online-Versteigerung
CR 2000, 304 – 312

Ewer, Wolfgang; Rapp, Angela — Zur Beweis- und Feststellungslast bei Ansprüchen auf Gewährung von Ermessensleistungen
NVwZ 1991, 549 – 551

Eyermann, Erich — Kommentar zur Verwaltungsgerichtsordnung
11. Auflage, München 2000

Finsinger, Jörg — Der Submissionswettbewerb
1. Auflage, Bern / Stuttgart 1986

Fischer, Kristian — Vergabefremde Zwecke im öffentlichen Auftragswesen: Zulässigkeit nach Europäischem Gemeinschaftsrecht
EuZW 2004, 492 ff.

Fleiner, Fritz — Institutionen des Deutschen Verwaltungsrechts
8. Auflage, Aalen 1963

Forsthoff, Ernst — Der Staat als Auftraggeber
1. Auflage, Stuttgart 1963

Frank, Kirsten Michaela — Die Koordinierung der Vergabe öffentlicher Aufträge in der Europäischen Union
1. Auflage, Berlin 2000

| | |
|---|---|
| Franke, Horst<br>Kemper, Ralf<br>Zanner, Christian<br>Grünhagen, Matthias | VOB-Kommentar<br>1. Auflage, Düsseldorf 2002 |
| Friauf, Karl Heinrich<br>(Hrsg.) | Kommentar zur Gewerbeordnung<br>Loseblatt, Neuwied 2001 |
| Grabitz, Eberhard<br>Hilf, Meinhard | Das Recht der Europäischen Union<br>Band I<br>Art. 1-104 EGV – Amsterdamer Fassung)<br>Loseblatt, München 2001<br>Altband I und II<br>(Art. 1-248 EGV - Maastrichter Fassung)<br>Loseblatt, München 1999 |
| Groeben, Hans von der<br>Thiesing, Jochen<br>Ehlermann, Claus-Dieter<br>(Hrsg.) | Kommentar zum EU-/EG-Vertrag<br>5. Auflage, Baden-Baden 1999 |
| Gröning, Jochem | Rechtsschutzqualität und<br>Verfahrensbeschleunigung im Entwurf für ein<br>Vergaberechtsänderungsgesetz<br>ZIP 1998, 370 – 378 |
| Gröning, Jochem | Die Grundlagen des neuen<br>Vergaberechtsschutzes<br>ZIP 1999, 52 – 59 |
| Haase, Cordula | Internationale Harmonisierung des öffentlichen<br>Auftragswesens<br>1. Auflage, Frankfurt am Main 1997 |
| Hailbronner, Kay<br>Klein, Eckart<br>Magiera, Siegfried<br>Müller-Graff, Peter-Christian | Handkommentar zum Vertrag über die<br>Europäische Union (EUV/EGV)<br>Loseblatt, Köln / Berlin / Bonn / München 1999 |

| | |
|---|---|
| Hausmann, Ludwig | Anmerkung zur „Alcatel"-Entscheidung des EuGH<br>EuZW 1999, 762 – 763 |
| Heiermann, Wolfgang<br>Riedl, Richard<br>Rusam, Martin | Handkommentar zur VOB: Teile A und B<br>9. Auflage, Wiesbaden 2000 |
| Heintzen, Markus | Hierarchisierungsprozesse innerhalb des Primärrechts der Europäischen Gemeinschaft<br>EuR 1994, 35 – 49 |
| Heldrich, Karl | Die Form des Vertrages<br>AcP 147 (1941), 89 – 129 |
| Herchenbach, Judith | Datenschutz und digitale Signatur<br>K&R 2000, 235 – 238 |
| Hermes, Georg | Gleichheit durch Verfahren bei der staatlichen Auftragsvergabe<br>JZ 1997, 909 – 915 |
| Hertwig, Stefan | Praxis der öffentlichen Auftragsvergabe (VOB/VOL/VOF)<br>2. Auflage, München 2001 |
| Hoeren, Thomas<br>Sieber, Ulrich<br>(Hrsg.) | Handbuch Multimedia-Recht<br>Loseblatt, München 2004 |
| Hoffmann, Helmut | Die Entwicklung des Internet-Rechts bis Mitte 2003<br>NJW 2003, 2576 – 2581 |
| Höfler, Heiko<br>Bert, Birgit | Die neue Vergabeverordnung<br>NJW 2000, 3310 – 3317 |
| Höfler, Heiko | Die elektronische Vergabe öffentlicher Aufträge<br>NZBau 2000, 449 – 455 |

| | |
|---|---|
| Höfler, Heiko<br>Rosenkötter, Annette | E-Commerce-Richtlinie und Vergaberecht: Zur formellen Wirksamkeit der elektronischen Angebotsabgabe im Vergaberecht<br>K&R 2001, 631 – 637 |
| Hollerbach, Tobias | Die rechtlichen Rahmenbedingungen für Internet-Auktionen<br>DB 2000, 2001 – 2007 |
| Huppertz, Stefan | Rechtliche Probleme von Online-Auktionen<br>MMR 2000, 65 – 72 |
| Idecke-Lux, Sabrina | Der Einsatz von multimedialen Dokumenten bei der Genehmigung von neuen Anlagen nach dem Bundesimmissionsschutz-Gesetz<br>1. Auflage, Baden-Baden 2000 |
| Immenga, Ulrich<br>Mestmäcker, Ernst-Joachim | Kommentar zum Kartellgesetz<br>3. Auflage, München 2001 |
| Ingenstau, Heinz<br>Korbion, Hermann | Verdingungsordnung für Bauleistungen<br>Teile A und B<br>14. Auflage, Düsseldorf 2001 |
| Ipsen, Hans Peter | Öffentliche Subventionierung Privater<br>DVBl. 1956, 605 – 613 |
| Ipsen, Jörn | Allgemeine Verwaltungsrecht<br>3. Auflage, München 2003 |
| Jaeger, Wolfgang | Die Rechtsprechung der OLG-Vergabesenate im Jahre 2000<br>Teil 1: NZBau 2001, 290 – 301<br>Teil 2: NZBau 2001, 366 – 375<br>Teil 3: NZBau 2001, 427 – 439 |
| Jebens, Philipp | Schadensersatzansprüche bei Vergabeverstößen<br>DB 1999, 1741 – 1746 |
| Kämmerer, Jörn Axel<br>Thüsing, Gregor | Tariftreue im Vergaberecht<br>ZIP 2002, 596 – 606 |

| | |
|---|---|
| Karenfort, Jörg<br>Koppelfels, Ulrich von<br>Siebert, Stefan | „Tariftreueregelungen“ bei der Vergabe öffentlicher Aufträge – vereinbar mit deutschem Kartellrecht und Europarecht?<br>BB 1999, 1825 – 1835 |
| Knack, Hans Joachim | Kommentar zum Verwaltungsverfahrensgesetz<br>7. Auflage, Köln / Berlin / München 2000 |
| Knauff, Matthias | Die Europäisierung des deutschen Vergaberechts<br>VR 2000, 397 – 404 |
| Knipper, Michael | Tariftreueerklärung im öffentlichen Auftragswesen<br>WuW 1999, 677 – 684 |
| Koller, Peter | Theorie des Rechts<br>2. Auflage, Wien / Köln / Weimar 1997 |
| Kopp, Ferdinand | Die Entscheidung über die Vergabe öffentlicher Aufträge und über den Abschluß öffentlich-rechtlicher Verträge als Verwaltungsakt ?<br>BayVBl. 1980, 609 – 612 |
| Kopp, Ferdinand<br>Ramsauer, Ulrich | Kommentar zum Verwaltungsverfahrensgesetz<br>7. Auflage, München 2000 |
| Kopp, Ferdinand<br>Schenke, Wolf-Rüdiger | Kommentar zur Verwaltungsgerichtsordnung<br>12. Auflage, München 2000 |
| Krause, Peter | Rechtsformen des Verwaltungshandelns: Überlegungen zu einem System der Handlungsformen der Verwaltung mit Ausnahme der Rechtsetzung<br>1. Auflage, Berlin 1974 |
| Krugmann, Michael | „Internetauktionen“ als Versteigerungen i.S. des § 34b GewO<br>NVwZ 2001, 651 – 654 |
| Lampe-Helbig, Gudrun<br>Wörmann, Klaus E. | Handbuch der Bauvergabe<br>Verfahren – Überprüfung – Schadensersatz<br>2. Auflage, München 1995 |

Lampe-Helbig, Gudrun — Die Verdingungsordnung für Bauleistungen (VOB) und der Bauvertrag
in Festschrift für Hermann Korbion,
S. 250 – 267
Düsseldorf 1986

Landmann, Robert von
Rohmer, Gustav — Gewerbeordnung und ergänzende Vorschriften
Loseblatt, München 1997

Lange, Klaus — Ermessens- und Beurteilungsspielräume als Transformatoren von Innen- und Außenrecht
NJW 1992, 1193 – 1197

Lenz, Carl Otto (Hrsg.) — Kommentar zum EG-Vertrag
2. Auflage, Köln 1999

Lenz, Ulrich — Kostensteigerung bei öffentlichen Aufträgen am Beispiel der Rüstungsgüter
1. Auflage, Wiesbaden 1990

Losch, Alexandra — Das niedersächsische Landesvergabegesetz – eine erste kritische Bestandsaufnahme
NdsVBl. 2003, 73 ff.

Lötzsch, Markus
Bornheim, Helmerich — Zivilrechtliche Rechtsfolgen bei der Nichtbeachtung der neuen Vergabevorschriften der VOB/A
NJW 1995, 2134 – 2139

Mader, Oliver — Entwicklungslinien in der neueren EuGH-Rechtsprechung zum materiellen Recht im öffentlichen Auftragswesen
EuZW 1999, 331 – 340

Maennel, Frithjof — Elektronischer Geschäftsverkehr ohne Grenzen – der Richtlinienvorschlag der Europäischen Kommission
MMR 1999, 187 – 192

Malmendier, Bertrand — Rechtliche Rahmenbedingungen der elektronischen Vergabe
VergabeR 2001, 178 – 190

Malmendier, Bertrand — Vergaberecht, quo vadis ?
DVBl. 2000, 963 – 969

Mankowski, Peter — Zum Nachweis bei elektronischen Erklärungen
NJW 2004, 1901 – 1907

Martin-Ehlers, Andrés — Die Unzulässigkeit vergabefremder Kriterien
WuW 1999, 685 – 694

Maunz, Theodor
Dürig, Günter — Grundgesetz-Kommentar
Band I (Art. 1 – 11)
Loseblatt, München 2001

Mosbacher, Wolfgang — Elektronische Vergabe: Neue Möglichkeiten im öffentlichen Beschaffungswesen
DÖV 2001, 573 – 582

Motzke, Gerd
Pietzcker, Jost
Prieß, Hans-Joachim — Beck'scher VOB-Kommentar
1. Auflage, München 2001
Handbuch des europäischen Vergaberechts
2. Auflage, Köln / Berlin / Bonn / München 2001

Müller, Martin
Ernst, Tobias — Elektronische Vergabe ante portas – Übersicht über aktuelle und zukünftige Rechtsfragen
NJW 2004, 1768 – 1773

Müller-Graff, Peter-Christian — Die Erscheinungsformen der Leistungssubventionierungstatbestände aus wirtschaftsrechtlicher Sicht
ZHR 1988, 403 – 438

Müller-Wrede, Malte — Verdingungsordnung für freiberufliche Leistungen (VOF)
1. Auflage, Düsseldorf 1999

Neßler, Volker — Politische Auftragsvergabe durch den Staat ?
DÖV 2000, 145 – 152

| | |
|---|---|
| Niebuhr, Frank<br>Kulartz, Hans-Peter<br>Kus, Alexander<br>Portz, Norbert | Kommentar zum Vergaberecht<br>1. Auflage, Neuwied 2000 |
| Noch, Rainer | Die Revision des Vergaberechts – Bestandsaufnahme und kritische Analyse<br>ZfBR 1997, 221 – 227 |
| Noelle, Thomas | Absteigerungen auf Internet-Marktplätzen und Vergaberecht<br>NZBau 2002, 197 – 2001 |
| Obermayer, Klaus | Kommentar zum Verwaltungsverfahrensgesetz<br>3. Auflage, Neuwied 1999 |
| Oppermann, Thomas | Europarecht<br>2. Auflage, München 1999 |
| Ossenbühl, Fritz | Verwaltungsvorschriften und Grundgesetz<br>Habil.-Schrift 1967 - 1968<br>Bad-Homburg, 1968 |
| Pache, Eckhard | Der Staat als Kunde – System und Defizite des deutschen Vergaberechts<br>DVBl. 2001, 1781 – 1876 |
| Palandt, Otto | Bürgerliches Gesetzbuch<br>64. Auflage, München 2005 |
| Pietzcker, Jost | Rechtsbindungen bei der Vergabe öffentlicher Aufträge<br>AöR 107 (1982), 61 – 100 |
| Pietzcker, Jost | Vergabeverordnung und Kaskadenprinzip aus verfassungsrechtlicher und europarechtlicher Sicht<br>NZBau 2000, 64 – 66 |

| | |
|---|---|
| Pietzcker, Jost | Änderungen des Rechtsschutzes bei der Auftragsvergabe<br>in Festschrift für Konrad Redeker,<br>S. 501 – 514<br>München 1993 |
| Prieß, Hans-Joachim<br>Hausmann, Friedrich Ludwig | Der deutsche Vergaberechtsschutz im europäischen Vergleich<br>EuR 1999, 203 – 236 |
| Prieß, Hans-Joachim | Handbuch des europäischen Vergaberechts<br>2. Auflage, Köln / Berlin / Bonn / München 2001 |
| Puhl, Thomas | Der Staat als Wirtschaftssubjekt und Auftraggeber<br>VVDStRL 60 (2001), 452 – 504 |
| Rebmann, Kurt<br>Säcker, Franz Jürgen<br>Rixecker, Roland<br>(Hrsg.) | Münchner Kommentar zum Bürgerlichen Gesetzbuch<br>Band 1 Allgemeiner Teil<br>§§ 1 – 240, AGB-Gesetz<br>4. Auflage, München 2001 |
| Redeker, Konrad<br>Oertzen, Hans Joachim von | Kommentar zur Verwaltungsgerichtsordnung<br>13. Auflage, Stuttgart 2000 |
| Reidt, Olaf<br>Stickler, Thomas<br>Glahs, Heike | Vergaberecht – Kommentar<br>1. Auflage, Köln 2000 |
| Riese, Christoph | Vergaberecht<br>Grundlagen – Verfahren – Rechtsschutz<br>1. Auflage, Heidelberg 1998 |
| Rittner, Fritz | Die „sozialen Belange“ i.S. der EG-Kommission und das inländische Vergaberecht<br>EuZW 1999, 677 – 680 |
| Röhl, Klaus | Allgemeine Rechtslehre<br>1. Auflage, Berlin / Bonn / München 1994 |

Roßnagel, Alexander — Das elektronische Verwaltungsverfahren
NJW 2003, 469 – 475

Roßnagel, Alexander — Digitale Signaturen im europäischen elektronischen Rechtsverkehr
K&R 2000, 313 – 323

Rothacker, Richard — Das Verdingungswesen:
Seine Abhängigkeit von Erziehung und Stellung der Baubeamten und seine Heilung
Dissertation, Karlsruhe 1919

Rothkegel, Ralf — Anmerkung zu VGH Baden-Württemberg
(Urteil v. 21.10.1981, abgedr. in DÖV 1981, 971)
DÖV 1981, 511 – 513

Rüß, Oliver Renè — E-Democracy:
Demokratie und Wahlen im Internet
ZRP 2001, 518 – 521

Schäfer, Peter — Grundzüge des öffentlichen Auftragswesens
BB 1996 (Beilage 12), S. 1 – 18

Schmid, Hans — Die staatliche Beschaffungspolitik
1. Auflage, Bern / Stuttgart 1972

Schmitz, Elke — Das Recht der öffentlichen Aufträge im Gemeinsamen Markt
1. Auflage, Baden-Baden 1972

Schneider, Christian — Zur Umsetzung der E-Commerce-Richtlinie im Regierungsentwurf zur Schuldrechtsmodernisierung
K&R 2001, 344 – 348

Schneider, Jens – Peter — Vertragliche Subventionsverhältnisse im Spannungsfeld zwischen europäischem Beihilferecht und nationalem Verwaltungsrecht
NJW 1992, 1197 - 1202

| | |
|---|---|
| Schneider, Jens – Peter | EG-Vergaberecht zwischen Ökonomisierung und umweltpolitischer Instrumentalisierung<br>DVBl. 2003, 1186 – 1191 |
| Schnorbus, York | Der Schadensersatzanspruch des Bieters bei der fehlerhaften Vergabe öffentlicher Aufträge<br>BauR 1999, 77 – 106 |
| Schoch, Friedrich<br>Schmidt-Aßmann, Eberhard<br>Pietzner, Rainer | Kommentar zur Verwaltungsgerichtsordnung<br>Loseblatt, München 2001 |
| Scholz, Rupert | Vergabe öffentlicher Aufträge nur bei Tariftreue?<br>RdA 2001, 193 – 199 |
| Schönleiter, Ulrich | Internetauktionen sind keine Versteigerungen i.S.v. § 34b GewO<br>GewArch 2000, 49 - 50 |
| Schubert, Werner | Zur Entstehung der VOB (Teile A und B) von 1926<br>in Festschrift für Hermann Korbion,<br>S. 389 – 410<br>Düsseldorf 1986 |
| Schwartmann, Rolf<br>Haug, David | Computergestütztes Arbeiten in der öffentlich-rechtlichen Praxis<br>NVwZ 2001, 403 – 406 |
| Schwarze, Jürgen | Die Vergabe öffentlicher Aufträge im Lichte des europäischen Wirtschaftsrechts<br>EuZW 2000, 133 – 144 |
| Schwarze, Jürgen (Hrsg.) | EU-Kommentar<br>1. Auflage, Baden-Baden 2000 |
| Soergel, Hans Theodor | Kommentar zum Bürgerlichen Gesetzbuch<br>Band 2, §§ 104 – 240<br>13. Auflage, Stuttgart 1999 |

| | |
|---|---|
| Spindler, Gerald | Der neue Vorschlag einer E-Commerce-Richtlinie<br>ZUM 1999, 775 – 795 |
| Stelkens, Paul<br>Bonk, Heinz Joachim<br>Sachs, Michael | Kommentar zum Verwaltungsverfahrensgesetz<br>6. Auflage, München 2001 |
| Stober, Rolf | Allgemeines Wirtschaftsverwaltungsrecht<br>13. Auflage, Stuttgart / Berlin / Köln 2004 |
| Stober, Rolf | Besonderes Wirtschaftsverwaltungsrecht<br>13. Auflage, Stuttgart / Berlin / Köln 2004 |
| Stögmüller, Thomas | Auktionen im Internet<br>K&R 1999, 391 – 396 |
| Stolz, Kathrin | Das öffentliche Auftragswesen in der EG<br>1. Auflage, Baden-Baden 1991 |
| Storr, Stefan | Elektronische Kommunikation in der öffentlichen Verwaltung<br>MMR 2002, 579 – 586 |
| Streinz, Rudolf (Hrsg.) | EUV / EGV<br>1. Auflage, München 2003 |
| Tettenborn, Alexander<br>Bender, Gunnar<br>Lübben, Natalie<br>Karenfort, Jörg | Rechtsrahmen für den elektronischen Geschäftsverkehr<br>Kommentierung zur EG-Richtlinie über den elektronischen Geschäftsverkehr und zum EEG<br>K&R 2001, Beilage 1 zu Heft 12, S. 1 – 40 |
| Tettinger, Peter J.<br>Wank, Rolf | Kommentar zur Gewerbeordnung<br>6. Auflage, München 1999 |
| Triantafyllou, Dimitris | Europäisierungsprobleme des Verwaltungsprivatrechts am Beispiel des öffentlichen Auftragsrechts<br>NVwZ 1994, 943 – 947 |

| | |
|---|---|
| Ulbrich, Hans-Benno<br>Waldner, Thomas | Die vorläufige Sicherung auf Einhaltung der Vergabebestimmungen – praktische und rechtliche Probleme aus Sicht der anbietenden Bauunternehmen<br>BauR 1999, 1082 – 1094 |
| Vehslage, Thorsten | Anmerkung zu LG Hamburg („ricardo.de“)<br>MMR 1999, 680 – 682 |
| Vitzthum, Wolfgang (Hrsg.) | Völkerrecht<br>2. Auflage, Berlin / New York 2001 |
| Vogel, Joachim | Juristische Methodik<br>1. Auflage, Berlin / New York 1998 |
| Weissenberg, Paul | Öffentliche Aufträge – Instrumente neutraler Beschaffung oder staatlicher Steuerung ?<br>DB 1984, 2285 – 2290 |
| Wolff, Hans J.<br>Bachof, Otto<br>Stober, Rolf | Verwaltungsrecht<br>11. Auflage, München 1999 |
| Zezschwitz, Friedrich von | Rechtsstaatliche und prozessuale Probleme des Verwaltungsprivatrechts<br>NJW 1983, 1873 – 1882 |
| Ziekow, Jan | Vergabefremde Zwecke und Europarecht<br>NZBau 2001, 72 – 78 |
| Zippelius, Reinhold | Juristische Methodenlehre<br>7. Auflage, München 1999 |
| Zuleeg, Manfred | Zweistufige Rechtsverhältnisse bei der Vergabe öffentlicher Aufträge ?<br>NJW 1962, 2231 – 2235 |

Bianca Natalie Baldus

# Der elektronisch geschlossene Vertrag mit Schiedsabrede

## Zulässigkeit und anwendbares Recht in nationalen und internationalen Schiedsverfahren

Frankfurt am Main, Berlin, Bern, Bruxelles, New York, Oxford, Wien, 2004.
XV, 305 S.
Saarbrücker Studien zum Privat- und Wirtschaftsrecht.
Herausgegeben von Johann Paul Bauer, Michael Martinek und Helmut Rüßmann.
Bd. 41
ISBN 3-631-51776-9 · br. € 56.50*

Welche Chancen bietet die elektronische Kommunikation der internationalen privaten Schiedsgerichtsbarkeit? Bereits Art. 17 der E-Commerce-Richtlinie der EU aus dem Jahr 2000 verlangte, dass sämtliche Mitgliedstaaten in bestimmten Fallkonstellationen die außergerichtliche Streiterledigung auf geeignetem elektronischen Weg ermöglichen. Großer Vorteil eines online durchgeführten Schiedsverfahrens ist die Verkürzung der Verfahrensdauer. Vorstufe eines solchen Verfahrens ist regelmäßig der Abschluss einer Schiedsvereinbarung in elektronischer Form. Inwieweit eine solche heute wirksam ist, ist insbesondere in internationalen Verträgen noch unklar. Dieser Problematik widmet sich der erste Teil der Untersuchung. Im weiteren wird der Frage des materiell anwendbaren Rechts im Rahmen eines solchen Vertrages nachgegangen. Besonderes Augenmerk wird dabei auf die Regelung des § 1051 ZPO gelegt.

*Aus dem Inhalt*: Teil I: Der elektronische Abschluss einer Schiedsvereinbarung · Zulässigkeit im nationalen und internationalen Kontext · Teil II: Materiell anwendbares Recht im Rahmen eines elektronisch geschlossenen Vertrages unter besonderer Berücksichtigung des § 1051 ZPO · Umfang der Rechtswahlfreiheit · Bestimmung des anwendbaren Rechts bei fehlender Rechtswahl; Untersuchung beider Aspekte sowohl im Hinblick auf den kaufmännischen Geschäftsverkehr als auch hinsichtlich etwaiger Verbraucherbeteiligung

FSC
www.fsc.org
MIX
Papier | Fördert
gute Waldnutzung
FSC® C083411

Kolibri 360 GmbH
Ferdinand-Jühlke-Straße 7
99095 Erfurt, Deutschland
produktsicherheit@kolibri360.de

Druck:
CPI Druckdienstleistungen GmbH
im Auftrag der
Kolibri 360 GmbH
Ferdinand-Jühlke-Str. 7
99095 Erfurt